"geb. '33"

meinem Kapuuzel
meinem Weib

*"wir haben uns
so spät gefunden
ich weiß von deiner Kindheit
nichts
schreib mir doch bitte
etwas auf"*

Ernst Jacobi
"geb. '33"

Mit einem Nachwort von Achim Benning

: TRANSIT

Inhalt

Berlin
7

Großbösendorf
33

Kaltennordheim
50

Berlin 2
107

Was nachzutragen wäre
219

Auf der Suche
Nachwort von Achim Benning
227

Berlin

Der Anfang stand auf Messer's Schneide.
Ich kam um einiges zu früh. Haarbüschel auf den Ohren wie ein Luchs. So hieß es. Im Zweifel, ob ich bleiben könne.
Als Mädchen oder Junge. Das war auch nicht klar.
Ich nahm einstweilen keine Nahrung an. Irgendwie fühlte ich mich nicht willkommen.
Ein Arzt soll meiner Mutter dann zu *Blau* geraten haben, und schnitt die Widersprüche, die für *Rosa* sprachen, weg. Konkret blieb eine Narbe in der Brust. Das kleine rote Äffchen in der Wärme-Kiste nahm dann zu guter Letzt Bananen an und konnte durchgefüttert werden.
Die Eltern trennten sich. Wodurch der Berg an *Schmutzjer Wäsche* wuchs. Die restlos durchgewaschen werden musste. Das Früchtchen machte Ärger. Blieb der Mutter eine Last.
Seltsamerweise zeigen erste Baby-Fotos in chamois mit Zackenrand ein quietschfideles Strampelkind. In Sütterlin steht unter einem "Unser Sonnenschein". Das Büblein hatte also schon Erfolg mit dem Bemühen, sich liebkind zu machen.
Der Irrtum war: Darauf zu bauen, dass sich ein liebes Kind in ein geliebtes Kind verwandeln lässt.

Als ich geboren wurde, hatte ich schon eine halbe Schwester. Bärbel Krüger. Sie war drei Jahre vor mir da. Sie war nur halb mit mir verwandt, weil sie den Mädchennamen meiner Mutter führte, also keinen Vater hatte. Obwohl ich den bei uns im Ohrensessel sitzen sah, ganz aus der Nähe, denn ich saß auf seinem Schoß. Er hatte einen blank polierten Schädel und einen Kranz von feuchten Fransen um den Hinterkopf. Ich sollte "Onkel Pitti" zu ihm sagen. Ich weiß nicht, ob ihn Bärbel auch so nannte. Ich fand den Namen sehr vergnüglich, drum behielt ich ihn. Er passte auch zu seiner Nase.
Möglich, dass er nur einmal zu Besuch gewesen ist – oder nur kam, wenn ich schon schlief.

Freienwalde, 1934

Später erfuhr ich, dass er Maler war. Er hinterließ drei Ölgemälde. Auf einem sah man einen alt gewordnen Fliederbusch, der einen ungepflegten Innenhof verdeckte. Er trieb vereinzelt lila Blütenrispen aus, die ihre Farbe aber nur im Schattenfeld der Häuserwände zu behaupten schienen. Ein heller Morgen sähe sie schon blass. Und ohne Duft. Das durfte man durchaus vermuten. Vielleicht der Blick aus einem Hinterzimmer, der eine Liebelei verschwieg.

Berlin war in den *Goldnen Zwanzigern* – vom Lande aus betrachtet – eine Königin der Nacht. Eine exotische Gewächshausblüte. Ein duftendes Aphrodisiakum. Eine bengalisch leuchtende Fata Morgana.
Berlin trat abends in Pailletten auf. Erwachte mit der Dunkelheit im Charleston-Fieber. Umwippt von tausend Perlenschnüren. Drogensüchtig. Verruchte Augenschatten über brennend roten Lippen. Berlin war unersättlich lebenshungrig. Man sang mit imitierter Mädchenstimme: "Mutter – der Mann mit'm Koks is da."
Ich mischte die Klischees in meiner Phantasie als Hintergrund für eine späte – allzuspäte Frage: Ich wollte wissen, was zwei junge Frauen in ein Abenteuer trieb, das wenig mehr für sie bereit hielt als ein Stückchen Strand, an dem sie strandeten. Ich wollte den Impuls verstehen. Nachempfinden können, was sie so blind für die Gefahren machte. Für eine ungewollte Schwangerschaft, zum Beispiel. Ich wollte wissen, warum meine Mutter uns – in einem Nebensatz versteckt, und deshalb nicht zu überhören – einmal sagte: "Wir sind durchgebrannt". Sie meinte sich und ihre Schwester, die nur um ein Jahr älter war. Zuvor – das war wohl der Zusammenhang – war sie mit einem Zirkus mitgezogen. Mitgefahren. Bald aber wieder eingefangen worden und in das Elternhaus zurückgekehrt.

Es gibt von ihrem Vater noch ein Foto als Corvetten-Kapitän der Kaiserlichen Handelsflotte oder Kriegsmarine. Aus Mecklenburg und von dem Haus in Malchow gibt es nichts. Kein Brief von ihrer Mutter ist geblieben, kein Medaillon, kein Kosename, keine Redensart ist überliefert, kein Kochrezept, kein Lebenszeichen je. Kein Jahrestag, an dem ihr Name ausgesprochen wurde. Als hätte es sie nie gegeben.
Natürlich gab es auch die einfache Erklärung, dass die Gelegenheit zur Flucht sich aus dem Augenblick ergeben hat-

Corvetten-Kapitän

te, und vielerlei zurückblieb, was die Mädchen gerne mitgenommen hätten. Andenken, die der Kapitän auf seinen Reisen nach Fern-Ost gesammelt hatte und die bei uns in einer Glasvitrine eingeschlossen waren, mögen erst nach dem Tod der Eltern in die Westendallee gekommen sein.

Es muss auch nicht die *Freie Liebe*, nicht die Bohème der Künstlerfeste in den Malerateliers gewesen sein, die meine Mutter in die Großstadt lockten. Das meiste an den *Goldnen Zwanzigern* war ohnehin ein Etikettenschwindel. Nachträglich aufgepappt, um Arbeitslosigkeit und erste braune Uniformen zu verdecken. Menschen, die sich ein Stück Karton an einer Strippe um den Hals gebunden hatten, mit der Aufschrift: "Nehme jede Arbeit an", versauten den gesunden Optimismus.

Ich hätte meine Mutter auch verstanden, wenn es ihr *nur* darum gegangen wäre, das eigne Leben in die eigne Hand zu nehmen. Leider hat sie darüber nie gesprochen.

Ich glaube, meine Mutter trug mich ohne Hoffnung *unter ihrem Herzen*. Sie wollte sicher einen "Engel" aus mir machen lassen. Noch einen Kegel konnte sie nicht brauchen.

Sie hat in vielen Nächten den Entschluss gefasst, und anderntags, am frühen Morgen schon gewusst, dass sie die Kraft dazu nicht haben würde. Ich kann es mir nicht anders denken. Die Kraft nicht, die Adresse nicht, das Geld nicht, und den Beistand nicht – weder im Himmel noch auf Erden.

Mein Vater rang zur gleichen Zeit mit seiner Ehre, denke ich. Als Dr. phil., als Offizier und als Beteiligter im allgemeinen und besonderen. Die Ehre siegte, und er zahlte mit dem guten Namen für das Mißgeschick, das langsam wuchs. Als es Gestalt annahm, las man dem Flittchen die Leviten. Erklärte ihm den Krieg. Der Schlampe würde man die Hintertür verrammeln, durch die sie sich in eine Offiziers-Familie pressen wollte. Das hatte sie sich so gedacht. Sich einen Akademiker zu angeln auf diese ausgebuffte Tour.

Mit Briefen wurde aufgerüstet, Empörung angeheizt, Verleumdung auf den Weg gebracht. Die Fetzen flogen hin und her. Zwischen der Mutter meines Vaters, den drei Schwestern sowie dem Anhang von Gesinnungsfreunden, bis sie das Scheidungs-Urteil hatten.

Es streuten also keine Blumenkinder rote Rosen. Kein Fotograf hielt Braut und Bräutigam auf einer Platte fest. Der Satz: "… bis dass der Tod euch scheidet" unterblieb.

Das Ungeborene ist davon nicht entbunden.

Mein Vater hatte sich das Recht erstritten, mich zu sehen. Ein wenig Einfluss zu behalten auf die Kinderseele. Wie oft das war, hab' ich vergessen. Ich merkte mir die Tage nicht, und wenn ich Großprojekte hatte, fügte ich mich widerwillig in den Elterntausch. Zum Beispiel hatte ich die Ritzen in der Bordsteinkante zu verschmieren. Mit einer Lehm-Sand-Erde-Pfützenwasser-Mischung. Überall dort, wo sich zwei Blöcke nicht fugenlos verbinden lassen hatten.
Wenn ich geschniegelt wurde, stand mein Vater schon gestriegelt auf der Straße. Neben seinem Rad. In Knickerbockern und mit steifer Fliege. Um mich in seine Klause zu entführen. Ich hatte einen Blechsitz dicht am Lenker. Er kam nie bis zur Wohnungstür. Das Haus betrat er nicht. Er setzte auf die Pünktlichkeit. Auf die vereinbarten Termine. Abends bekam ich bei der Rückkehr einen blanken Messinggroschen. Den mit den Roggen-Ähren, die sich graphisch überschnitten.
Bei ihm zu Hause spielten wir mit Holzsoldaten. Den *Langen Kerls* vom *Alten Fritz*. Sorgsam geschnitzt. Mit handgemalten Uniformen. Eine Rarität. Mein Vater stellte sie in Reih' und Glied. Ich durfte sie nicht in die Finger nehmen. Sicher hing über uns ein Konterfei des Preußen-Königs. Mit dem Dreispitz. Und sicher hing auch Bismarck in der Nähe. Man war deutsch-national in der Familie meines Vaters. Antisemitisch. Ein Feind der Roten.

Eine Ballade, die mein Vater gerne rezitierte, verbinde ich mit Dämmerung und Herbst. Wir saßen Kopf an Kopf, vielleicht in eine Decke eingehüllt, und er erzählte von gefallenen Soldaten. Landsknechten, die im Himmel beieinander hockten und immer noch die Trommeln hörten. Unten. Von der Erde. Auf der sie einmal lebten und wohl Freunde meines Vaters waren. Fast flüsternd sprach er den Refrain, mit dem die Strophen jeweils endeten:
... wenn der Schlegel über das Kalbfell springt
terrum tum tum – terrum tum tum –

Bärbel hat niemand abgeholt. Das ist mir erst nach siebzig Jahren aufgefallen.

Mein Vater liebte Stille. Er wanderte gern durch den Wald. Er wusste, wo man welche Pilze findet, wann die Beeren reifen, und dass man Springkrautsamen essen kann. Er lehrte mich, die Sinne zu benutzen. Das Summen der Insekten wahrzunehmen. Den Duft von frisch geschlagnem Buchenholz und den Geschmack von wilder Minze. Er hatte stets ein weißes Taschentuch bei sich. Fand sich am Weg ein Bau der Roten Waldameise, so legte er das Tuch darüber. Die Waldameisen stürzten sich darauf, bissen hinein, und spritzten ihre Säure auf den Feind. Nach zehn Minuten ungefähr befreite er den Nadelhaufen wieder, ließ die Soldaten in der Nähe von dem Stoff herunterkrabbeln, und atmete das beißende Aroma in tiefen Zügen durch die Nase ein.
Ich hatte rote Haare. Viele Sommersprossen. War dünn und blass. Ein Halbalbino. War überall der Kleinste, aber fix und zäh. Und mit dem Satz: "Das schaffst du nicht" zu jedem Blödsinn zu verleiten.
Ich war der Hauptmann einer kleinen Räuberbande mit Gewissensbissen. In die ich sehr viel Überzeugungsarbeit pumpen musste. Beispiele geben, Führungsqualitäten zeigen. Wobei ich gerne eine Uniform getragen hätte. Feste Kleidung, eine dunkle Jacke und keinen Schmetterlingspullover. Selbst wenn es das einmal gegeben haben sollte: einen berühmten Konrad oder Kasimir, genannt *Der Schmetterling*.
Ich weiß nicht, was sich meine Mutter dabei dachte. Ich glaube, dass sie einfach keinen Jungen wollte. Wenn schon, denn schon noch ein Mädchen. Eine *Mieke*. Von Männern hatte sie vielleicht die Nase voll.
Ich hatte eine Strähne in der Stirn, die ich mit Schwung nach hinten werfen konnte; den Ansatz einer *Tolle*, wie man damals sagte. Die steckte sie mit einer Mädchen-Klemme fest. Natürlich war die auf der Treppe schon verschwunden.

Aber die Schuhe konnte ich nicht wechseln. Die Sandalen mit der perforierten Kappe und einem Riemchen überm Spann. Dieselben, die auch Bärbel trug. Das war ein Griff ans Portepee des Räuberhauptmanns.
Mit vier bekam ich einen Roller. Holz. Mit Scheibenrädern. Darüber lag ein harter Gummiring. Ich lernte, mich vom Bordstein abzustoßen, machte den Buckel krumm und flitzte kreuz und quer durch Neu-Westend. Als *Rollerkönig*. Irgendwer hatte mir das Prädikat verliehen, und die Ernennung hatte sich mit Windeseile rumgesprochen. Es freute mich natürlich, wenn ich hörte: "Da saust'a wieda – unser Rollerkönig". Ich hatte als Erkennungszeichen einen roten Fleck im linken Strumpf. Über dem Knöchel, der gelegentlich die Bordsteinkante streifte. Dass es auch Stürze gab, war an den Knien und am Schienbein abzulesen.
Entdeckte meine Mutter auch nur eine der Blessuren, sagte sie jedesmal: "Auch *das* noch Junge!" – und es klang jedesmal, als hätte ich das Portemonnaie mit ihrem ganzen Geld verloren. Ich lernte also schnell, die Schrammen zu verstecken.
War es einmal der Kopf, so musste Bärbel vor. "Bitte … erschrick nicht", sagte sie, "Ernstel hat einen kleinen Kratzer. Nich' der Rede wert … hab schon ein Pflaster drauf geklebt."
Strumpfhalter-Gürtel, wie sie Frauen damals trugen, halten bei den Knaben nicht. Da geht's vom Brustkorb zu den Beinen grade runter. Nirgends wölbt sich da um die Hüfte irgendwas. Die dicken braunen Baumwoll-Strümpfe wurden deshalb an den Schultern aufgehängt. Man trug ein ärmelloses Leibchen mit angeknöpften Gummibändern, an denen unten eine rosa Lasche baumelte mit einem rosa Gummi-Nippel. Den musste man zusammen mit dem Strumpf in eine Spange schieben. Riss dieser Nippel einmal ab, so ließ der Strumpf sich auch mit einem Kupfer-Pfennig unterlegen, vorausgesetzt, die Spange, die aus einem dünnen Blech gestanzt war, hatte sich noch nicht gedehnt. Die Strapse liefen unter Hemd und Hose zu den Oberschenkeln, wo man sie durch die kurzen Hosenbeine sehen konnte.
Für Knaben, die im Wachstum waren, gab es keine langen Hosen. Die kamen erst als Winter-Uniform der Hitler-Jugend in Gebrauch.
Obwohl um mich herum fast alle diese Strümpfe trugen, war'n meine einzig dazu da, um mich herabzusetzen. Ich war dabei, zu kompensieren, wett zu machen, was zart und schwächlich an mir wirkte, und diese braunen Biester an den Strapsen behinderten die Aufholjagd. Machten den Rollerkönig lächerlich. Ich

hasste sie mit Leib und Seele. Mein Körper stieß sie ab. Und wenn es Frühling wurde, war es wie ein Häutungszwang –
"Kann ich Kniestrümpfe haben, bitte."
"Nein – es ist noch zu kalt."
"Aber die andern haben alle welche an."
"Das stimmt ja nicht."
"Ich halt' das Jucken nicht mehr aus!"
"Hab dich nicht so, ich weiß, dass sie ein bisschen kratzen, wenn sie frisch gewaschen sind."
Was tun?
Sie an der nächsten Ecke von den Strapsen lösen. Runterkrempeln! Bis zum Fußgelenk! Zu einer dicken braunen Wurst! Darunter litt vielleicht die Rollerkönigswürde – aber ich musste mit dem Frühling auch ein bisschen Recht behalten.
Die Räuberbande hatte eine wechselnde Belegschaft. Wir waren meist zu dritt und selten mehr als vier. Es gab ein paar Bewerber, die uns angetragen wurden; sie sollten vor der Haustür mit uns Räuber spielen. Unter dem Küchenfenster, sozusagen. Das kam natürlich nicht in Frage. Wir waren kein Verein für Wickelkinder.
Der Räuber muss vor allem und zunächst mal ausbaldowern, wo es was zu holen gibt. Wir brauchten – unter anderm – Waffen. Pfeile für unsere Flitzebögen. Gerade Triebe, die man nur in Haselsträuchern findet. Oder als Schößling aus dem Vorjahr im Jasmin. Die besten standen aber immer unerreichbar weit entfernt von einem blöden Zaun. Nicht ranzukommen.
Zündplättchen konnten wir uns selber kaufen. Sie kosteten nur Pfennige. Die rosanen, in einer runden Deckel-Schachtel aus Karton oder die roten Streifen zu je hundert Schuss. Ein kurzes Stahlband, das als Feder für den Abzug diente, schob auch den Streifen mit den ausgebrannten Feldern nach oben durch den Schacht der Blechpistole wieder raus. Wenn er sich kringelte, riss man ihn ab. Bei dem Versuch, den Mechanismus zu beschreiben, bemerke ich die alte kindliche Begeisterung für diese nachgemachte Spielzeugwaffe. Die knallte und erschrecken ließ. Manchmal ging unterm Dach ein Fenster auf, und eine alte Frau rief: "Ruhe da! Zum Donnerwetter!"
Lärm ist im Alter ein realer Schmerz. Man muss ihn aus dem Fenster schreien. Heute weiß ich das. Rücksicht nahm unsre Räuberbande aber nur aus Angst. Vielleicht zog sie zwei Hauseingänge weiter.

Weißt du wieviel Sternlein stehen? Weißt du wieviel Fischlein schwimmen?
Gott der Herr hat sie gezählt, dass ihm auch nicht eines fehlet ...

Das heißt: man konnte nicht verloren gehen. Über Nacht. Die Erde war noch keine Kugel. Alles war einfach da: Zahnbürsten und die Spelzen in der Haferflockensuppe, Herr Zaske, unser Nachbar, der die Gartenlaube hatte, und das Fahrgeräusch der S-Bahnzüge, das wie ein Heulen und ein Singen war. Die kühlen Schatten der Kastanienbäume auf dem Heimweg von der Schule und Olaf Lundgreen aus der Wäscherei, der Haare hatte, die noch röter rot als meine waren – nein – der war eines Tages weg –, aber die Doppeldecker flogen zuverlässig über meinem Kinderbett durch Wolkenfetzen. Schwarz-weiße Luftaufnahmen waren das. Aus dem Reichsluftfahrtministerium. Die hatte meine Mutter mitgebracht.

Sie saß dort – außer Sonntags – an der Schreibmaschine und tippte alles, was ihr Chef diktierte – "Haben Sie's?!" Oder, sie hatte neben sich den Steno-Block und zog die Kurzschrift wieder auf die Länge der gesprochenen Sprache. In der Rechtschreibform. Einhundertfünfundvierzig Mark bekam sie als Gehalt. Im Monat. Das hab' ich in den Scheidungsakten nachgelesen.

Einschulungstechnisch kam ich schon mit fünf in eine Knabenschule. Im Schmetterlingspullover, blau, mit aufgestickten Schmetterlingen. Reihenweise. Von oben runter und von links nach rechts nur Schmetterlinge. Braun, gelb, rot.
Die Stullentasche vor dem Bauch signalisierte ohnehin schon, dass man noch gefüttert wurde.
Ich sollte für die Schule lesen üben. Das hatte ich natürlich vor mir hergeschoben. Deshalb saß ich bei meiner Mutter im Pyjama auf dem Schoss, und meine Zunge tastete die Konsonanten ab.
"– was ist denn das?! – das hatten wir doch eben schon – ?!"
Sie griff vielleicht nach einem Kissen in der Sofa-Ecke und schob es zwischen meinen Po und ihre Oberschenkel. Ich sah im Augenwinkel einen Berg von ungestopften Strümpfen.
"*Das ist ein* – ? – Mein Gott, Junge!"
"Ein *mm* –?"
"Nein, falsch!"
"Ich weiß es nicht –."
"Das ist ein *wee*!"
Sie hat dann selber noch geübt, als ich längst eingeschlafen war. Vermute ich. Ich glaube nicht, dass sie und ihre Schwester in Mecklenburg schon Steno konn-

ten. Ein Zettel mit Geheimschrift war aus ihrem Block geflattert. Ich fand ihn anderntags, halb unter ihrem Sessel.

Mein Vater nahm mich in die Sommerfrische mit. Nach Heringsdorf. Ich hatte eine blaue Kinderschippe für das obligate Burgenbauen. Und ein Spielzeugboot mit weißem Segel, das mit der ersten Welle kenterte.
Das Meer bespritzte mich gezielt mit kaltem Wasser, so dass wir uns kaum näher kamen und insgesamt nur wenig voneinander hatten. Kam Wind dazu, saß ich vom Meere abgewandt im Lee, blieb mit gestreckten Beinen in der Strandkorbecke hocken – und erholte mich. Eine Matrosenbluse mit drei parallelen weißen Streifen auf dem blauen Kragen und mit dem schwarzen Seemannsknoten vor der Brust verscheuchte die verfluchten Schmetterlinge aus der Kinderseele.

Ein Flugzeug kam im Tiefflug, um Bonbons herab zu werfen. Am Schwanz sah man das Hakenkreuz in einem weißen Kreis auf leuchtend rotem Grund.
Die Kinder rannten, um die Süßigkeiten aufzulesen, und ein paar Jungen stürzten sich ins Wasser, weil ein paar Drops den Strand verfehlten, und man sie in die Wellen platschen sah. Ein Junge kam dabei ums Leben. Er soll ertrunken sein. An einer Buhne. Das Flugzeug ist am nächsten Tag nicht mehr gekommen.
Als ich nach Jahren wieder einmal durch die Dünen an der Ostsee ging, stieg mir der Duft der dichtverzweigten dunkelgrünen Bodendecker mit den schwarzen Beeren in die Nase. Sie hatte ihn mir heimlich aufbewahrt. Er war mir ganz vertraut. Obwohl ich ihn in der Matrosenbluse nicht beachtet hatte.
Ich habe Löcher in den glatten Sand gebuddelt, und zugesehen, wie sich bald schon Wasser auf dem Grund versammelte. Ich habe umgeleitet und gestaut, ich habe gegen Flut und Ebbe angeschaufelt, und anderntags die Stätte nicht mehr wiederfinden können, weil alles unberührt schien. Alles war wundersam gelöscht – und ich fing wieder an zu graben. Seltsam, wie viele Fragezeichen sich geduldig auf die lange Bank im Wartezimmer setzen und dort bleiben, bis sie aufgerufen werden.

*

Seit wir in die Westendallee, in einen Neubau-Block gezogen waren, fuhr meine Mutter täglich mit der U-Bahn "in die Stadt". Von Neu-Westend in Richtung Pankow, bis zum Bahnhof Mohrenstraße. Sie musste ins Reichsluftfahrtministerium, das in der Wilhelmstraße lag. Nach Dienstschluss kaufte sie noch ein und kam dann gegen sieben mit der U-Bahn wieder heim. Morgens ging sie gewöhnlich durch die Marathonallee zum Haupteingang am Steubenplatz. Dort gab es Zeitungen zu kaufen. Abends, wenn sie mit vollen Netzen in den Händen kam, nahm sie den Hinterausgang Ecke Oldenburgallee. Außer im Frühling – manchmal – wenn die Kirschen entlang der Marathonallee in voller Blüte standen und alle Zweige weiße Blütenärmel trugen. So lückenlos, dass sie den Abendhimmel ganz verdeckten.

Kiefern im Grunewald, zu gleicher Höhe aufgewachsen, standen wie Landschaftsmarken einzeln bei den neuen Häusern und die gestauchten Speichen ihrer magergrünen Schirme leuchteten bernsteingelb, wenn sich die Rindenhaut erneuerte und Schuppen aus Papier sich von den Ästen lösten, als hätten sie den Sonnenbrand gehabt –.

Der Wind war immer erster. Lange vor dem Schall. Im Sommer war er kühl. Und wenn es fror, dann wärmte er ein wenig und war weg.

Meist kam ich viel zu früh, um meine Mutter abzuholen. Sah aber trotzdem alle Menschen einzeln durch, die mit den Zügen aus der Stadt gekommen waren.

Ein Stück vom Kragen, etwas rotes Haar, den Riemen ihrer Tasche über einer Schulter, für einen Augenblick nur zwischen Hüten und Frisuren – und es wär' geglückt.

Ich wollte meine Mutter unbedingt zuerst entdecken. Ehe sie mich sah. Um, zwischen den nach oben Drängenden versteckt, von hinten ihre Hand zu nehmen. Am liebsten, wenn sie auf den letzten Stufen nach mir suchte, mich nicht entdecken konnte, mich vielleicht vermisste, und grade dachte: Heute ist er nicht gekommen.

Ein weit entferntes Rollen – irgendwo – und plötzlich unter mir hindurch, ein kleines Beben – das war der Gegenzug aus Ruhleben.

Die Bahnen fahren heut' nicht mehr. Die alten mit den kleinen Riemenfenstern unter dem gewölbten Dach und mit den blanken Messingstangen. Die Finger schmeckten säuerlich, wenn man sich fest gehalten hatte. Das merkte man beim Brausepulver-Lecken.

Die Deckenlampen hatten Glocken, in die ein Stern geschliffen war. Drei Birnen gaben gelbes Licht. Die Polster waren rot.

In den Fassaden wurden Fenster hell und Lampen wurden an- und ausgeknipst. Manchmal bewegte sich ein Schatten.
Die Züge trafen sich auf halber Strecke von Neu-Westend zum Adolf-Hitler-Platz.
Blitzend, mit einem dumpfen Schlag auf alle Scheiben steh'n sich die Fensterreihen gegenüber. Ein Lichterband das flackert und zerreisst.
Glühbirnen, die noch brennen durften, wurden blau bemalt. Die große Scheibe mit dem weißen "U" blieb abends dunkel und auf der Treppe wurden alle Stufen mit einem Zick-Zack-Band markiert. Aus Phosphorfarbe. Und es gab Leuchtplaketten. Die steckte man sich ans Revers. Als Käfer oder halbe Monde. Etwa so groß wie Mantelknöpfe. Aber meistens rund. Sie leuchteten jedoch nur gut, wenn man sie vorher dicht an eine Lampe hielt. Sonst wurden sie schnell matt. Sie kamen auch bald wieder aus der Mode, ohne dass Menschen mit den Köpfen aneinander stießen. Am Kragen meiner Mutter steckte eine Möwe.
Über die leuchtend weiße Scheibe ruckt der Sekunden-Zeiger.
Die Führungsringe waren am beliebtesten. In seiner *Splitter-Kiste* hatte jeder Junge bestimmt ein Exemplar mit einem Führungsring. Das waren Kupfer-Glieder, etwa daumenbreit, die sich in einer Kehle über einer Riffelung im Stahl bewegen ließen, wenn sie nicht bei der Explosion verbogen worden waren. Die Hitze hatte sie meist blau verfärbt. Nach Luftschutzkeller-Nächten lagen viele solcher Splitter auf den Straßen. Brandneu. Mit gelber Phosphorfarbe auf der Außenseite. Manche mit eingestanzten Zahlen. Ich habe meine Mutter oft gebeten, auf solche Stücke achtzugeben. Morgens, auf dem Weg zur U-Bahn. Sie sagte aber stets, sie habe es vergessen.
Die Menschen kamen eilig, stauten sich im Treppenschacht und fielen oben schnell in den gewohnten Gang. Nachzügler waren selten, und mit ihren Schritten lief ein Echo an der Wand entlang.
"Naa – auf wen wartest du denn?"
"Meine Mutter."
"Weißt du, wie spät es ist?"
"Da unten is' ja eine Uhr."
An manchen Tagen ist sie nicht gekommen. Sie hatte länger im Büro gebraucht oder bei Wertheim in der Schlange stehen müssen; sie hatte mir vielleicht sogar gesagt, dass es am Abend später werden könne, ich hatte es jedoch vergessen. Oder gar nicht hingehört. Möglich auch, dass sie in Gedanken die Marathonallee genommen hatte und längst schon mit dem Abendessen wartete.

"Der nächste Zug in Richtung Ruhleben … nur bis Reichs-Sportfeld!"
Dort war ein Depot.
Der Kehrreim eines alten Liedes, das mein Vater sang, wenn ihn das Glück im Stich gelassen hatte, und eine Illusion geplatzt war, lautete:
"… ja darum lustig Blut und heiterfrohen Sinn – futsch ist futsch und hin ist hin."
Die Hände in den Hosentaschen, die Strümpfe zu den Knien hochgezerrt, viel Rücken zeigend, wenig Hals, und mit dem Kopf vornüber, schlurfte ich nach Hause.

Von Neu-Westend zum Waldfriedhof fährt man nur eine Haltestelle weit. Die Frau, die dort begraben wurde, ist mir fremd geblieben. Das Warten an der U-Bahn war die größte Nähe, die wir hatten.

Samstag war Badetag. Bruder und Schwester vis-à-vis. Dazwischen schwammen gelbe Bohnen. Sie keimten auf dem Wasserspiegel. Trieben aus und falteten sich auf. Zu Blütenzweigen aus Papier. Alles war in den Bohnenkapseln vorgefaltet. Vorgeschnitten. Auch wenn die bunten Blütenzweige wohl eher Kaufhauskitsch gewesen sind, ich sah den Vorgang als ein kleines Wunder an.
"Wo hast du diese Bohnen her?"
"Sie sind aus Japan", sagte meine Mutter, "nur die Japaner können solche feinen Sachen machen."
"Japaner *und* Chinesen", fügte meine Schwester an.
Sie wusste manches gerne besser. Vor allem besser als der kleine Bruder.
Wir hatten eine Art-deco-Vitrine. Im Oberteil war eine Reihe kleiner Fenster mit geschliffenem Rand. Mit vier, fünf Jahren reichte ich mit meiner Nasenspitze mal grade eben bis dahin. Ich musste auf den Zehenspitzen stehen, um mir die Dinge anzusehen, die der Corvetten-Kapitän von seinen Reisen in den Fernen Osten hinterlassen hatte. Andenken an die Kolonien, an die *Deutschen Schutzgebiete*. Im Pazifik. Im Bismarck-Archipel. Neu-Mecklenburg. Die Karolinen. Halb Neuguinea war zu Kaisers Zeiten *deutsch*.
Die Türen der Vitrine waren immer abgeschlossen. Es gab da eine Nackenstütze. Ebenholz. Vielleicht von einem Menschenfresser-Stamm.
Aus Japan einen Seidenfächer. Handbemalt. Mit Kirschenblüten. So ähnlich, wie die in der Badewanne. Aber sehr viel zarter.
Ferner war da ein Schrein, in dem ein Buddha thronte. Die Füße hatte er mit auf dem Stuhl vor seinem Bauch, und untendrunter standen seine Schuhe. Die

waren schon mal weg. Das sah man deutlich, denn irgendjemand hatte neue hingeklebt. Der Innenraum war ganz vergoldet. Auch die Flügeltüren. Außen war schwarzer Lack. Es war ein Schrein für einen Hausaltar, vor dem die Räucherstäbchen angezündet wurden.

Am besten habe ich die flache Reise-Apotheke in Erinnerung. Mit ihren winzig kleinen Schiebeladen. Aus edlem Holz. Ich habe sie erst nach dem Kriege in der Hand gehabt und irgendwann verschenkt.

Etwas in der Vitrine schien zu fehlen …

Ich stellte mich als Knirps, noch einmal auf die Zehenspitzen, und trat zugleich als *alter ego* hinter ihn. Wir warteten mit angehaltenem Atem, wie auf die Rückkehr eines Namens, der ihm und mir entfallen war – und eben jetzt, beim Schreiben dieser Zeilen, erscheint im Hintergrund ein Gegenstand – schwimmt unscharf aus der Tiefe auf uns zu, gewinnt an Form und wird von einer unsichtbaren Hand auf seinen Platz geführt. Noch kann ich nicht erkennen … doch … ich sehe graue Seide, eine Schatulle, handbemalt, der Stoff gerüscht – und nun erkenne ich den Fujiyama auf dem Deckel – und weiß: darunter liegt die Ordens-Spange des Corvetten-Kapitäns.

*

Als ich viel später – eigentlich in einem anderen Leben – nach Yokohama kam, und kleine Fahrten an den Fuß des Fujiyama unternahm, war die Schatulle und der Fächer tief in die Schichten des Vergessenen gesunken … und Japan stieß mich ab. Ich fand das Schubsen an den Vorort-Zügen rücksichtslos. Brutal. Erschreckend. Die Menschen lebten wie Entwurzelte in einer grellen bunten Welt aus Lärm und Kitsch. So wirkte es auf mich. Und immer war die Aussicht auf den schneebedeckten Gipfel des Vulkans verdrahtet. In Japan hängt das Leitungsnetz für Strom in einem grauen Wald von Masten. Erdbebensicher, aber unansehnlich. Ich hatte unbewusst ein Aquarell im Kopf, das mir der Draht in schmale Streifen schnitt.

Ich war als Passagier auf einem Stückgut-Frachter der Polish-Ocean-Lines (Gdynia) unterwegs nach Hong Kong. Erst dort erfuhr ich von der Möglichkeit, ein Visum für Rotchina zu erhalten. In einem Warenhaus der Rotchinesen war eine Reiseagentur, die Gruppenfahrten nach Guangzhou vermittelte. Nach Canton, wie es damals hieß. Es war von einer Wartezeit bis zu vier Wochen auszugehen. Die "Joseph Conrad" fuhr nach Yokohama weiter. Nach Nagasaki und nach Kobe. Das wusste ich. So stand es im Prospekt der Reederei von "Hamburg-Süd".

Ich wagte es und blieb an Bord. Bis Kobe. Nahm dann ein deutsches Schiff zurück nach Hong Kong und fragte knapp vier Wochen später im Warenhaus nach meinem Visum. Es war da!

Ich wohnte damals noch in West-Berlin. Die DDR bestritt, dass West-Berlin zur BRD gehöre. Die West-Berliner hatten Reisepässe, die nur *im Westen* gültig waren. Im ganzen *Ostblock* galt der Personalausweis als Reisedokument. Ich reichte trotzdem meinen Pass in Hong Kong ein – und hatte Glück.

Die Gruppe reiste mit der Bahn. Zunächst durch die New Territories bis Lo-Wu. Dort war die Grenze. Endstation. Spurwechsel. Eine Brücke. Zu Fuß hinüber. "Dokument!"

Im West-Berliner Reisepass kein Stempel. Misstrauisch wurde hin und her geblättert. Ganz hinten lag ein Beiblatt mit dem Visum. Weiter.

Ganz China feierte den Abschuss der U-2. Das Spionage-Flugzeug lag zerschellt am Boden, und so erschien es auf Plakaten, auf den Häuserwänden, es wurde modelliert und aus Papier geschnitten, kein Gegenstand, der nicht die Trümmer mit dem weißen Stern der US-Air-Force zeigte. Mao-tse-tung war der Beweis gelungen: Amerika war nur ein *Tiger aus Papier* und nun kam ich. Mit einem dunkelblauen Nylon-Mantel und einer US-Navy-Kappe. Fast ein Yankee. Ich war auf Missverständnisse gefasst.

Wir waren etwa zwölf. Ich weiß nicht mehr aus welchen Ländern. Franzosen, Skandinavier, Australier? Ich war der einzige aus Deutschland.

Der reservierte Wagen – drüben – war bequem. Der Sitz mit weißem Überzug. Spitzenbordüre. Es gab Tee. In Canton übernahm uns eine Reiseleiterin. Ein Mädchen in gesteppter grauer Jacke. Zöpfe. *Mao-look*. Mit zwei Begleitern. Überwachern.

Der erste Eindruck war ein falscher. Alles wirkte schmutzig. Es mangelte an Putz und Farbe. Vieles war in Verfall. Die breiten Straßen voller Menschen auf dem Fahrrad. Aber kein Geklingel. Auffallend war die Umsicht. Vorsicht. Auch unser Bus fuhr äußerst rücksichtsvoll. In allen Küchen trugen alle einen Mundschutz. Ein Trupp Soldaten kam entgegen. Der letzte hatte einen Besen auf der Schulter.

Auf dem Besichtigungsprogramm stand eine Neubausiedlung. *Boat-People* (Flussbewohner) sollten sesshaft werden. Es zog sich hin. Die Gruppe stieg geduldig Treppen auf und ab. Hörte sich Selbstverständlichkeiten artig an. Ich rechnete mir eine halbe Stunde Freizeit aus und schlich davon. Entwischte. Nach kurzem Weg stand ich auf einem Schulhof. Es war Pause.

Jungen von sechs bis zwölf mit roten Tüchern. Pioniere. Die meisten unter einem Vordach, wo zwei Ping-Pong-Tische standen. Rissig. Die Farbe abgeblättert. Aber den Ruf: Tischfehler! gab es nicht, wenn Bälle aus der Richtung sprangen. Die Jungen spielten gut. Beachteten mich nicht. Ich traute mich heran und schaute zu. Dann machte ich ein Zeichen, ob mir einer den Schläger überlassen würde. Bitte. Sie unterbrachen auf der Stelle und ließen mich zum Tisch. Ich spielte. Hielt den Schläger anders. Machte den einen oder andern Punkt, und alles drängte zu dem Tisch, an dem der Fremde spielte. Lehrer kamen. Sie stellten sich dazu. Sagten und fragten aber nichts. Es wurde keineswegs bedrohlich. Doch mich verließ der Mut. Die halbe Stunde war verflogen. Ich gab den Schläger ab. Bedankte mich. Auf deutsch. Und hob die Hand zum Schirm der US-Navy-Kappe. Zog mich zurück. Ging rückwärts und die Pioniere drängten nach. Blieben jedoch in einem Halbkreis auf Distanz. Ich zögerte und augenblicklich standen alle still. Dann gab es vor mir, bei den Kleinsten, ein Geschubse, und einer trat mit festen Schritten auf mich zu, hob auch die Hand, als habe er auch eine US-Navy-Kappe, grüßte – wie ich – und rannte dann ganz schnell zurück. Drückte sich in den Kreis und lächelte verlegen. Ich ging. In meinem Rücken gab es Beifall durch Gelächter. Ein aufgeregtes Durcheinander.
Die zwei Bewacher suchten schon nach mir.
Wie diese Offenheit dem Fremden gegenüber auch immer zu erklären ist – oder die Rücksicht auf den einzelnen in einem Land mit vielen Menschen – sie war die Übersetzung von den Formen auf die Umgangsformen. Das war der Seidenfaden, der sich rückwärts spinnen ließ. Nur war es China. Japan nicht.
Ein andrer Tag. Besuch in einem Kinderkrankenhaus stand auf dem Plan. Der Bus fuhr uns an einen Fluss. Es gäbe keine Brücke, hieß es, wir müssten mit dem Boot zum andern Ufer. Zwei schmale Nachen lagen für die Überfahrt bereit. Daneben standen alte Frauen mit langen Stangen in der Hand. Zum Staken. Die Gruppe war nicht in der Lage, sich halbe halbe auf die beiden Boote zu verteilen. Ein Kahn war überfüllt, der andere fast leer. Ich wollte etwas Ausgleich schaffen und balancierte an der Frau vorbei, die sich schon mit der Stange abzustoßen suchte. Sprang über ein paar Steine vor der Uferböschung und war mit einem Satz im andern Boot. Trittsicher. Mühelos. Man könnte sagen: sehr geschickt.
Am andern Ufer stand das Mädchen mit den Zöpfen und wartete auf mich. Das war sehr ungezogen, sagte sie, auf englisch. Die alte Frau hat einen großen Schreck bekommen. Sie hätten stürzen können. Haben Sie das nicht bemerkt?

Ich machte das "mein-Gott-nun-übertreiben-Sie-mal-nicht"-Gesicht, verkniff mir aber die entsprechende Bemerkung und grabbelte in meiner Hosentasche nach einem Yüen-Schein, ging zu der alten Frau, sagte vermutlich artig "sorry" und wollte ihr das Geld zustecken. Da war der kleine Drache wieder neben mir, und spie mich an. "Das können Sie vielleicht bei sich zu Hause machen – in China kann man keine Menschen kaufen!" und ließ mich stehn. Die Alte wagte nicht, das Geld zu nehmen (wenn ich mich recht erinnere, so durfte ich die Yüen-Scheine gar nicht haben, ich hatte sie aus Hong Kong eingeschmuggelt). Das "Mädchen" fand mich sicher reichlich frech und eigensinnig. Zwei Mal war ich aus dem Hotel entwischt. Ich wollte ungeführt, mit eignen Augen durch die Straßen geh'n. Wenn die Bewacher mich dann wieder eingefangen hatten, sagten sie, ich könne alles sehen, ich solle ihnen einfach sagen, was mich interessiere; aber für mich alleine, sei es zu gefährlich. Ich könne ja die Sprache nicht.
Die Gruppe spottete beim Abendessen: "Zum Frühstück werden wir Sie leider nicht mehr sehen. Alles Gute!"
Die "Joseph Conrad" sank bei einem Luftangriff im Hafen von Haiphong.

*

Ich wollte in den Zoo. Am Sonntag wohl ging unsre Mutter mit uns zu den Giraffen, zu den Affen, den Elefanten und ins Raubtierhaus. Der Zoo war damals schon sehr grün. Ein Park mit alten Bäumen. Zur Fütterung der Robben

standen wir ganz vorne. Sie sprangen von den Felsen, dass es nur so spritzte. Wenn man was abbekam, war man erst recht dabei. In einem kleinen Gatter konnte sich, wer mutig war, mit einem Löwen knipsen lassen. Kinderbilder. Wer fürchtet sich vor wem?
Gleich nebenan ist das Aquarium. Von einer Brücke aus sah man die Krokodile. Unter sich. Das war nicht ganz geheuer. Es gab auch ein Gewitter. "Echter" Regen prasselte herunter. Es wurde beinah dunkel und es blitzte. Dann tropfte es und dampfte. Ob es in Afrika genauso ist?

Mit fünf die Schule. Etwas früh. Die Schiefertafel, Griffelkasten, Lesefibel. Und ein Schwamm. Der hing am Ranzen außen dran. Und vor dem Bauch die blöde Stullentasche.
Quietschend das erste "i". In Sütterlin. Die "Deutsche Schrift" bis '45. Das Schulgebäude eine Zwingburg. Ein Gerichtsgebäude. Man fühlte sich noch kleiner. Gut, dass man da nicht ganz alleine war.
Gelegentlich zog alles trappelnd in die Aula.
"Ein Kulturfilm! Vorhänge zu!"
Dann schnarrte der Projektor. Regen ... ach nein, das waren Kratzer in der Emulsion. Der Film war weit herumgekommen.
"Die Ringelnatter". Unterirdisch. Bei den Eiern. Das war neu. Ich hatte sie schon schwimmen sehen und einmal eine junge Schlange in meiner Hosentasche heimgebracht. Dann aber wieder frei gelassen, nicht, wie es sich gehört, dort wo ich sie gefangen hatte. Da haperte es noch. Ein Frosch hat auch einmal mit uns gelebt. In einem großen Einweckglas. Er hatte Moos und Laub und eine Leiter, die er aber nicht erklomm. Ich fing ihm Fliegen von den Fensterscheiben; Mehlwürmer aber, hieß es, fräße er noch lieber. Also bekam er sie. Ein paar entkamen – irgendwie – und tauchten wieder auf als schwarze Käfer. In der Speisekammer. Das wurde Max und mir gehörig angekreidet.
An einem schönen Sommermorgen war "Maxl" so voll Modder, dass ich ihn unterm Wasserhahn im Badezimmer wusch, und – schwupps – weg war er. Im Abflussrohr verschwunden. Ich glaubte, ihn ganz unten im Siphon zu hören und begann zu heulen. "Er schwimmt ins Freie", sagte meine Mutter. "Der findet raus, verlass dich drauf." Ich dachte mich an seine Stelle und fand es unerträglich glitschig, eng und dunkel im Gewirr der Röhren. Nein – Maxl war verloren.
Da nahm mich meine Mutter bei der Hand und fuhr mit mir zu dem Geschäft, aus dem sie Maxl hatte. Dort saß ein Doppelgänger. Sah genauso aus wie Maxl.

Wie gespuckt. Die Tränen trockneten. Als wir mit Maxl II nach Hause kamen, saß Maxl I mit Zahnpasta beschmiert am Beckenrand. Und quakte wohlig. Ich wusch ihn über einer Schüssel ab.

Anderthalb Zimmer hatte unsre kleine Wohnung und einen offnen Erker als Balkon. Vom Zimmer mit der Glasvitrine sah man auf viele S-Bahngleise, auf eine Brücke und ein Stellwerk. Unter der Brücke durch verlief die Strecke von Berlin nach Hamburg. Jenseits der Gleise war ein Park, ein kleiner tiefgelegener See, und dann begann der Waldfriedhof. Dort ist das Grab von meiner Mutter. Und das von meiner Schwester Bärbel. Über den Bäumen sah man das Olympia-Stadion. Mit dem Glockenturm.

Das Fahrgeräusch der S-Bahn war für mich BERLIN. War wie auf einer Schellack-Platte in mein Gedächtnis eingeritzt. Aber die Züge, die wir vor dem Fenster fahren sahen, hörten wir nicht mehr. Wahrscheinlich, weil sie regelmäßig fuhren. Sie waren durch Gewöhnung stumm. Wie Geisterzüge.

Die Wohnblocks waren eingerahmt von Rasenflächen. Vorn standen drei, vier hohe Kiefern, Reste des Grunewalds. Hinter dem Haus fiel das Gelände in zwei Stufen ab zum Bahndamm. Auf halber Höhe waren Schrebergärten für pensionierte Eisenbahner. Herr Zaske hatte seine Laube dort. Die grünen Rasenflächen wurden sehr gepflegt. Im Sommer liefen ständig Sprenger. Das Gras wuchs auf dem Sand nur spärlich. "Runter vom Rasen!" schrie der Hauswart. Oder seine Frau. Und schrien die Leute aus den Fenstern. Morgens und abends tobten die Kaninchen dort herum und gruben Löcher. Da war nichts zu machen.

Die Jahre '38/'39 waren für viele Menschen schlimme Jahre. Die "Nazis" zeigten, wer sie waren, was sie wollten und wen nicht. Von all dem finde ich kaum eine Spur. Es gab noch keine Fernsehbilder. Hätten wir damals eine Zeitung abonniert – den "Völkischen Beobachter" vermutlich – so hätte ich ihn nicht verstehen können. Niemand kam zu Besuch. Nie ein Gespräch, das Neugier provozierte. Oder Fragen …

Ein Hitlerbild hing bei uns nicht. Der Führer brüllte manchmal aus dem Volksempfänger. Möglich, dass meine Mutter sagte: Sei mal still! Der Führer spricht! Aber was sie von seinen Reden hielt, verriet sie nicht. Keine Kritik. Keine Begeisterung. Kein Kommentar. Wir hatten eine Fahne. Ja. Die mit dem Hakenkreuz. Ganz sicher eine von den kleineren. An manchen Tagen war Beflaggung angeordnet. Da hängten alle ihre Fahnen raus. Dass unsre öfter fehlte, fiel nicht auf, war aber kein Protest – so viel ich weiß. Wir schwammen unauffällig mit im Jubelrausch. "Ein Volk, ein Reich, ein Führer!"

Hat meine Mutter denn mit mir – mit uns – so wenig über das hinaus besprochen, was das Alltägliche gewesen ist?
"Hast du den Apfel eingesteckt? Zähne geputzt? Hände gewaschen?" und "Wie war's im Kindergarten?"
"Schön."
"Hast du den Schlüssel? Heute wird es spät. Vergiss nicht abzuschließen!"
"Nein."
Hat sie mit andern Menschen anderes besprochen? Wollte sie mir die unbeschwerte Kindheit sichern? Hatte sie – etwa – Angst, ich könnte ihren Ruf in der Familie meines Vaters durch unbedachtes Schwatzen weiter untergraben? Stichworte für Intrigen liefern? Für Klatsch und Tratsch? Der ohnehin die Runde machte. In Briefen voller Niedertracht. Und Dünkel.
Hatte man ihr das Wort im Mund herumgedreht? Bis sie ganz mundtot war? War es der Scheidungsanwalt meines Vaters? Der Kamerad aus seiner Schlagenden Verbindung? Strammdeutsch. Der dieses Frauenzimmer an den Schandpfahl stellte?
Ich weiß es nicht. Beweise finden sich nicht mehr.
Hat sie gebetet: "Meine Ruh' ist hin, mein Herz ist schwer"?
Hatte sie ihre Sprache noch, als ich geboren wurde? Hatte sie einmal Lust, sich auszudrücken, mitzuteilen, zu erzählen … Oder sind die Drei Affen schuld?
In unsrer Vitrine, rechts neben der Schatulle mit der Orden-Spange des Corvetten-Kapitäns, im "toten Winkel", hockten drei Figuren. Affen. Paviane. Aus einem Speckstein-Stück geschnitten. Im Shintoismus waren sie einst Götterboten. Nach der Legende ausgeschickt, um zu erkunden, wie die Menschen miteinander leben.
Wir sehen sie nach ihrer Rückkehr bei der Schilderung. Da sie nicht sprechen können, spielen sie den Göttern vor, was ihnen an den Menschen aufgefallen ist: Sie halten sich den Mund zu und gebrauchen ihre Sinne nicht. Wollen nichts hören und nichts sehen. Das schien den Affen so absonderlich zu sein, dass sie die kleine Pantomime mehrfach wiederholen mussten. Einer hielt sich die Augen zu, der andere den Mund, und einer presste seine Hände auf die Ohren. Sie wechselten dabei die Plätze, sprangen hin und her und überschlugen sich. Was sich die Shintogötter dabei dachten, ist nicht überliefert.
Ich nahm als selbstverständlich an, die Gruppe sei ein Teil der Sammlung des Corvetten-Kapitäns. Aber dann sah ich die Drei Affen auch in anderen Vitrinen und auf anderen Kommoden hocken. Aus Holz geschnitzt und in Metall

gegossen. Als beliebte Scherzartikel. Massenware. Was meine Mutter in den Affen sah, blieb mir ein Rätsel. Sie sprach nicht mehr – und ich noch nicht.

Ich hatte ein unbewusste Sehnsucht nach Gesprächen und eine unbewusste Angst vor Worten, die nicht mehr zurückgenommen werden können. Vor Sätzen, die ich nicht zu denken wagte, die aber, gut getarnt, im Dunkeln lauerten: *Ich wünschte, du wärst nie geboren,* war so einer. Er hätte mir die Fähigkeit geraubt, den Sonnenschein zu spielen. Die *Lustige Person*. Den Clown.

Ich saß in einem passbildgroßen Foto an der Seite meiner Mutter. Wir präsentierten uns darauf als Paar. Die Schläfe meiner Mutter zierte eine dunkle Welle. Sorgsam gelegt, wie man sie damals gerne trug. Ich liebte dieses Bild, weil man darauf die Schönheit meiner Mutter sehen konnte und mich so nah bei ihr, dass nur der Tod uns trennen können würde.

*

Als erstes muss die Angst vorm Absprung überwunden werden. Dachte ich. Wir hatten rund ums Müllhaus einen kleinen Truppenübungsplatz. Dazu gehörten die Gehölze auf den Böschungen, die fest montierten Eisenstangen für das Teppichklopfen und die Kletterpappel. In diesem Falle auch die Müllbehälter mit dem Schiebedeckel aus Metall. Zwei Männer trugen sie an breiten Schultergurten zur Leerung an den Straßenrand.
Ein Schleichweg führte durch die dichtverzweigten Sträucher. Für einen schnellen Fluchtweg hatte ich den Pfad von einem Ast befreit, der mir schon mehrfach in die Quere kam. Ich brach ihn etwa kniehoch ab. Das Holz war hart und splitterte. Der Stumpf blieb, wie ein kurzer Speer, mit einer rindenlosen Spitze stehen. Vom Baum aus war er durch das Blätterwerk darüber unsichtbar. Dorthin genau – man ahnt es schon – bin ich gesprungen. Der Ast durchbohrte mir den Unterschenkel so, dass ich aufgespießt, dicht überm Boden schweben blieb. Die beiden andern Fallschirmspringer kletterten vom Baum und schafften es, mich so weit hoch zu stemmen, dass ich das Bein vom Spieß herunterzerren konnte. "Zeig ma' … mein lieber Mann … das muss verbunden werden!"

Ich fand im Müllbehälter einen Lappen, der sich in Streifen reißen ließ. Die Binde rutschte aber immer wieder runter. Ein Rinnsal Blut fing ich in einer kleinen Apothekerflasche auf. Ich sah das braune Röhrchen bei der Suche nach dem Lappen. An Schmerzen hab ich keinerlei Erinnerung. Ich rollerte der Fallschirm-Truppe für den Rest des Tages hinterher. Als meine Mutter vom Büro nach Hause kam, hielt ich mich dicht in ihrer Nähe und wagte nur zu gehen, wenn sie mir den Rücken kehrte. Am dritten Morgen schien das Bein zu kochen. Es war geschwollen, dunkelrot und heiß. Ich konnte es kaum noch bewegen.
Der Arzt erklärte meiner Mutter, dass er das Bein bei einer derart schweren Blutvergiftung kaum noch retten könne. Er sagte:
"Wenn das gut geht, Junge ... hast du mehr als Schwein."
Ich hatte mehr als Schwein. Das Bein blieb dran.
Die Wunde heilte schlecht. Ich kam nach *Bad Frei'nwalde* in die Obhut der gestrengen Mutter meines Vaters. In die Brunnenstraße 11. Vom Bahnsteig ging man über eine Brücke und sah in eine Schicht von leuchtend grüner Entengrütze. Nur den Geruch des Treppenhauses habe ich noch in der Nase. Das Bohnerwachs, das von den Eichenstufen aufgesogen worden war und mit den Jahren ranzig wurde. Darüber lag ein matter Duft von Fliederseife, von nassem Loden, Sidolin und Sauerkraut. Unten war ein Gemüseladen.

Die alte Dame wohnte auf der obersten Etage. Sie trug ein Band aus schwarzem Samt mit einer Gemme um den Hals. Wenn sie das Haus verließ, griff sie zu einem schwarzen Stock. Ich war der Sohn des *Guten Jungen,* wie sie meinen Vater nannte, aber zugleich *das Balg* des schlechten Frauenzimmers. Man wusste nicht, was da zum Vorschein kommen würde.
Ich sollte unter Aufsicht sein, still sitzen, und das Bein so hoch wie möglich legen. Unter

dem Mull fraß eine schwarze Salbe sich vom Wundrand ins gesunde Fleisch. Es eiterte und suppte, bis ich nach ein paar Tagen alles runterriss und nicht einmal ein Pflaster duldete. "Es heilt nur an der Luft!" erklärte ich – und hatte Recht.

Im selben Hause wohnte die Familie Gessler. Auf der Beletage. Von dort kam ungewohnter Lärm. Die Gläser klangen und Gelächter drang ins Treppenhaus. Besuch kam. Türen schlugen, und es roch nach frisch gebacknem Kuchen. Großmutter wurde auch geladen. Gesslers Sohn war heimgekehrt. Man tuschelte vom Treppenabsatz über die Geländerbrüstung 'rauf und 'runter:
"… er war *geheim* in Spa – ni – en …"
"… als Flieger?"
"Weiß ich nicht …"
"Er *ist* ja bei den Fliegern … oder?"
"LEGION CONDOR."
"Ach …"
"Freiwillig."
"So …"
"Ein schmucker Bursche … aber … wie gesagt …"

Am späten Nachmittag zog ein Gewitter durch.
Ich liebte seine Schwester. Sie war um die zwanzig. Und sehr schön. Renate Gessler. Ich war etwa fünf. Ein Däumeling. Sie stand am offnen Fenster. Nach dem Regen. Sah in die nassen Bäume. Atmete die satte Luft. Ich kletterte zu ihr hinauf. Saß oder kniete auf der Fensterbank, und war benommen von der Sehnsucht, sie zu küssen. Auf den Mund zu küssen. Ich hätte mich dann augenblicklich in die Tiefe fallen lassen. Vom Fensterbrett hinunter in den Tod – wenn sie – mit einem fernen Lächeln – das unbarmherzige:
"Wie niedlich"
ausgesprochen hätte. Aber ich hab' mich nicht getraut.
Da fällt mir ein … die roten Waldameisen auf dem Taschentuch … die könnten sich in Freienwalde festgebissen haben. Vermutlich ist mein Vater dort mit mir herumspaziert. Im Schloßpark. Bei den Pfauen und den Äols-Harfen. Oder auch im nahen Wald. Wenn er mich dann zurückgebracht hat, mit der Eisenbahn, war er in Uniform. Als Hauptmann tippte er nur mit zwei Fingern an den Schirm der Mütze, wenn ihn Soldaten von der andern Straßenseite grüßten. Mit ausgestrecktem Arm. *Die Augen links.*

Im Sommer '39 flogen wir mit einem Linienflug der Lufthansa nach München, Bärbel, ich und meine Mutter. In einer dreimotorigen Maschine. Ganz aus gewelltem Blech. Vom Tempelhofer Feld.
Ich habe alles festgehalten. Mit den Augen. Jede Einzelheit. Die ganze Konstruktion. Vom kleinen Heckrad, übers Seitenruder, und am Antennen-Draht entlang zu den Propellern, hab' ich die Silhouette ins Gedächtnis übertragen. Aber, was ich davon im Kopf behalten habe, stammt nicht aus dieser Zeit. Von diesem Flug. Vielleicht das Treppchen für den Einstieg und den Föhn kann man als Original-Erinnerung betrachten. Dem Föhn entströmte frische Luft. Zu jedem Sitz gehörte ein textilummantelter herausziehbarer Schlauch mit einer Düse, vor der ein kleiner Aluminium-Deckel flatterte. Alles, was ich mir sonst noch merken wollte, wurde durch einen rätselhaften Untergang der Erde ausgelöscht.
Ich sah, von meinem Fensterplatz hinunter, dorthin, wo eben noch die feste Erde war, mit Häusern, Straßen, Bäumen, Feldern ... und sie war weg. Da war nur Leere. Blaues Grau. Ich schob die Nase an der Fensterscheibe hoch, und konnte grade noch den Rand der Welt verschwinden sehen. Die Erde war ein schiefer Teller, auf dem es keinen Halt mehr gab. Da musste alles runterrutschen. Über den Rand hinaus. Ins Nichts. Der ganze Teller schmierte ab – ging unter – und versank.
Verstanden, was da vorging, hab' ich erst, als ich das Segelfliegen lernte. In den *sechzjer Jahren.* Das Steuern eines Gleiters um drei Achsen. Hoch, längs und quer. Die Richtungsänderung, nach links zum Beispiel, wird mit dem Seitenruder eingeleitet. Es braucht den meisten Druck, weshalb der Seilzug an Pedalen hängt. Gleichzeitig und gleichsinnig folgt: Querruder links. Die rechte Flügelfläche dreht sich schneller um die Achse, sie hat den langen Weg, bekommt mehr Auftrieb, hebt sich: Querruder null. Ein wenig Gegendruck. Querruder rechts und mit dem Höhenruder stützen. Das hält die Nase oben, die nach innen, in den Mittelpunkt des Kreises kippen möchte. Das Flugzeug dreht sich jetzt von selbst. Wer nicht hinausschaut, fühlt die Neigung nicht, die Drehung nicht, sitzt aufrecht und meint, gradeaus zu fliegen. Alles im Lot. Bis auf die Erde. Unten. Die man aus einem ungewohnten Winkel sieht.
Der Teller tauchte nach der Kurve wieder auf, und legte sich flach auf den Rücken. Wie zuvor. Das *Große Ganze* aber war für eine ewig lange Schrecksekunde aus den Angeln – auch wenn's nur eine Sinnestäuschung war.

Die "Alte Tante JU" fliegt immer noch. Seit siebzig Jahren. Sie startet wieder von dem alten Flugfeld Oberschleißheim und brummt im Herbst, wenn das Oktoberfest beginnt, um unser Haus herum. Wir stürzen jedesmal nach draussen, um sie in der Luft zu sehen, und wenn sie nah genug ist, winken wir.
Sie brauchte wenig Platz zum Landen. Sie war nicht schnell, nicht wendig – aber zuverlässig. Sie flog im Winter '42/'43, kurz vor der Kapitulation, nach Stalingrad. Vom Kessel konnte nur das Flugfeld noch gehalten werden. Mit laufenden Motoren, um nicht einzufrieren, stand sie vibrierend auf vereistem Untergrund, um Schwerverletzte auszufliegen. Verstümmelte und fast Erfrorene, die sich mit letzter Kraft ins Blech der Einstiegsluke krallten und herunterfielen, wenn sich die überladene Maschine, bei heftigem Beschuss, doch in die Luft erheben konnte – das ist ein Bild, das sich in meiner Phantasie vor alle anderen Erinnerungen schiebt. Das bleibt für mich die JU – mit ihren Flugzeugführern, Funkern und Besatzungen – ohne diesmal zu fragen, was sie dort verloren hatten.
Von München nach Grainau. Zur Sommerfrische. Heimfahrt mit "Seppelhose", Wadenstutzen und "Tirolerhut". Das erste Taschenmesser. Davor ein Winterurlaub. Erste Schier. Geruch von heißem Wachs, das auf die Bretter aufgebügelt wurde. Bindung mit Lederriemen, Klappverschluss. Und immer nasse Stiefel. Keine Lifte. Im Grätschgang zentimeterweise 'rauf – wenn man hinunter wollte.
Zu Hause war ich Schlüsselkind. Fast immer draußen. Viel allein. Mir fehlte aber nichts. Ich hatte Freiheit. Nur, wenn es früher dunkel wurde, wenn meine Freunde schon hinein gerufen worden waren, und ich Passanten fragte: "Wissen Sie, wie spät es ist?", dann sagten sie: "Jetzt ... is' es kurz nach sechs", und wenn ich dann nach einer Weile wieder fragte, war's wieder kurz nach sechs. Die Armbanduhren – früher – mussten aufgezogen werden, und abends ließ die Feder nach. Wenn das die Leute merkten, war es schon zu spät. Drum ging ich lieber ein paar Züge früher los, in Richtung U-Bahn, um die Bahnsteiguhr zu lesen.

Und wo war Bärbel? Meine Schwester Bärbel?
Sie hatte einmal eine Binde um den Puls. Einen Verband um beide Handgelenke. Sie hat sich da mit einer Schere reingeschnitten. Hieß es. Wahrscheinlich wurde sie genäht. Man sprach darüber nicht. Es würde wieder gut. Ein Mann, der in den Wohnblocks Telefone installierte, soll sie einmal "belästigt" haben.

Er wurde danach festgenommen. Nachbarn erzählten das. Nicht mir. Ich habe es nur aufgeschnappt.
In die Westendallee kam "Bolle" mit dem Pferdewagen. Er läutete mit einer Glocke und schrie vom Kutschbock runter, was er zu verkaufen hatte. "Bolle bim bim – die Milch ist zu dünn", riefen wir Kinder, wenn er weiter zog. Das hörte er, wohin er kam. Das heißt, er hörte es nicht mehr. Er zockelte mit einem weißen Kastenwagen durch die Straßen. Innen blieb alles kühl und frisch.
Eis wurde auch gebracht. In langen Stangen. Mit einem Stichel wunschgemäß zerteilt. Die Splitter flogen in den Dreck. Die lutschten wir.

An einem Abend schrie es von der Straße 'rauf: "Verdunkeln!" Es klang sehr aggressiv. Da hatte England "uns" den Krieg erklärt. Wir hatten Licht gemacht und ein Rouleau vergessen. Die schwarzen Rollvorhänge mussten abends immer unten sein. Damit kein Lampenlicht nach draussen fiel. Auch wenn Entwarnung war. Oder noch kein Alarm. "Wer Licht macht, gibt dem Feind ein Zeichen."
Ganz in der Nähe, auf dem Dach der Mädchenschule, Ecke Westendallee/Preußenallee, war die Sirene. Als sie zum ersten Male heulte, hab' ich mitgeheult. Der Schreck fuhr mit dem Messer in den Schlaf. "Der Trainingsanzug liegt bereit. Du nimmst den kleinen Koffer und wartest an der Wohnungstür. Wir gehen dann gemeinsam in den Keller."
Wenn die Sirene abgeschaltet wurde, röhrte es noch für eine Weile. Es gurgelte im Rachen eines Wolfes. Der sich verkroch. Und niederlegte. Mit gefletschten Zähnen. Und gesträubtem Fell.
Im Keller hatte jeder Mieter einen Holzverschlag aus faserigen, rohen Latten. Dort lagerten die Dinge, die man nicht mehr brauchte. Oder selten, wie den Christbaumständer. Rodelschlitten. Koffer. Davor saß man sich gegenüber. In zwei Reihen. Frau Zaske und Herr Zaske, unsre Nachbarn, Frau Zieske, aus dem Stockwerk über uns, und die zwei Fräulein aus dem Erdgeschoss, die immer mit dem Besen gegen ihre Zimmerdecke bummerten, weil sie uns oben trappeln hörten. Es gab noch keinen Notausstieg und keine Brandschutz-Türen. Ein Brandwart machte seine Runden unterm Dach. Mit Helm und Feuerpatsche. Vom Keller führte eine Treppe zur Kaninchenwiese hinterm Haus. Die Tür war nicht verschlossen. Ich schaute durch den Spalt. Scheinwerfer tasteten den Himmel ab. Die Batterien standen jenseits des Olympiastadions. Hinterm Glockenturm. Ein Strahl erfasste einen Bomber, die andern Strahlen schwenk-

ten nach, fixierten ihn in einem Kreuz. Die Flak begann zu belfern. Rund um den hellen Punkt sah man die Explosionen. Rote Pulverwölkchen. Ich wollte einen Abschuss sehen. Ein Feuerwerk mit einem Treffer. Aber der Feind entwischte in die Dunkelheit.

Es gibt sehr viele Bilder von den Bombennächten. Von Coventry bis Dresden. Ich hab' nichts davon erlebt und habe nichts hinzuzufügen. Dies ist nur eine kleine Skizze aus den Erinnerungen eines Siebenjährigen. Vom Luftschutzkeller zu Beginn des Krieges.

Großbösendorf

In den Behörden machte man Evakuierungspläne. Schulkinder wurden klassenweise landverschickt. Oder sie kamen einzeln zu Verwandten. Ich kam zu Onkel Kurt und Tante Eva nach Großbösendorf. Der Onkel war dort Pfarrer einer kleinen evangelischen Gemeinde. Die Tante spielte bei den Gottesdiensten Orgel. Sie war die Schwester meines Vaters, der wieder in den Krieg gezogen war. Zum zweiten Mal nach zwanzig Jahren. Die Zeiten bei der Reichswehr nicht gerechnet. Und meine Mutter war vielleicht schon auf dem Sprung in ein besetztes Land. Nach Norwegen.
"Abkommandiert" – nach einem Plan, den sie seit vielen Wochen kannte? Es mussten Briefe hin- und hergegangen sein. Mein Vater hatte sicher vorgefühlt. Vielleicht war auch die Großmutter im Spiel. Der Onkel war vielleicht zunächst dagegen? Froh, dass die eignen Kinder endlich flügge waren. Aus dem Haus.
"Ich will den unerzognen Bengel nicht."
"Es ist ja nur für kurze Zeit. – Ich sorg' dafür, dass er pariert!"
War so vielleicht verhandelt worden? Bezahlten meine Eltern für den Liebesdienst? Hat Bärbel es gewusst? Und wann hat sie erfahren, dass auch sie mit ihrer Mädchenklasse weit weg nach Mähren fahren würde?
Bestimmt hat meine Mutter überlegt, was sie mir sagen könne. Und was besser nicht. Sicher war sie behutsam, hat versucht, die Fahrt als Urlaubsreise darzustellen. Als ein Abenteuer. Und aufgezählt, was mir begegnen würde auf dem Lande. So macht man das mit Kindern ja. Aber sie hat mich unterschätzt. Ich hab' ihr zugehört, wie der Geliebten, die dem Verschmähten sagt, wie groß die Welt ist – und wie schön – auch ohne sie.
Es hat genügt, um mir den Boden wegzureißen.

Ich saß auf einer Holzbank. Dritter Klasse. Klebte an der Scheibe. Und hing an einem Gummiband, an einem Faden, der sich ständig dehnte. Solange dieser Faden hielt, blieb ich mit Neu-Westend verbunden. Aber der Zug war stark. Der Faden wurde dünner, und endlich gab er nach. Ich hatte kein Gefühl mehr, konnte nicht mehr sagen, wie weit es war. Zurück. Nach Hause.
Im selben Zug saß meine Mutter, im selben Wagen, neben mir. Wenn ich jedoch nach Bildern suche, sehe ich sie nicht.

Wir fuhren in die Dunkelheit. Je mehr die Landschaft in der Dämmerung verblasste, desto bestimmender war das Geräusch der Räder: ra-ta-da-dam ra-ta-da-dam da-dam über die unverschweißten Schienen. Einzelne Lichter flogen durch die Nacht und manchmal das Gebimmel einer Schranke hinterher: bim-bim-bum-bom. Über der Weichsel dröhnten Eisenträger. Der Zug erreichte Thorn.
Kopernikus ist dort geboren. Nikolaus Kópernik auf polnisch. Im Jahre 1473. Er hat das geozentrische System des Ptolemäus ausgehebelt. Die Erde, und mit ihr den Menschen, versetzte er auf eine Umlaufbahn. Auf ihren Platz im Zentrum stellte er den Fixstern Sonne. Die Kirche setzte sein System als Ketzerei auf ihren Index. Verbot zu denken, was der Bibel widersprach. Nach ihm hat Galileo Galilei das System verteidigt. Er wurde ebenfalls als Ketzer angeklagt. Und eingesperrt. Ich habe diesen Galilei in dem Theaterstück von Brecht gespielt. Und jeden Abend auf der Bühne hab ich dem *Alten Kardinal* betroffen zugehört.
Der Kardinal zu Galilei: "Sie wollen die Erde erniedrigen, obwohl Sie auf ihr leben und alles von ihr empfangen. Sie beschmutzen Ihr eigenes Nest! Aber ich jedenfalls lasse es mir nicht gefallen. Ich bin nicht irgendein Wesen auf irgendeinem Gestirnchen, das für kurze Zeit irgendwo kreist. Ich gehe auf einer festen Erde, in sicherem Schritt, sie ruht, sie ist der Mittelpunkt des Alls, ich bin im Mittelpunkt, und das Auge des Schöpfers ruht auf mir und auf mir allein. Um mich kreisen, fixiert an acht kristalline Schalen, die Fixsterne und die gewaltige Sonne, die geschaffen ist, meine Umgebung zu beleuchten, Und auch mich, damit Gott mich sieht. So kommt sichtbar und unwiderleglich alles an auf mich, den Menschen, die Anstrengung Gottes, das Geschöpf in der Mitte, das Ebenbild Gottes, unvergänglich und ... (er sinkt zusammen)."

Die Reise führte uns durch Thorn, und beinah' alles, zwischen mir und meiner Mutter, war hinterher verändert. Ich war dabei, die Mitte meiner Kindheit zu verlieren.
Von Thorn bis nach Großbösendorf noch mit der Kleinbahn. Später Abend. Alles dunkel. Onkel und Tante warteten an der Station. Zu Fuß zum Pfarrhaus!
"Ist es weit?"
"Wir sind gleich da."
Man setzte sich an einen kleinen Tisch. Eine Petroleumlampe brannte.

"Kein Abendessen?"
"Danke. Nein."
Dann muss der Satz gefallen sein, an den ich mich nicht mehr erinnere. Wahrscheinlich kam er von der Tante. "Jetzt schnell ins Bett. Denn deine Mutter muss morgen früh beizeiten raus. Wenn sie den Zug zurück erreichen will."
– So könnte es gewesen sein.
Es stimmte. Stimmte also doch. Die sieben Jahre – "lustig Blut" – vergebens. Der "heiter frohe Sinn" umsonst. Das Spiel verloren.
Vorm Magen lag ein Klumpen von verschluckten Fragen. Vermengt mit letzten Hoffnungen. Und kleinen Wünschen, die noch lebten. Das Zwerchfell flatterte. Ich zappelte. Ein Arm schlug rudernd an die Lampe. Warf sie um. Sie fiel zu Boden und zerbrach.
"Auch das noch!" – "Na, das fängt ja gut an!"
Am nächsten Morgen war die Mutter weg.
Weinte sie auch? Als sie im Zug saß nach Berlin? Und als sie in die leere Wohnung kam?
Sechs Jahre blieb ich bei der Tante. Und dem Onkel.

Vier Häuser. Eins davon die Backsteinkirche mit dem spitzen Turm. Das war das Zentrum meiner neuen Welt. Dazu die Schule und ein Stall. Alles auf Sand gebaut im Eberswalder Urstromtal. Auf einer Sandbank. Einer Düne, leicht erhöht.
Kein Gas. Kein Strom. Kein fließend Wasser. Keine Heizung. Wärme gab nur der Küchenherd. In einer Ecke eine Schwengelpumpe. Im Winter musste sie umwickelt werden, sonst fror sie ein. Auf halber Treppe war ein Plumps-Klo. Viele Fliegen. Hartes Papier auf einem Haken. Vier Viertel einer Zeitungsseite. Nachts gingen alle auf den Topf. Auch der Herr Pfarrer. Morgens wurde umgefüllt. In einen großen Eimer aus Porzellan. Der Deckel war konkav. Vertiefte sich nach innen zu einem Loch. Darüber stand, in einem Stück geformt, ein flacher Knauf, der dieses Abflussloch verdeckte. So spritzte es beim Gießen nicht. Zum Waschen gab es eine Schüssel und eine Kanne kaltes Wasser auf dem Waschtisch. Keinen Ausguss. Alles Wasser musste getragen werden. Das saubere hinauf, das dreckige hinunter. Für die Rasur bekam der Onkel eine Schale warmes Wasser.
Die Federbetten waren dick und schwer. Im Winter klamm und eisig. Selbst eine Wärme-"Kruke" oder meist ein aufgeheizter Ziegelstein, mit Zeitungen

umwickelt, halb da wenig. Man blies die Atemluft in seine Höhle und bibberte sich in den Schlaf. Das Bett, ein Ort des Unbehagens.
Und ein Ort zum Schämen. Ich nässte ein, seit ich im Pfarrhaus war. Manchmal gelang es mir, nachdem ich es bemerkte, Laken und Unterbett halbwegs zu trocknen. Mit einem Zwischentuch und Körperwärme. Manchmal mit ersten Sonnenstrahlen. Aber der Fleck verriet mich jedes Mal. Ein weiteres Versagen. Die fremden Anverwandten konnten sich entrüsten. Über eine Schwäche, die sich der Steuerung im Traum entzog.
Ich wurde dafür nicht bestraft. Aber ich suchte nach den kleinen Zeichen. Nach irgendeinem Ausdruck der Verachtung. Nach einem Blick zum Himmel mit verdrehten Augen. Und entdeckte ihn.
Von der Veranda – über eine Treppe – in den Blumengarten ging man in Sonntagskleidung. Mit geputzten Schuhen. Nach dem Kaffee. Oder vielleicht am frühen Morgen, um einen Strauß zu pflücken. Für die Vase … Mit Hacke oder Harke ging man durch die Gartentür beim Stall.
Der Blumengarten war von Fliederhecken eingefasst. Die Beete mit gestutztem Buchsbaum. Klein-Versailles. Dahinter war der Platz zum Wäschetrocknen mit Pfählen für die Wäscheleine. Kreuzweise ragten kurze Pflöcke aus dem durchbohrten Holz der Pfosten. Mit ein paar Schlingen war die Wäscheleine fest vertäut und hielt die schweren Laken-Segel auch bei starken Böen. Vor Gewittern. Meist aber spielte eine sanfte Briese mit den losen Schürzenbändern oder mit den Ärmeln, bauschte eine Bluse und strich dann durch die Kirschbaumzweige, deren Schatten sich auf der Leinwand krümmten oder strafften.
Von diesem Teil des Gartens aus fiel das Gelände über eine Bodenwelle ab. Senkte sich sanft zu einer flachen Mulde. Den Absatz stützte eine schräge Mauer, von Gänsekresse überwuchert. Neben den Stufen zum Gemüsegarten ein kleines Wasserreservoir und eine zweite Schwengel-Pumpe.
Der Weg hinab gesäumt von Beerensträuchern. Halbhoch davor ein Band von Staudeniris. Unten ein Querweg. An den Rändern rosa Federnelken-Polster. Dort lebte ich. Im Gurkenbeet. Zwischen den Stangenbohnen und dem Blumenkohl. Zwischen Kohlrabi und Radieschen. Und zwischen sehr viel zartem Dill.
Vom Gartenzaun zum tiefsten Punkt der kleinen Senke, in der ein Bach sich sein Gefälle suchte, erstreckten sich vier Morgen Wiese.
Der Krieg war fern. Die Front entfernte sich mit Siebenmeilenstiefeln. Konkretes kam verspätet mit der Post. Es gab ein Telefon. Mit Kurbel. Pensau 6. Ich habe es nie läuten hören.

Nur indirekt erfuhr man, dass es Mangel gab. Rohstoffe fehlten. Für die Medizin. Für Arzneien. Für Verwundete.
Schulkinder sollten Kräuter sammeln. Getrocknet abzuliefern. Mindestens soundsoviel Gramm. Taubnesselblüten, Schachtelhalm, Huflattich, Lindenblüten, Himbeerblätter, Wegerich. Ich sollte Gänseblümchen pflücken auf der Wiese vor dem kleinen Bach.
Jenseits stand auf der nächsten Sandbank eine Kate. Zwei Jungen wohnten dort. Beengt und ärmlich. Die beiden Minkoleits. Sie hatten mich gesehen und kamen runter an den Bach. Wir sprangen hin und her. Erst an den schmalen Stellen und dann mit Anlauf an den breiteren. Und ich vergaß die Zeit. Vom Pfarrhaus konnte man uns sehn. Aus einer Luke unterm Dach. Die Tante wartete.
"Und das ist alles?"
"Ja."
"Mehr hast du in zwei Stunden nicht gepflückt? Was hast du denn die ganze Zeit gemacht? Du bist ja ganz verschwitzt. Wahrscheinlich rumgetobt!"
Ich log und sagte blöderweise: "Nein."
Die Tante sagte: "Hosen runter!"
Sie hatte schon die Hundepeitsche in der Hand. Die Striemen quollen auf. Ich konnte tagelang schlecht sitzen. So war es gemeint.
Im Rückblick hat die harte Strafe für eine kleine Lüge alles eingefärbt. Alles, was ich aus dieser Zeit berichten kann, ist beinah blind für Herzlichkeit und Wärme.
Aber es gab zwei Engel in Großbösendorf, die sich bemühten, alles auszugleichen. Der eine blond, der andre schwarz. Um zu erleben, wie sie in Erscheinung traten, muss ich zurück zum Anfang. Zu den ersten Schritten durch das kalte Haus.
Oft stand ich orientierungslos herum. Wie angehalten. Mal, weil die Antriebsfeder abgelaufen war, mal, weil der Blick verschwamm. Dann war der schwarze Engel neben mir. Suchte nach meiner Hand und legte seinen Kopf an meine Seite.
Der schwarze Engel war ein Dobermann. War eine Hündin. Sie hieß Rixa. Ihr Lager hatte sie im Erdgeschoss. Dort stand im Flur ein großer

schwerer Tisch. Sein Schatten war wie ein Versteck. Dort schlief ich manches Mal in ihrer Wärme ein.

Der blonde Engel war das "Mädchen" Olga. Sie war schon viele Jahre in dem Haus, das sie besorgte. In dem sie die Bedienung war und herrschte. Denn sie beherrschte alles, machte alles. Sie konnte – wie *Der Kleine Prinz* es nannte – mit dem Herzen sehen. Sie nahm mich unter ihre Obhut. Schützte mich. Sie spürte, wenn ich Hilfe brauchte. Dann sagte sie: "Ich brauche ihn im Garten" oder "Er muss mir Schuschken [Kiefernzapfen] sammeln", "Gießen helfen. Reisig hacken".

Der Onkel ließ mich gerne in der Ecke stehen. Seine Lieblings-Strafe.

Sie fühlte, wie erniedrigend das war und ließ mich, wenn er weg war, heimlich frei. Oder verhinderte sogar die Strafe.

Nicht selten hieß es: "Auf dein Zimmer! Marsch! Dort bleibst du! Ohne Abendbrot!" Das war bei weitem nicht so schlimm, wie Onkel oder Tante es sich wünschten. Ich war sehr gern allein. Und irgendwann kam Olga, um mir heimlich etwas an mein Bett zu stellen.

Als ich schon wieder in Berlin war – Jahre nach dem Krieg – und als der Onkel starb, erhängte Olga sich. Am Fensterkreuz. Sie hatte ihn geliebt. Davon hat "niemand nichts" gewusst.

Der weit gespannte Sommerhimmel, durch den die weißen Wolken schwammen ohne Ende, die tiefe Stille und Ereignislosigkeit, gaben dem Wort Unendlichkeit die erste sinnliche Erfahrung. Und das Wort *Ewigkeit* war eine Schwingung, war ein Ton, der nicht zu hören war – nur leise schmerzte.

"Komm Herr Jesus, sei unser Gast – und segne, was Du uns bescheret hast". Das sagte man gemeinsam. Alle falteten die Hände und sahen runter auf die Finger. Olga trug dampfend auf und räumte ab. Saß nicht am Tisch. Mit Jesus. Die Frau Pfarrer legte vor. Erst wenn auch sie genommen hatte, durfte man zum Löffel greifen.

"Was auf den Tisch kommt, wird gegessen!" Nichts durfte auf den Tellerrand geschoben werden. Man fischte besser auch kein Haar heraus. Das fiel schon unter Mäkeln. Fleisch konnte viele Sehnen haben. "Gezatter" nannte Olga das. Beim besten Willen nicht zu schlucken, man würde Darmverschlingungen bekommen. Das musste unbemerkt den Weg vom Mund zur Hosentasche finden. Meistens klappte das. Gut, wenn ein Taschentuch dort wartete. Sonst gab's verräterische Flecken.

"Gesprochen wird nur, wenn man dich was fragt! Mit vollem Munde spricht man nicht! Sitz grade! Der Junge soll Manieren lernen. Höchste Zeit!"
Ich machte so viel falsch – ich schmeckte gar nichts mehr. Fragte die Tante: "Bist du satt? – Willst du noch was?" dann sagte ich schnell: "Danke, nein." Ich war stocksteif. Mit leicht verdrehten Gliedern. Und etwas schwindelig auf meinem Stuhl.
Bevor am Abend die Petroleumlampen angezündet wurden oder die andren mit dem Glühstrumpf, von Karbid gespeist, war Dämmerstunde. Alles ruhte. Dann wurde vorgelesen. Ich las vor. "Die Ahnen", Gustav Freytag. Davon blieb eine Lese-Angst. Vorlesen möchte ich nicht mehr. Bis heute nicht. Ich fange an zu stottern.

Petroleumlampen blaken gern. Ruß setzt sich im Zylinder ab und reduziert das Licht. Das Putzen wurde meine erste Pflicht.
"Zylinder putze ich besonders gern."
Ich machte alles. Lernte häkeln, nähen, stopfen. Alle Hausarbeiten und alles, was im Garten nötig war.
"Erbsen auspalen tue ich besonders gern."
"Staub wische ich besonders gern."
"Holz hacke ich besonders gern."
"Verfilztes Garn entwirre ich besonders gern."
Wenn meine Tante Orgelspielen übte in der Kirche, trat ich den Blasebalg. Besonders gern.
Saß auf der Lehne eines schweren Ledersessels und kraulte meinem Onkel Kurt den kurzgeschornen Kopf. Mit fetten Fingern. In einem hellen Kranz von fetten Schuppen. Er dachte derweil über seine Predigt nach und manchmal schnarchte er dabei. Die Tante steckte ihren Kopf ins Herrenzimmer und fragte, ob es nicht genug sei. Der Onkel schaute auf. "Ich zwinge ihn ja nicht. Er macht es gern." Ich machte alles ganz besonders gern.

*

Ins Pfarrhaus kamen Uniformen. Der Onkel wirkte wie ein Oberst. Wie ein "hohes Tier". In lichtem Grau. Er war beim Deutschen Roten Kreuz. Die Tante auch. Sie trug die Schwesterntracht. Mein "Ehrenkleid" kam kleckerweise mit der Post. Von meinem Vater kam zuerst das Braunhemd. Dann die kurze schwarze Hose. "Manchester" hieß der Stoff. Dann kam das schwarze Hals-

tuch, der geflocht'ne Lederknoten, und endlich auch das Koppelschloss. Mit dem Emblem. Die eingepressten Worte: "Blut und Ehre". Man wusste nicht sofort, wie das zusammenhing – das würde sich ergeben. Als letztes kam der Dolch. Das "Fahrtenmesser". Das schwarze Dreieck wurde später angenäht. Am Oberarm. Gau: Danzig-Westpreußen. Und auch der "Blitz". Die weiße Rune. In dem roten Kreis. Das Jungvolk-Zeichen.
Drei "Mann". Geführt von einem derben Burschen. Querfeldein. "Erkundung des Geländes" war mein erster "Dienst". Über die Wiesen und den Bach, zu einem Haus im Duft von lila Fliederblüten. Dort lebte Ekusch [Erika]. Und es war Mai.
Der Lorbass wollte sie uns präsentieren. Als seine Auserwählte. Und sich selbst natürlich auch. Als ihren Auserwählten. [Ich kannte mich da noch nicht aus.] Er rief nach ihr. Nichts regte sich. "Alle zusammen!" sagte er. Wir schrieen. "Ekusch! – Ekusch!" Endlich sah Ekusch aus dem Fenster. Sie schrie: "Hört auf zu schrein!" und schlug das Fenster zu.
Befehl zum Rückzug. Jetzt am Bach entlang. Ein Laut aus einem hohlen Stamm verriet ein Vogelnest. Drei junge Eulen. Der Hordenführer griff sie sich.
"Das Messer raus! Jetzt wird es eingeweiht!"
Ich dachte an die Worte auf dem Koppelschloss. An *Blut und Ehre*.
"Also los!"
"Gib her! – Jetzt du!"
Wir schlachteten die kleinen weißen Eulen. Schlitzten sie auf. Ich sah die kleinen Herzen schlagen.
Ja – ich schäme mich dafür.
Wenn hier zu lesen stünde: von da ab mochte ich die Uniform nicht mehr, vermied es, sie zu tragen, und drückte mich davor, zum Dienst zu geh'n, weil das Befehlen und Gehorchen schwer belastet war von diesem Mord, so wäre das, von heute aus gesehen, schön. So war es aber nicht.

Wir zogen weiter. Kamen zu den eingezäunten Wiesen. Stacheldraht.
"Spring rüber!" sagte unser Führer. – "Das ist zu hoch."
"Los! – Spring, du Feigling." Ich blieb hängen. Der Draht verhakte sich. Im Knie. Ich baumelte. War in der Beuge aufgespießt. Konnte mich selber nicht befreien. Aber der Kerl war stark genug und hob mich runter. Er tauchte nicht mehr auf. Das Knie verheilte.

Das Lieben.
Aus: LEBEN DES SCHIZOPHRENEN DICHTERS ALEXANDER MÄRZ von Heinar Kipphardt

Das Lieben ist schön,
Schöner als das Singen.
Das Lieben hat zwei Personen
das ist beim Lieben der Kummer.

Das Singen hatte auch nur zwei Personen. Und war auch ein Kummer. Ich hatte eine helle Knabenstimme und hätte lieber ein dunkle männliche gehabt. Die Tante meinte, dass ich Kinderlieder lieben müsse: Sie sang besonders gerne Kanons, die kein Ende fanden. "Holla hi – holla ho – geht vorbei und schaut nicht rein – hollahia ho". Das klang – zu zweit – ganz jämmerlich.
Sie nahm mich mit nach Thorn. Ins Lazarett. Es muss Advent gewesen sein. Sie ging von Bett zu Bett, verteilte Liebesgaben und ich sang Weihnachtslieder vor. Die Männer hörten sich das freundlich an. Vielleicht mit halbem Ohr. Und in Gedanken bei den Angehörigen, daheim. In einem Einzelzimmer lag ein Schwerverwundeter. Blutjung, sehr schmal, sehr blass. Die Arme an den Schultern abgestützt. Wie zur Umarmung ausgebreitet, aber eingegipst, an Schienen. Ein Bein hing unter einem Galgen in der Luft. Am Fuß hing ein Gewicht. Wir kannten uns. Ich hatte schon an seinem Bett gesungen. Die Tante fragte Roland leise, ob ich ihm eine Freude machen würde mit einem Weihnachtslied. Er sah mich an. Dann drehte er den Kopf zur Seite. Ganz wenig nur und sagte ruhig: "Nein". Als wir noch einmal kamen, lebte er nicht mehr.

Im Frühjahr brüteten die Hühner. Saßen geduldig auf den Eiern, bis die Küken schlüpften. Ich schaute nach, ob sich schon Risse in der Schale zeigten. Dann pickten sie nach mir. Die kleinen nassen Vögel wurden eingesammelt. Olga trug sie in einer flachen Kiste in die Küche und schob sie in die Ofenröhre. Nur zum Trocknen. Die Tür blieb so weit offen, dass sie Luft bekamen. Bald trippelte und piepste es, und alle standen aufgeplustert bei der Ofentür. Dann gab es kleingehackte harte Eier mit Schnipseln von Salat und Brennnesseln. Ins Wasser kamen ein paar Tropfen Milch.
Eine der Glucken hatte rund ein Dutzend Küken ausgebrütet. Gelbe, gestromte und ein schwarzes. Die Henne hielt ihr Völkchen aufmerksam beisammen, kratzte den Boden auf, und scharrte, was nicht fest verwurzelt war, mit scharfen

Krallen hinter sich. Gab dann die Stelle, rückwärts gehend, frei und forderte die Küken auf, sie nach Insekten abzusuchen. Wenn ihr dabei das schwarze vor die Augen kam, pickte sie aggressiv nach dessen Kopf. Das Küken sprang verstört zur Seite, kam aber mit dem nächsten Ruf der Glucke vertrauensvoll zurück, und wurde wiederum von einem Schnabelhieb getroffen. Stets an der selben Stelle, dicht am linken Auge. Immer wieder. Nach zwei drei Tagen war die Schläfe eine offene Wunde. Ich fragte Olga, ob sie das gesehen habe, und sie sagte, ja.
"Warum nimmst du ihr nicht das Küken weg?"
"Alleine würde es nicht überleben."
Am nächsten Morgen lag es tot im Hühnerstall.
Man konnte den Glucken Enteneier ins Gelege schmuggeln. Sie schienen das nicht zu bemerken. Die Entenküken aber nahmen sie nicht an. Sie kamen auch zum Trocknen in den warmen Ofen, bekamen auch gehackte Hühnereier mit Salat – aber sie wurden draußen nicht vermisst. Sie waren kleine Waisen, die von mir gehütet werden mussten.
Wenn eine kleine Ente sich verirrte, war sie so gut wie tot. Ein Raubtier lag gewiss schon auf der Lauer. Fuchs oder Iltis. Und der Habicht kreiste in der Luft. Sie blieben anfangs ängstlich beieinander. Bald aber jagten sie Insekten nach. Rannten in alle Richtungen. Dabei entdeckten sie den Garten, und schaffte eine es, sich durch den Maschendraht zu zwängen, mussten die andern alle hinterher. Klemmten sich ein. Erzeugten Panik. Ich fuchtelte mit einem Stock herum, ich hetzte hinter ihnen her, und zählte ständig, ob ich sie noch alle hatte – bis ich von ihnen lernte: was sie fressen wollten, ob sie Schatten brauchten oder durstig waren. Bis ich es lernte, sie zu lassen. Sie gern zu haben, wie sie waren. Und schließlich grasten sie in meiner Nähe. Ganz ohne Angst. Steckten die Köpfe unter ihre kleinen Flügel, schauten noch einmal auf, ein "wiwiwi" ging durch die Runde – und sie schliefen ein.
Beim Kühehüten lag ich über Mittag an der Schulter eines Tieres. Wenn es am Boden lag und wiederkäute. Die Nase dicht am Fell. Um den Geruch zu atmen. In der Erntezeit. Männer und Pferde wurden eingezogen, die Bauern brauchten

Hilfe, und der Onkel lieh mich aus. Die Weide lag am Weichselufer. Machtvoll und träge zog das Wasser unter einem weiten Wolkenhimmel. Ich baute einen Sonnenschutz aus Ästen. Aß Sauerampfer. Sah den braunen Fliegen zu, die sich als erste auf die frischen Fladen setzten – und wusste nicht, dass mir der Strom ein Zeitmaß für mein Leben schenkte.
Von meinen Eltern kamen Feldpostbriefe nach Großbösendorf. Nicht oft. An Kurt und Eva Aßmann. Mit Grüßen und Ermahnungen an mich.
Die Tante drängte mich zu Antwortbriefen an meine Mutter in Stavanger, West-Norwegen. Ich saß und brütete. Nach –
Liebe Mutti
Mir geht's gut. Wie geht es Dir?
verging leicht eine ganze Stunde.
Die Schwalben sind schon weg.
Nun muss ich leider schließen.
Es grüßt Dich
dein Sohn Ernst
In meinem Leben gibt es nichts Bemerkenswertes, dachte ich, woran man Anteil nehmen könnte. Aus der Ferne. Aus der Fremde.

Im Bücherschrank des Onkels stand ein Buch, das viele Fotos hatte. "Nichts für dich, verstanden! Pfoten weg!"
Gelegenheiten finden sich. Ich holte mir das Buch. Und sah Erschlagene, Verstümmelte, Ermordete. Von Polen umgebrachte Deutsche. "Bromberger Blutsonntag". Das Buch war eine Dokumentation von Greueltaten.
Bromberg, das war nicht weit. Großbösendorf lag zwischen Thorn und Bromberg.
Ich blätterte. Las ein paar Sätze: ... *und zwangen sie, den Mann lebendig zu begraben* ...

Auf einem kahlen Fleck, von einer Hügelkante fast verdeckt, unweit der Schule, stand ein wackeliges Haus. Mehr eine Kate. Darin lebten Polen. Sie hielten ein paar Tiere, Hühner, Ziegen. Ich stand alleine in der Nähe. Schaute aus sicherer Entfernung rüber. Jemand winkte. Ich ging näher. Es gab Verständigungsversuche mit den Händen. Ich habe nichts behalten außer: *kosa chljeba* Ziege – Brot. Ob ich Brot für die Ziege hätte. Die Ziege war wohl eher vorgeschoben.
In einem Wäldchen schlug der Arbeitsdienst ein Lager auf. Baracken für die Arbeitsmänner. Später – ein wenig oberhalb – Feldmeister-Häuser. Für die Vorgesetzten. Sie ließen mit dem Spaten exerzieren. "Deeeen Spatn üba! Präsentiiiert deeen – Spatn!" Bald konnte ich das auch.
Der Onkel und die Tante hatten Kinder. Zwei Söhne. Eine Tochter. Sie war in der Einklassenschule meine Lehrerin. Schlug mit dem Lineal. Verordnete mir "Klassenkeile". Da lag man mit entblößtem Hintern über einer Bank und alle schlugen einmal kräftig drauf. Sie ließ mich auch oft in der Ecke stehen und petzte alles ihrem Vater. Da gab's dann nochmal "eins hinter die Ohren".
Feldmeister Stegner machte ihr ein Kind. Sie feierten im Pfarrhaus Hochzeit. Zum Polterabend kam das ganze Lager. Mit Porzellan. Das wurde vor der Tür "zerdeppert". Ein Pferdewagen voll. Das brachte Glück. "Hörst du mein heimliches Rufen – öffne dein Herzkämmerlein". Das war ein Schlager jener Zeit. Von Peter Kreuder. Den spielten sie die ganze Nacht. Olga stand schweißgebadet in der Küche. Rixa verkroch sich unterm Tisch.

Und wo war Bärbel? Meine Schwester Bärbel?
Troppau ist mir undeutlich in Erinnerung. Troppau, das liegt im Grenzgebiet von Tschechien und Polen. Am Rande des Hultschiner Ländchens. Postkarten oder Briefe haben wir uns nie geschrieben.

Die Götterwelt im Pfarrhaus war ein wenig wirr.
Da gab es Jesus Christus. INRI stand oben auf dem Kreuz. Jesus Nazarenus Rex Judaeorum. Ein Jude, den die Christen als Gottes Sohn betrachten und zu ihm beten wie zu einem Gott.
Gott, der den Menschen und die Welt erschuf, das war der Gott des Alten Testaments. Ein Gott der Juden. Die Katholiken nannten diesen Gott nicht Jahve – oder nur sehr selten –, aber es war derselbe Gott. Die Protestanten oder Evangelischen, das waren reformierte Katholiken. Sie führten dreißig Jahre Krieg. Um gegenseitigen Respekt. Im Jahre 1648 wurde der besiegelt. Blieb aber frommer Wunsch. Obwohl der Gott der Protestanten sowohl der Gott der Juden als auch der Katholiken war.
Dann gab es die Germanen, die auch Götter hatten. Von Freyja, Thor und Loki las ich damals. Die Christen hatten diese Götter mit der Axt besiegt. Sie kamen aber unterm Hakenkreuz zu neuen Ehren.
Und schließlich gab es noch die Arier. Indo-Germanen. Deren Götter waren Nebensache. Ob es je "Arier" gegeben hatte, auch. Man musste es nur sein. Als Arier war man kein Jude. Darauf kam es an.
Der Führer hatte selbst noch einen eignen Gott: "Die Vorsehung". Vorseher oder Vorher-Seher musste aber keiner sein. Arier genügte. Das war man aber nur, wenn auch die Eltern, deren Eltern und auch die Urgroßeltern Arier gewesen waren. Wer das beweisen konnte, war gerettet. Wovor, das interessierte nicht.
Auskunft gab nur das Taufregister. Ein Pfarramt, das die unversehrten Bücher hatte. Und einen Stempel. Wie der Onkel Kurt.
Einmal kam das Gerücht auf: die *Jacobis* seien Juden, die sich "zur Tarnung" hätten taufen lassen. Da heulte die Familie meines Vaters auf! Und der Herr Pfarrer musste mit dem Stempel helfen.
Ein Bauer lud die "Pfarrersleut" zu einer Schlittenfahrt. Ich durfte mit, saß in der Mitte, tief in einem Fußsack. Pelzgefüttert. Darüber schwere Decken. Knirschend kalter Schnee. Wir wurden abgeholt von einem Kutscher auf dem Kutschbock. Hinten war auch ein Sitz, ein großer Fahrradsattel über einem Eisenbügel. Der blieb leer. Ich wäre gern herumgeklettert und hätte mich mal hinten auf die Kufen stellen mögen. Zwischen dem Onkel und der Tante eingeklemmt, sah ich vor allem auf den Schwanz des Pferdes. Auf den Hintern. Die großen runden Backen. Auf das kurze Fell. Den Seidenglanz. Die Muskeln, die darunter spielten und den Takt angaben für die kleinen Glocken am

Geschirr. Über dem Pferdeleib ein dünner Nebel. Dampf. Das Pferd schien gerne durch den Schnee zu traben. Obwohl es ein Problem mit der Verdauung hatte. Es pupste. Laut. Und immerzu. Mit leicht erhobnem Schwanz: Man sah den großen runden Muskel, der die Gase freiließ. Der Onkel und die Tante sahen rechts und links vorbei. Genierten sich. Sie wurden immer steifer. Das war lustig.
Die Pferde und die Kühe hatten alle ein Namensschild in ihrem Stall. Mit dem Geburtstag. Weiß auf schwarz. Mit Kreide, die man löschen konnte.

Fürs Winterhilfswerk (WHW) gab es Straßensammlungen. An jeder Ecke klapperten die Büchsen, wenn sie geschüttelt wurden und das Kleingeld gegen den verplombten Deckel sprang. Wer spendete, bekam gleich eine Anstecknadel. Für jede Sammlung gab es andere Motive aus einem andern Werkstoff. Wachstuch-Blumen oder Fahnen aus Metall. In Plexiglas gepresste Runen. Städtebilder. Waffen. An Handgranaten kann ich mich erinnern aus grauem Bakelit. Und deutlich an bedruckte Hefte. Mit einer Schlaufe, um sie an den Mantelknopf zu hängen. "Des Führers Krieg im Osten". Siegerfotos. Siegertexte. Schwarz auf weiß. Acht Seiten. Hochglanz. 4x5.
Vom Pfarrhaus lief man eine Viertelstunde bis zur nächsten Straßenkreuzung. Auf der Chaussee von Thorn nach Bromberg, die parallel zur Weichsel lief. Dort stand ein Gasthaus, eine Bude. Die Türen waren aufgestoßen. Ein Radioapparat schrie Sondermeldungen hinaus:
"Wir unterbrechen das Programm für eine Sondermeldung."
Dann die Fanfare. Das Erkennungszeichen. Ein Stück aus LES PRÉLUDES von Liszt.
"Das Oberkommando der Wehrmacht gibt bekannt …"
U-Boote hatten einen Schiffsverband im Nord-Atlantik angegriffen und einen Frachter torpediert. Die Größe des versenkten Schiffes wurde in Tonnage angegeben. "Bruttoregistertonnen" hieß es in den Meldungen des OKW. Man wusste nicht, was so ein Schiff geladen hatte, und wieviel Menschen bei dem Untergang ertrunken waren. Nur wieviel tausend Tonnen jener Frachter laut Register hatte.
Ich stand alleine unter einem Vordach. In der Winteruniform. Schirmmütze, lange Hose, nasse Füße. Die Sammelbüchse in der Hand. Herbst '41. Sonntag. Nieselregen, jagende Wolken, kein Verkehr. Pro Stunde zwei, drei Autos. Mal ein Lieferwagen. Man konnte sie von Weitem hören. Meist fuhren sie vorbei.

Kaum zehn Minuten später kam die nächste Sondermeldung. In dem von U-Boot-Jägern, Kreuzern und Zerstörern begleiteten Konvoi war noch ein Frachter explodiert. Ein dritter, vierter, fünfter sank. Es folgte eine Sondermeldung nach der anderen.
Beim nächsten Auto stand ich in der Straßenmitte. Mit hoch erhobner Hand, erzählte durch das Fenster auf der Fahrerseite, wieviele Schiffe wir getroffen hatten, und klapperte mit meiner Sammelbüchse. Viel Geld kam aber trotzdem nicht zusammen.

*

"'s ist Krieg – 's ist Krieg 's ist leider Krieg.
und ich begehre, nicht schuld daran zu sein."
Matthias Claudius

Ich suche nicht nach Unschuld.
Nicht nach der Schuld der anderen.
Ich suche nach den Prägungen, die Schuld ergeben haben würden. Wenn '45 nicht gewesen wär.
Ich möchte wissen, wo die Werte sich verschoben haben. Und wo Weichen waren. Wo der Weg sich gabelte. Wo Sensibilität gefehlt hat. Für die Folgen. Wo der Anfang war. Und wo er heute ist.
"Unschuld" ist ein Begriff, der mir zu gar nichts taugt. Zu nichts und wieder nichts. Erwiesene Unschuld als juristischen Begriff verstehe ich. Ansonsten sehe ich nur Nebel um das Wort. Vertuschung. Lüge.
Wo Unrecht ist, ist Schuld. Auch wenn das Unrecht nur geduldet ist.
Wo Opfer sind, ist Schuld.
Ein Volk, das Siege feiert – Helden hat – und Fahneneide, kann nicht von Unschuld reden.
Unschuld ist unbeteiligt. Trauert nicht. Lernt nicht aus der Geschichte.
Unschuld ist antidemokratisch. Asozial.
Schuld fragt. Hat Zweifel. Will begreifen. Schuld sucht nach Ausgleich. Sieht die Folgen. Über den Tot der Schuldigen hinaus. Schuld setzt sich auseinander. Schuld möchte nicht noch einmal schuldig werden.
Unschuld ist gut.
Von mir aus. Bitte.
Aber wozu ist Unschuld gut?

Schnipsel von Lebensmittelkarten wurden nicht genommen. In den Geschäften durften sie zurückgewiesen werden. Auch in den Restaurants. Sie konnten aber leicht entstehen. Bei den Gerichten standen auf der Speisekarte erst die Preise, und gleich daneben, wieviel Gramm jeweils aus einer Karte für das Fleisch herausgeschnitten werden mussten, und wieviel aus der Karte für die sogenannten "Nährmittel". Da gab es 10 gr.-Marken, 20 gr. und 100 gr., wenn ich mich recht erinnere. An jedem Kellner-Hosenbein hing griffbereit die Schere. Er schnitt die Felder aus der Karte raus.
Wenn er an 100 gr. vorbei zur 10 gr.-Marke kommen wollte, durften die 50 gr. daneben, die etwa nur mit einem Steg am Rand der 10 gr.-Marke hingen, nicht mit abgeschnitten werden. Sonst waren diese 50 gr. verloren. Nicht mehr gültig.
Das hätte dann den zweiten Krach gegeben, weil häufig schon zuvor ein Streit darüber ausgebrochen war, ob man für einen Klacks von Bratensoße 10 gr. verlangen dürfe.
"Zehn Gramm Nährmittel? – Wo, bitte, sind denn die?!"
Ich habe einen Mann gesehen, der seine Fleischportion auf einer mitgebrachten Waage wog. Da ging der Streit dann über den Gewichtsverlust beim Braten los.
"Das schnurrt zusammen."
"Aber nicht so viel!"
Ich habe einmal von der roten Karte für das Brot 500 gr. mit einem fetten schwarzen R verloren. Das "R" hieß: Roggenbrot. Das Pfund war unersetzbar futsch. Man wagte nicht, so etwas zu gestehen, aber natürlich kam es raus.

Berlin. Westendallee. Im Herbst. Die Mehlbeerbäume an der Straße warfen Früchte ab. Gelbrot. Mit starken Kernen. Wenig süß. Spuren von Vitaminen: A und C.
Wir haben sie erst nach dem Krieg beachtet.
Ein Trupp von Zwangsarbeitern. Auf der Fahrbahn. Zwei alte Männer, rechts und links, in langen Wehrmachtsmänteln. Ein "Krätzchen" (Schiffchen) auf dem Kopf. Am Schulterriemen hing ein Karabiner. Sie sahen mürrisch vor sich hin. Dass hin und wieder ein Gefangner sich bückte, um ein paar Beeren von der Straße aufzuklauben, beachteten sie nicht. Und auch die Tüte nicht. Aus einem Badezimmerfenster im Parterre hielt eine Frau sie durch das Gitter. Ein Mann lief hin und barg sie unter seiner Arbeitsjacke. Ich kannte diese Frau. Sie

war die Mutter einer Freundin meiner Schwester. Ihr Mann war an der Front. Vielleicht gefallen.
"Weißt du, was die Frau Vahl gemacht hat?" sagte ich. Entrüstet. Und hinterbrachte meiner Mutter, dass sie "diesen Menschen" eine Tüte übergeben hatte. Das musste in der Zeit gewesen sein, in der mein Onkel von Großbösendorf nach Kaltennordheim zog. Er wurde in die Rhön versetzt. Nach Thüringen. Für diese Umzugstage muss ich in Berlin gewesen sein.
Ich sah vorm Fenster einen Güterzug. In weißer Schrift stand auf dem Kohlen-Tender: "Räder müssen rollen für den Sieg."
Ich sehe auch den Luftschutzkeller wieder vor mir. Die neue Brandschutztür. Aus Stahl. Mit ihren langen Hebeln zum Verriegeln. Und einen Notausstieg mit einer Mauer vor dem Kellerschacht. Sandsäcke obendrauf. Ich weiß auch wieder, dass es über Drahtfunk Voralarm gegeben hat. Wenn Bomben fielen, überlegte man, was wohl getroffen worden sei und rechnete sich die Entfernung aus. – "Das war weit weg."
Die Deutschlandhalle brannte aus. Nach der Entwarnung sahen wir den Feuerschein am Himmel. Vom Balkon.
All' diese Schnipsel seh' ich ... aber meine Mutter nicht ...
Und finde keinen Grund für die Gedächtnislücken. Vielleicht hab' ich die Tage in Berlin wie einen "Freigang" wahrgenommen. Als Zwischenzeit. Vor meiner Rückkehr in die Sicherheitsverwahrung. In ein neues Pfarrhaus.
Ob meine Mutter die Frau Vahl in Schutz genommen hat, weiß ich nicht mehr, ich habe es vergessen. Sie wechselte die Feldpost-Nummer. Ging nach Tromsö. Tiefer in die Polarnacht und das Eis.

Kaltennordheim

Über den Dächern ragt ein Riese in den Himmel, und zwischen den gespreizten Beinen liegt die Stadt. Den linken Arm hält er im Winkel vor der Brust. Er schaut auf seine Armbanduhr und fordert Rechenschaft. "Wo warst du?"
So sehe ich den Onkel, der mein Leben überwacht.
Es ging um objektive Zeit und subjektive Zeit. Um meine Freizeit auf dem Weg zum Milchmann. Beispielsweise. Ich dachte, wenn ich zu dem Laden flitze und mit der vollen Kanne fast genau so schnell zurück, dann springen sicher zehn Minuten raus für einen Abstecher zum Fluss. Zu meinem Wehr, zur Felda, zu der Uferstelle bei der alten Brücke. Dort hatte ich begonnen, einen Damm zu bauen. Dort wollte ich das Wasser stauen. Dazu braucht man Steine, die zueinander passen. Sich verkeilen lassen. Den besten hielt ich fest, und fischte um die Füße rum nach einem besseren.
"Die paar Minuten hab' ich gut."
Das aber war die Zeit, die auf der Uhr des Onkels fehlte.
Er machte eine Rechnung auf und rechnete zu meinen Gunsten: Zum Milchmann geht man sechs Minuten – sagen wir acht. Von mir aus zehn. Beim Milchmann waren vor dir – wieviel Kunden? – Sagen wir fünf, das heißt, du musstest eine Viertelstunde warten – ich gebe fünf Minuten zu – und für den Rückweg nochmal zehn – sind zweimal zehn plus zwanzig – um neun bist du hier los gegangen und jetzt ist es fast halb elf. Wo warst du also!?
Da war rein zeitlich nichts zu retten, und um das Wehr nicht auch noch zu verraten, blieb nur ein blödes Schulterzucken und ein verstocktes Warten auf die Strafe. Backpfeifen waren mir am liebsten. Dann war die Sache abgetan. Mit der geringen Chance, dass der Onkel sie bereute, wenn sie so heftig waren, dass die Ohren noch bei Tische glühten.
Das Leben in Großbösendorf war bis zum Äußersten gedehnt. Das Himmelstuch, die heißen Sommertage, die Dämmerung, das Schweigen, die Ereignislosigkeit. Die Jahreszeiten dehnten sich. Der Winter lag mit Widerhaken auf den Feldern. Und wenn der Kuckuck rief und der Pirol im dunklen Laub der Bäume pfiff, dann war es wie ein Wunder, dass sie doch zurückgekommen waren.
In Kaltennordheim bummelte der Tag den Kühen hinterher. Misstrauisch setzten sie die Vorderhufe, als könnte der Asphalt – nach einem Regen – sumpfig

sein. Und zwischen ihren Hinterbeinen war das Euter ihnen so im Weg, dass sie o-beinig außen rum geh'n mussten. Nur ein wenig. Aber es sah so aus, als lahmten sie. Sie zogen Jauchefässer und den Pflug, die Egge, Erntewagen voller Zuckerrüben und Kartoffeln. Und auch, wenn nur der Bauer auf dem leeren Leiterwagen saß, gingen sie schnaubend, mit gesenkten Hörnern, ließen die grünen Fladen auf die Fahrbahn platschen und sahen glubschend aus den Augenwinkeln. Das hieß anscheinend: Schneller geht es nicht! Sie lieferten den Dung, die Milch, das Fleisch und ihre Haut. Sie gaben ihre Arbeitskraft und brachten Kälber auf die Welt. Sie brauchten ihre Zeit zum Wiederkäuen. Zur Verdauung ihrer Nahrung. Durch vier Mägen. Und den Schlaf.
Ich ging zu ihnen in den dunklen Stall. Ich suchte ihre Körperwärme. Den schweren Atem und das leise Kettenklirren.
Und trotzdem machten sie mir Angst. Ich fürchtete in ihrer Nähe, meine Eigenschaften für das Großstadtleben zu verlieren. Meine Lust am "Tempo". Und die Hoffnung, eines Tages wieder in Berlin zu leben.
Als ich nach Kaltennordheim kam, war alles schon an seinem Platz. Das Pfarrhaus eingerichtet. Vieles vertraut und manches fremd. Im Flur war für den großen Tisch kein Platz mehr. Aber Rixa war noch da. Und auch der andre Engel: Olga! Vielleicht ein wenig flügellahm. Ein wenig müder. Mürrischer. Der Garten war noch nicht bestellt.
Im Dreieck Onkel, Olga, Tante stimmte etwas nicht. Da war Verstimmung, die ich nicht verstehen konnte.
Unter den Blicken der Gemeinde auf den neuen Pfarrer und seine beiden Frauen fiel der Tante auf, dass Olga längst nicht mehr das "junge Ding", war, nicht das Aschenputtel, das sich in allem sittsam unterordnete. Die Tante glaubte Grund zur Eifersucht zu haben. Sie suchte die vertraute Herrschaftsordnung wieder herzustellen. Und Olga fügte sich. Versiegelte ihr Herz. Den Wunsch nach Gegenliebe. Kapselte sich ein. Tat ihre Pflichten mit gewohnter Sorgfalt. Aber schaffte nicht mehr alles.
Der Rand der Rhön ist buckelig gewellt. Es sind die Reste von Vulkanen. Im Kern die Schlote aus Basalt. Die Erde hat das Rot zerfallner Lava, teilweise überdeckt von Muschelkalk. Die Buckel tragen alle eine Pudelhaube Wald. Die Luft ist rau, die Winde ruppig. Im kurzen Gras darunter wachsen Enzian und Silberdisteln. Im Herbst, am Rand der Fichtenschonungen, die Reizger mit dem hohlen Stiel, aus dem der rote Saft quillt, der die Finger dunkelgrün verfärbt. Nach unten folgt ein Kranz von Weiden, eingezäunten Koppeln. Auf

manchen wuchsen Champignons in sogenannten Hexen-Ringen. Am Fuß der breiten Sockel dann ein Teppich schmaler Felder. Viele Kalksteinhaufen, in denen man Versteinerungen finden konnte. Ammonshörner. Ich schenkte alles, was ich fand, dem Onkel. Er konnte ja auch freundlich sein, und wenn er gute Laune hatte, nannte er mich "August Piependeckel".
Die Felda kam als Bach nach Kaltennordheim. Trieb aber schon am Stadtrand eine Sägemühle an. Im Sommer führte sie so wenig Wasser, dass man im Zickzack über trockne Steine bis zur Mitte springen konnte. Dort wackelten die Steine in den Strudeln einer Rinne und Schlangen grüner Wasserpflanzen warfen Schatten auf den Grund.
Vom Pfarrhausgarten sah man auf die rote Sandsteinbrücke. Mit zwei runden Bögen, die in der Spiegelung zu Kreisen wurden. Wenn man sich oben auf die Brückenmauer legte, konnte man, auf der Schattenseite, die Forellen stehen sehn, und wie sie pfeilschnell in die Deckung flitzten.
Brücke und Pfarrhaus standen sich im rechten Winkel gegenüber. Im Scheitelpunkt der Kirchenvorplatz und die Kirche. So dass der Kirchenschatten durch den Pfarrhausgarten wanderte und ihm bei tiefem Sonnenstand die Wärme nahm.
Zur Felda fiel der Garten etwas ab. Dort gab es eine Pforte im Staketenzaun. Zum Wasserschöpfen. Die Kanne wurde aber nur halbvoll. Man musste sie im flachen Wasser auf die Seite legen.
Eine Remise und ein Stallgebäude begrenzten meinen Arbeitsplatz. Ein Hühnerauslauf war vom Garten abgetrennt. Später kam ein Kaninchenstall dazu. In diesem Viereck lernte ich den Satz zu sagen: "Ich bin fertig, was darf ich jetzt als nächstes tun?" Wenn Olga mich nicht in die Küche holte oder an der Wäschemangel brauchte.
Sie legte auf der langen Platte Wäsche aus, ich zog sie mit der großen Kurbel durch die Rollen. Die großen Stücke wurden kreuz und quer gezogen, ausgeschlagen und gefaltet. Wir gingen mit den Hälften aufeinander zu und wieder einen Schritt zurück, um nachzufassen, und tanzten auf dem Wäscheboden fast ein kleines Menuett.
Vom Krieg in Rußland habe ich nur Städtenamen in Erinnerung. Orte von Panzerschlachten, Kesselschlachten, Siegen! Charkow, Orel, Woronesch. Die Pripjet Sümpfe. Kursk, Witebs, Welikije Luki. Warum ich sie behalten habe, weiß nicht. Sie sind wie Punzen ins Gedächtnis eingeschlagen. Orte, an denen "Deutschlands Schicksal" sich entschied. Wo Deutsche *primitiven Untermen-*

schen gegenüber standen. Wo Siegfried mit dem Drachen rang. Wo Tapferkeit und Heldenmut gefordert waren und mit dem Sturmabzeichen und der Nahkampf-Spange ausgezeichnet wurden. Oder dem schwarz-weiß-roten Band des EK 2. Das auf dem Feldgrau aus dem Knopfloch leuchtete. Vielleicht sogar mit einem Ritterkreuz. Am Hals.
Namen, an denen sich die Phantasie entzünden konnte. Die Pimpfen heiße Ohren machten. Und Buben-Augen Glanz verliehn.
Hinter der HKL durchs wilde Kurdistan. Als Melder. Etwa. Nachts. Allein. Durch unwegsames Feindesland. Mit einer Meldung, von der *alles* abhängt. Kein Rascheln und kein Knacksen darf den Heckenschützen Zeichen geben. Im Vollmond eine Lichtung. Runter. Robben. Sich mit den Ellenbogen durch die aufgeweichte Erde schieben. Durch den Morast. Die kleinste Deckung nutzen. Lauschen. Vielleicht auf eine Wolke warten? Einen Schatten? Nein. Die Kameraden warten auf die Meldung. Halten die Stellung gegen eine Übermacht. Im Trommelfeuer. Denken sich, dass der Melder abgefangen wurde. Irgendwo verblutet. – Da springt er in den Schützengraben. Wird gefeiert. "Junge! Wie hast du das geschafft!?" Bekommt das schwarz-weiß-rote Band des EK 2. Für außerordentliche Tapferkeit.
Karl May, *Des Führers Kampf im Osten* und Walhall, mit ersten Pimpf-Erfahrungen aus dem Geländespiel, wild durcheinander. Ich war vielleicht knapp zehn. Man träumte heimlich davon, Held zu sein. Dabei zu sein. Und durfte nicht darüber sprechen. Weil immer wer von oben 'runter lächelte und sagte: "Mensch, sei froh – dass du dafür zu klein bist."
Zu klein. Zu jung. Zu dumm. Nicht zu gebrauchen. Gießkannen schleppen, Brennholz hacken durfte ich. Hühnern den Kopf abhacken und den Mist wegkarren. Dafür war ich nicht zu klein.
Roland vielleicht – der aus dem Lazarett in Thorn, der mit den offnen Armen in den Schienen hing, der schmale, blasse Roland, der mein Freund sein konnte, der hätte sagen dürfen: "Mensch – sei froh."
Aber an Roland dachte ich nicht mehr. Roland lag hinter mir.
In diesem Alter liegen alle Toten hinter einem. Und sie entfernen sich. Man sieht sich nicht nach ihnen um.

Endlich war ich beim Jungvolk und gehörte einem "Fähnlein" an. Ich musste zweimal wöchentlich zum "Dienst". Antreten auf dem Marktplatz. Durch die Stadt marschieren. Ich war mit Eifer Pimpf. Mit Eifer weg vom Onkel. Mit

Eifer fern vom Pfarrhaus und der Kirche. Der Fähnleinführer schätzte das und zeichnete mich aus. Ich wurde Führer einer Jungenschaft und ich bekam "die Schnur". Rot-weiß verflochten. Von der Braunhemdtasche links zum zweiten Knopf von oben. Jungenschaftsführer war kein Rang. War nur Funktion. Gemeinhin folgte aber die Bestätigung zum Hordenführer.

Ich saß in meiner Kammer vor der neuen Schnur, und ich verlor mich in dem matten Glanz der Appretur, als ließe der sich auf den Träger übertragen. Als könne man sich darin baden. Wie in Drachenblut. Durch einen Zauber mehr Beachtung finden und Mädchenaugen auf sich ziehen. Zumindest die vom BDM, die wussten, was die Schnur bedeutet. Der Zauber wirkte aber nicht. Zum Hordenführer kam es nicht. Und Mädchen schielen nicht nach kleinen Buben. Mit oder ohne Schnur. Sie schauen rauf. Das wusste ich noch nicht.

Mein Rückgrat wollte sich ein wenig grade machen. Aufrichten. An der Schnur. Weil es sich liebedienerisch verbogen hatte, krumm geworden war, vom ständigen Gefälligsein.

Zum ersten Mal war eine Leiter da, und ich stand auf der ersten Sprosse. Ganz weit unten. Aber ich konnte rufen: "Achtung!" und ein paar Jungen standen stramm.

Weshalb begriff ich nicht, dass ich als Rädchen diente, um Gehorsam einzuüben? Ich lief vom Onkel weg, um wieder zu gehorchen, und schmiss mich auf Kommando in den Dreck.

Wenn wir vom Marktplatz durch die Stadt marschierten, sangen wir – nein – grölten: "... Köpfe rollen – Juden heulen – die SA marschiert – Marxisten an die Wand!"

Was fehlte da, um *Nein* zu sagen. Halt mal. Augenblick! Was heißt denn das? Was heißt: "*... der Pimpfe Höchstes ist die Ehre*"?

Was fehlte mir? Was hätte mich vor diesem Sog geschützt? Vor der Verhärtung? Der Erbarmungslosigkeit? Die in den Liedern offenkundig war und folgerichtig folgte?

Kein Hinweis. Kein Gespräch, das Zweifel wecken konnte.

Irgendein *Onkel Doktor* hatte festgestellt, dass ich zurückgeblieben sei. Die Hoden seien nicht am rechten Ort und brauchten eine Art von Höhensonne. Ich musste mich auf eine Pritsche legen.

"Den Pulli kannst du anbehalten – Strümpfe auch."

Das hätte ich gern alles ausgezogen. Nur meine Unterhose nicht.

"Die schwarze Brille brauchst du für die Augen."
Die Schwester nahm ein Buch zur Hand und setzte sich zu meinen Füßen. Vis-a-vis. Ich legte meinen Hinterkopf auf die verschränkten Arme und suchte durch die Brille ihre Augen. Sie konnte alles sehen. Wenn sie wollte. Über das Buch hinweg. Besonders, wenn sie umgeblättert hatte, und ihre Augen auf der neuen Seite oben lang spazierten.
Die Lampe wärmte die entblößte Stelle. Ich fühlte, dass ich eine Erektion bekommen würde und wusste nicht, wie ich sie niederkämpfen könnte. Ich hatte keinerlei Erfahrungen mit solchen *Eigenmächtigkeiten*.
Das Schnarren einer Uhr befreite mich aus meiner Scham. Von meinem Ringen um Kontrolle. Die Schwester kam und schaltete die Höhensonne aus. "Du kannst dich anzieh'n", sagte sie und nahm ihr Buch. Ich rechnete mit einem Schmunzeln … oder einem indignierten Blick. Aber sie tat, als habe sie die ganze Zeit gelesen.

Die Namen der Gefallenen für Führer, Volk und Vaterland wurden aus hartem Holz geschnitten. Sie standen zackig und erhaben in der Mitte eines Kreuzes, das aussah wie das EK eins. Die Kreuze waren alle gleich und wurden in der Kirche an die Wand gehängt. In Reih und Glied. Genau vermessen. Bei Trauerfeiern spielte man das Lied: "Ich hatt' einen Kameraden". Am Ende jeder Strophe hieß es: "… als wär's ein Stück von mir." Das stimmte, wenn man zu den Frauen 'rübersah, die in der ersten Reihe saßen. Einige waren zwei Mal oder drei Mal da. Wollten Erklärungen.
Und Onkel Kurt, der Pfarrer Aßmann, versprach, dass Gott sie trösten werde.

Nach Kaltennordheim kam der Krieg auf leisen Sohlen. Das heißt: Er kam mit Klapperlatschen. Das Leder wurde an der Front gebraucht. Die Leute trugen ihre Aktentaschen und alles, was aus derbem Leder war, zum Schuster. Zuletzt die Fenstergurte aus der Eisenbahn. Dort wurden sie zu halben Sohlen und zuletzt zu Flecken auf den Holzsandalen. Oval und rund. Sie wurden aufgeklebt und sollten das Geklapper dämpfen. Das hielt natürlich nicht und man verlor sie wieder. Ständig lösten sich die Riemen, die auf den Kanten angenagelt waren. Das Buchenholz nahm Nässe auf und riss. Ich suchte immerzu nach einem Faustkeil, einem harten Kiesel, mit dem ich erst die krummen Nägel grade kloppte, und dann nach einer Stelle weiter hinten oder etwas tiefer, an der die Schusterpinne nochmal halten würde. Dadurch verschoben sich die Riemen.

Die Klapperlatschen drückten oder schlappten, und man erfand für jeden Tag und jeden Fuß ein andres Schlurfen. Oder Hinken. Zum Beispiel: Wenn der Riemen links zu weit geworden war, presste man die gekrümmten Zehen auf die harte Sohle und hob den Latschen vorne etwas an. Oder der rechte Riemen war vielleicht zu eng und ließ den Fuß nicht durch. Dann musste man den Hacken heben und den Druck nach vorn verlagern. Wie beim Bremsen. Wenn nichts mehr ging, nahm man die Klapperlatschen in die Hand.

Das Barfußgehen hatte ich schon in Großbösendorf gelernt. Am Anfang balancierte ich mit ausgestreckten Armen über Nadelspitzen. Es stach und piekste unerträglich. Die Sohlen waren dünn und dumm. Aber die Füße härteten sich ab, und lernten wieder fühlen. Lernten tasten. Lernten die Blindenschrift des Bodens. Lernten die Zeichen auf den Wegen lesen. Die Risse. Buckel. Mulden. Halme. Den breiten Wegerich von einem flachen Stein zu unterscheiden.

Wenn es geregnet hatte und die Pfützen trockneten, setzte sich "Blotte" ab. Geschlemmter Lehm. Von einer matten Lackschicht überzogen. Einem feuchten Schmelz, den man – als Kind – nicht *unberührt* lassen konnte. Man will erleben, wie es ist, in diese "Blotte" reinzutapsen. Und barfuß ist es wirklich ein Erlebnis. Zu fühlen, wie die Pampe durch die Zehen quillt. Wie sie sich anlegt, haftet, klumpt und sich im Weiterhumpeln wieder löst.

Den Ausdruck "Blotte" hatte ich von Olga. "Blotte". Das Wort war plastisch und zugleich poetisch und steigerte das kindliche Vergnügen noch.

Die Hände kannten das Kartoffel-Quetschen. Gekochte, meist noch warme Pellkartoffeln presste Olga als Hühnerfutter, mit der Schale durch die Fingerritzen, um sie danach mit Kleie zu vermengen. Manchmal übernahm ich das. Es dauerte mehr als ein halbes Leben, bis ich den Bodensatz der Pfützen zu den kleinen Wundern zählen lernte und "Blotte" seither unberührt lasse, wo es sie noch gibt.

Am Strand der kleinen Malediven-Inseln erscheinen bei bestimmten Stellungen des Mondes leuchtende Meeresalgen in der Uferzone. Von einer leichten Dünung auf den Sand gespült, liegen sie dort für einige Sekunden wie ausgestreute Diamanten. Dazwischen sieht man schemenhaft die Krabben huschen. Sie stürzen seitwärts auf die Lichter zu und fressen sie. Betritt man vor der nächsten Welle den nassen Strand mit nackten Füßen, füllt sich der Fußabdruck mit sämtlichen Brillanten, deren Glitzern schon erloschen schien. Als hätten sie darauf gewartet, dass gegen Mitternacht ein Prinz den Märchenstrand betritt.

Im Winter waren meine Schuhe alle naselang beim Schuster.
Es roch bei ihm nicht mehr nach frischgegerbtem Leder, sondern nach einem aggressiven Kleister, mit dem er Gummiflicken über Gummiflicken klebte. Die harten Teile presste er im Schraubstock aufeinander. Man brachte Schuhe hin und holte "Botten" ab. Verquere, schiefe Mauken. Und musste hopsen wie ein Rumpelstilz, um ungefähr den alten Platz darin zu finden. Bald wurde auch das Gummi knapp.
Es gab Ersatz-Kaffee. Künstlichen Honig. Und Ersatz-Aromen. In schmalen kleinen Flaschen. Nicht größer als die Gratisproben von Parfums in Drogerien heute. Butter-Aroma, Nuss-Aroma, Rum-Aroma … Die Fläschchen gab es in der Apotheke. Ich kaufte mir von meinem Taschengeld die Bittermandel-Tropfen. Es war das einzige Aroma, das erraten ließ, was es ersetzen sollte: Nämlich den Geschmack von bitt'ren Mandeln, den man freilich kennen musste.
Wenn ich den Schraubverschluss entfernte und mit der Zungenspitze an die Rillen des Gewindes kam, entführte das Aroma mich in Olga's Küche. Nach Großbösendorf. Ich kniete vor dem Tisch auf einem Stuhl und drückte abgebrühte heiße Mandeln aus ihrer schrumpeligen braunen Haut heraus. Sie schossen glitschig in die Schüssel. Vereinzelt auch mal übereck ins Dunkle.
Olga rollte den Teig für Weihnachtsplätzchen aus. Sie hatte immer ein zweifingerbreites buntes Tuch um ihren Kopf gebunden, um die Haare festzuhalten. Manchmal fiel trotzdem eine Strähne in die Stirn. Die Finger waren klebrig und *bemehlert*. Sie sah mich an und sagte *nicht*: Streich mir doch mal die Locke aus der Stirn und stopf sie unters Tuch zurück … das schaffte sie mit einem Löffelstiel allein, sondern: "Du musst auch ab und zu mal eine kosten, dass keine bitteren dazwischen sind, verstehst du mich?"
Ich stand derweil in Dermbach auf dem Bahnsteig 'rum und wartete mit umgehängter Monatskarte auf den Nachmittagszug nach Kaltennordheim.
Als letztes wurde das Benzin ersetzt. Durch Holzvergaser. Die Lastkraftwagen hatten hinter der Kabine auf der Fahrerseite einen Blechzylinder, etwa so groß wie ein Warmwasser-Speicher, in dem vor allem Abfallholz in Gas verwandelt wurde. Wie, weiß ich nicht.
Es gab auch Pkw's mit Holzvergaser. Hintendran.

Am 11. Juli '43 war ich zehn. Ich durfte mit zwei anderen Apachen gleichen Alters auf den Kriegspfad ziehen. Zum Überleben hatten wir ein Kochgeschirr, Streichhölzer, eine Flasche Wasser und eine Tüte Puddingpulver.

Wir zogen auf die Hardt. Den Buckel mit der Fichtenschonung, an deren Rand im Herbst die Reizger wuchsen. Wir hatten bei der Fährtensuche übersehen, dass eine Regenfront herangezogen war, und flüchteten in einen Pavillon am Rand des Waldes. Es war ein überdachter Aussichtspunkt. Vom Tal aus waren wir vor einem Angriff sicher. Der Hang bot Feinden wenig Deckung, um sich anzupirschen und unsren Proviant zu stehlen. Wir kamen aber trotzdem überein, den Vorrat auf der Stelle zu verbrauchen und machten auf dem Hüttenboden Feuer. Sorgfältig zwischen Steinen, wie es sich gehört.
Die Frage, welche Abstiegsroute die Apachen nahmen oder ob aus dem Pudding-Pulver Pudding wurde, wird von der einen bohrenden verdeckt: Wie konnte so etwas passieren?
Rauchzeichen lösten die Alarmsirene aus, als die Apachen längst zu Hause saßen. Die Feuerwehr war ausgerückt. Aber es war nichts mehr zu retten. Die "schöne" Hütte brannte ab. Zum Glück nicht auch der Wald drumrum.
Der Onkel nahm mich ins Verhör.
"Bevor wir gingen … war das Feuer aus … die Steine hab' ich weggeräumt. Ein Häufchen Asche war noch in der Mitte, auf der Erde … das hab' ich dann zum Schluss verteilt … so … mit dem Schuh. Glut war da keine mehr."
"Aha."
Der Onkel griff zum Telefon und zeigte mich als Täter an. Er buchstabierte meinen Namen –
"Wohnhaft Berlin-Charlottenburg – zur Zeit in Kaltennordheim … Kurt und Eva Aßmann – richtig – geboren elften Juli '33, Geburtstag, ja, den wird er nicht vergessen, verlassen Sie sich drauf."
Der Onkel lächelte. Es summte wie in einer Starkstromleitung.
Die Hütte hatte innen eine Bank, ein Brett, auf dem man sitzen konnte. Darunter lagen trockne Blätter, hereingewehtes Laub und braune Nadeln, Halme, das hatte ich noch nicht erzählt. Ich brauchte Zeit, um meinen Leichtsinn zu begreifen.
Vielen im Ort genügten meine roten Haare.
"Rote Haare, Sommersprossen, sind des Teufels Volksgenossen!"

Im Winter '42 standen "wir" vor Moskau. Dort fror die Offensive ein. Weil die Soldaten keine warmen Sachen hatten. Hieß es.
Und die Heimat spendete. Die Frauen trugen Pelze zu den Sammelstellen. Füchse, mit Kopf und Schwanz, die man sich damals um die Schultern legte.

Man strickte Socken und Pullover. Pulswärmer, Ohrenschützer, Fingerhandschuh'. Schickte Pakete mit der Feldpost an die Front. Angora-Unterwäsche, Einlegesohlen, mit Kaninchenfell bezogen. "Liebesgaben". Natürlich Pfefferkuchen. Kerzen. Einen Tannenzweig.
Auch Stalingrad war – eigentlich – vom Winter eingeschlossen worden. Kurzfristig käme die Bedürfnislosigkeit der "Untermenschen" jetzt dem Feind zugute, hieß es. Auch sei die deutsche Waffentechnik mit ihrer hohen Präzision bei der extremen Kälte dem primitiveren Gerät der Bolschewisten – "zwischenzeitlich" – unterlegen.
Der Glaube an den Endsieg hatte einen Knacks bekommen. Die letzte JU verließ die Startbahn von Pitomnik. Vorbei an Sterbenden, Verblutenden, Verhungerten, Erfrorenen. Die schwarze Schlange von Zerlumpten, durch den Schnee in die Gefangenschaft, bekamen wir noch nicht zu sehen.
Im Pfarrhaus feierte man "Deutsche Weihnacht". Rund um den Lichterbaum. Nach altem Brauch.
"Bist du gewaschen? – Zeig mal deine Fingernägel!"
Man wartete vorm Schlüsselloch, bis alle Kerzen brannten und das Glöckchen läutete. Die Tante setzte sich, in Seide, ans Klavier und nickte: "Freue dich, oh Christenheit". Der Onkel las die Biblische Geschichte:
... es begab sich aber ... zu der Zeit, da Quirinius Landpfleger in Syrien war ...
Wer. Was. Wo.
Als nächster ich, mit frisch gezognem Scheitel. Das Gedicht: "Von drauß' vom Walde komm ich her – ich muss euch sagen ..." Olga kam mit Rixa aus der Küche und sang mit.
"Zwei Engel sind herein getreten ... kein Auge hat sie kommen seh'n – und wenden wieder sich – und geh'n."
Dann die Geschenke. Die Bescherung im Kartoffelsack. Das Christkind brachte sie. Knecht Ruprecht schleppte sie ...
"Und das hier ist von deiner Tante Tutti."
Ich sagte: "O", und machte einen Diener.
"Wann hast du ihr zuletzt geschrieben?"
"Ähh ..."
"Dann setz dich auf den Hosenboden und bedank' dich – für das schöne Briefpapier". Rechts oben in der Ecke saß ein kleines Nilpferd auf dem Po.
Das Stearin der Kerzen tropfte auf die Halterungen und bildete darunter knubbelige weiße Zapfen. Die pulte ich *besonders gern* vom Blech herunter, wenn

der Baum *geplündert* wurde. "Hohe Nacht der klaren Sterne" aus dem Radio. Heimatgrüße. Man dachte an die Lieben an der Front, die tief im Land des Feindes ihre Pflicht erfüllten. Ich gab mir Mühe, die erwünschte Andacht herzustellen. Und wenn ein Blick mich traf, versuchte ich noch etwas Kinderseligkeit hineinzumischen.

Ich hätte gerne dies und das gefragt, aber ich hatte kein Vertrauen. Angst vor *dummen* Fragen. Und einer platten Antwort für das dumme Kind. "Pimpfe sind schweigsam", sagte Adolf Hitler. Das war ein guter Rat. In meiner Lage. Fand ich.

Ich scheute mittlerweile die Gelegenheit für ein Gespräch, und blockte sie im Vorfeld ab. Verfeinerte die Ausweichtechnik und vermied die ungeübte Nähe. Ich übernahm den Horizont der Kleinstadt, sprach den Dialekt der Kameraden und lebte auf den Feldern, in der Schule, beim *Jungvolk* oder rund ums Pfarrhaus, in getrennten Sphären.

Nicht für die Schule – sondern für das Leben lernen wir. Das war lateinisch abgesichert. Es hätte aber heißen müssen: Wir lernen für die *Fahne*, für den *Führer* und den *Heldentod*.

Frühmorgens, viel zu früh, benommen, torkelig, hinunter an die Felda. Flussab zum Holzsteg. Rüber. Schräg durch die Gärten in den Bummelzug. Holzklasse. Lärm. Geschubse. Mief. Beschlagne Scheiben. "Zeig mal Mathe! Was du da rausgekriegt hast!" Drei Stationen. Bis Dermbach. Eine Mittelschule. Kein Latein. Das übernahm der Onkel: amo amas amat. "Latein lern ich besonders gern" – nein, nein, das hat der Onkel nie von mir gehört. In Dermbach stand nur Englisch auf dem Plan. Der erste Satz hieß: *Mr. Pig has a stick.* (Herr Schwein hat einen Stock.) Man durfte auch an einen Knüppel denken. Aber die Diffamierung kam bei uns nicht an. Wir nahmen sie nicht einmal wahr.

Ein Schüler hatte Tafeldienst. Er sorgte für die Kreide, einen nassen Lappen und dafür, dass die Tafel sauber war. Ein anderer stand in der Tür und rief: "Achtung! Er kommt!"

"Heil Hitler! Setzen! Wer fehlt? Wir schreiben ein Diktat!"

Die Handschrift wurde auch bewertet, sie sollte "schön" sein. So wie Mädchen schreiben. Für mein Gekrakel gab es eine sechs. "Sauklaue! Das! Den Federhalter führt der durchgedrückte Zeigefinger!" Mangel an gutem Willen las der Lehrer aus dem Schriftbild ab. Sonst nichts. Und daraus lernte ich, erst meine Handschrift zu verachten, und in der Folge meine Hände.

"Warum versteckst du sie?" Ich wusste keine Antwort auf die liebevolle Frage etwa fünfzig Jahre später.
Die Bahn fuhr irgendwann am Nachmittag zurück. Wir blieben in der Klasse hocken. Machten Hausaufgaben unter Aufsicht. Und Blödsinn, wenn die einmal fehlte. Zum Beispiel fassten wir uns bei den Händen – zehn, zwölf Jungen – in einer Reihe quer durchs Klassenzimmer. Hinten hielt einer den Kontakt zum Heizungskörper unterm Fenster, und einer hielt zwei Drähte in die Stromsteckdose bei der Tür. Das zuckte zickzack durch die Kette wie ein Blitz. Nur kurz. Weil immer einer losließ.
"Pfeife!"
Ab '43 kam der Fahrplan öfter durcheinander. Ob es die alte Lok war, die versagte oder das Gleis getroffen worden war, das sagte man uns nicht.
Im Sommer '44 war der Zug beschossen worden. Danach fuhr eine Vierlings-Flak auf einem Güterwagen mit. Wir wollten sie natürlich schießen sehen. Und vor allem treffen. Aber die "Jabos" griffen nicht mehr an.
Wenn der Stationsvorsteher keine Auskunft geben konnte und immer wieder mit den Schultern zuckte, gingen wir zu Fuß. Zwölf Kilometer ungefähr. Die Mädchen blieben auf dem Bahnsteig stehen. Vor Zella oder Fischbach legten wir die Ohren auf die Schienen. Ich kann mich aber nicht erinnern, dass je ein Zug an uns vorbeigefahren ist, in dem die Mädchen saßen und uns "lange Nasen" machten. Sie kamen oft erst Stunden später heim.
Als wir von einem abgestürzten Flugzeug hörten, mussten wir hin. Die Stelle sollte zwei, drei Kilometer abseits von der Straße sein, südlich von da und da. Wir liefen querfeldein. Im Laufschritt. Eine gute halbe Stunde. Auf einer Wiese lag ein Teil des Rumpfes. Aufgerissen. Unter den Resten einer Kuppel, mit einem Plexiglas-Gerippe, ein drehbares MG. Blitzblanke Munition in langen Gurten. Die Kurbel griff noch und die Bordkanone drehte sich um einen Viertelkreis. Dann klemmte was. Den Abzug wagten wir nicht zu berühren. Wir schauten uns ehrfürchtig um. Am Boden lag das Stück von einem Stiefelschaft mit Schaffellfutter. "Hier steht was! Handgeschrieben. *To me and my ...*, was heißt das? ... *gal*? Das ist ja falsch geschrieben. Der hat doch sicher *girl* gemeint – sein Mädchen."
Ich fand zwei Stab-Brandbomben. Scharf.
"Die nehm ich mit. Wir müssen los."

Der Onkel saß mir im Genick. Wir kürzten ab. Im spitzen Winkel. Rasten mit langen Schritten einen Hang hinunter, setzten über einen Graben, stolperten und lagen flach. Neben mir zischte etwas. Funken spritzten.
"Das ist 'ne Phosphorbombe. Du hast den Zünder ausgelöst. Die Finger weg."
Erst auf der Straße atmeten wir durch. Die zweite Stab-Brandbombe hatte ich noch unterm Arm.
Wir stellten uns den Abschuss vor. Dachten an Mölders, Galland, Hartmann. Jagdfliegerhelden. Zigaretten-Bilder. Galland mit weißem Schal. Der konnte sich das leisten.
Ich hatte einem Luftkampf über Kaltennordheim zugesehen. Beinahe senkrecht über mir. In großer Höhe. Der Hals tat weh vom Hintenüberlehnen. Zu hören war fast nichts. Die Jäger nur als dunkle Pünktchen zu erkennen. Nur für Augenblicke. Aber ihr Abgas, das zu Eiskristallen kondensierte, schrieb jede Flugbewegung mit. Der ganze Ablauf war am Himmel nachzulesen.
Ein Mensch – von seiner trudelnden Maschine in den Sitz gepresst nimmt alle Kraft zusammen – schafft den Ausstieg – hängt unter dem geblähten Schirm – hat Zeit, sich vorzustellen, wie zu Hause die Nachricht eintrifft, er sei abgeschossen worden. – Sieht unter sich ein Waldstück – Felder – Bauern – mit der Sense …
Ich denke, was ich hätte denken können – damals, und nicht dachte. Denke daran, wie ich – viel später – selbst in einer trudelnden Maschine saß …

Im Osten war die Wehrmacht ständig auf dem Rückzug. "Aus taktischen Erwägungen", so hieß es. Zur "Frontbegradigung". Es gäbe eine neue Auffanglinie, an der die Russen aufgehalten werden würden. Aber sie brachen durch, und man entschied sich für die nächste "Frontbegradigung". Nur taktisch. Aber faktisch wich die Zuversicht.
In Kaltennordheim kam die Stabbrandbombe – vorsichtshalber – in ein Zwischenlager und dann im Stallgebäude unters Dach.
Das war gefährlich, blöd und kindisch, ich wusste auch nicht, was ich je mit dieser Bombe machen wollte, sollte, könnte, aber sie war ein Stück vom Krieg. Mein Stück vom Krieg. Nicht nur ein Splitter. Und ich konnte sagen: Wie eine Phosphorbombe aussieht, weiß ich.

Im Pfarrhaus war halb unterirdisch eine dunkle Höhle. Winterquartier für ungezählte Spinnen. Grünalgen. Schimmelpilze. Mauerschwamm. Am Waschtag

flüchtete der Dampf in Schwaden aus der offnen Tür. Innen stand grenzenloser Nebel. Irgendwo oben ein ertrunknes Licht. Wenn man die Stufen runterkam, war man für eine Weile blind. Man konnte Wasser hören, denn in halber Höhe plantschte etwas. Wälzte sich in einem Zuber. Dann formte sich aus fahlen Schatten ein Gespenst. Schemenhaft milchig und in schwimmender Bewegung, mit ganz realen Füßen, dicken Strümpfen und Holzpantinen unten dran. In einer Pfütze. Das war Olga. Sie spülte die gekochte Wäsche. Die Hände rot, die Arme blau, das Wasser eisig. Der Nebel wie ein warm gewordner kalter Wickel. Ein dunkles Rechteck hatte einen feuerroten Rand. Die Tür zum Höllenfeuer. Unter einem Kessel. In einer blubbernd braunen Soße schwamm die *große Wäsche*. Stinkendes Gewebe. Aufgedunsen. Ekelhaft.
Da war mein Platz. Die Brühe sollte in Bewegung bleiben. Ich hatte einen glatten Stock. Den Griff von einem langen Löffel. Damit versuchte ich das widerspenstige Geschlinge umzurühren, und stukte alles, was nach oben wollte, unter Wasser.

An einem Wochentag war nach der Rückkehr aus der Schule Konfirmandenunterricht im Pfarrhaus. Die Haustür war nur angelehnt. Die Schäfchen konnten ungehindert rein. Der Pferch war kahl und meistens kalt. Beim Stühlerücken wurde nur geflüstert.
Der Onkel wünschte sich vielleicht, dass ich ihm einmal eine Freude machen möge, wenn keiner von den Konfirmanden seinen Finger hob, und selbst die Mädchen in der ersten Reihe schwiegen, dass er dann seinen Neffen fragen könnte:
"Ernst?"
mit einem kleinen Nicken und geschloss'nen Lidern, und ich ihm die gewünschte Antwort geben könne, ganz mühelos und selbstverständlich.
Möglich, dass ich das auch mal wünschte.
Natürlich konnte ich mir Worte merken, aber Latein-Vokabeln, für den Unterricht beim Onkel, behielt ich einfach nicht. Ich wusste, wenn ich vor ihm sitze, hab' ich sie vergessen. Meist habe ich nach kurzer Zeit das Gleichgewicht verloren. Ich fiel nicht um. Fiel nicht vom Stuhl herunter. Aber der Stuhl – mit mir – stand schief im Raum. Wie auf den Bildern von Chagall.

Wir sangen bei der Hitlerjugend: "Führer befiehl, wir folgen dir",
und in der Kirche sangen wir: "So nimm denn meine Hände und führe mich".

Der Führer war konkreter.
Als ich nach Kaltennordheim kam, nahm mich die Tante mit auf Wanderungen in die nahen Berge. Zur Hardt und auf die Huth. Ich wusste nicht, ob sie nach Pilzen suchte, Beeren pflücken wollte oder einen Wiesenblumenstrauß. Im Freien war die strenge Tante mädchenhaft spontan. Mich nahm sie mit, um sie beim Singen zu begleiten. Sie sang mit Inbrunst Kinderlieder. Und weil ich auch "besonders gerne Kinderlieder sang", machte ich mir die Pein und sang mit süßer Knabenstimme davon, dass mir *das Herze lacht*. Es fehlte nur noch der *Propeller*. Die rosa Seidenschleife auf dem Kopf.
Erst unlängst (im November zweitausendzwei) sah ich zufällig einen Filmausschnitt. Er zeigte Frauen in der Rüstungsindustrie. In einer Halle hunderte von Tischen. Lichtkegel auf den Arbeitsplätzen, auf den Schürzen und den Händen. Mit dem Werkstück. Alle sangen: "Die Blümelein sie schlafen schon längst im Mondenschein". Inbrünstig. Strahlend. Und mit aufgerissenen Kinderaugen. Wahrscheinlich war das Bild "gestellt". Das Lied befohlen und das Strahlen inszeniert. Als Inbegriff der *Deutschen Frau und Mutter an der Heimatfront*.
Der BDM sang überall und ständig: "Kein schöner Land in dieser Zeit als hier das unsre weit und breit ..." Das hätte auch gepasst. Aber das Schlaflied von den Blümelein auf ihren Stengelein war aufschlussreicher. Es war ein Dokument der kollektiven Flucht in die Idylle. In die Kindlichkeit. Die "Unschuld". Man wanderte nach innen aus. Und weit zurück. So weit wie irgend möglich. In eine kitschig-heile Welt – aus einer Unheilvollen.

In Kaltennordheim riss allein der Onkel die Blätter vom Kalenderblock. Der Sonntag hatte eine rote Zahl. Dann kamen eine Menge schwarzer Tage und wieder eine rote Zahl. Die machte deutlich, dass sich alles wiederholte. Man ging die immer selben Wege.
Und machte sich auf allerhand gefasst.
Aus dieser Zeit gibt es kein Foto. Keins aus dem Pfarrhaus. Keines aus der Schule. Und auch von der HJ, von mir in Uniform, hat nie ein Foto existiert. Max Frisch hat bei den Proben zu ANDORRA einmal gesagt: Die Rolle der Señora sei wie auf einem Foto "angeschnitten". Man sähe sie nur halb. So sehe ich mich auch. Nur angeschnitten. Leicht verwackelt. In Teilen unscharf. Ohne Datum. Stumm.
Es gab "die Box". Man hätte knipsen können. Aber was? Für wen?

*

Vor Stalingrad stand überall und immer die Sonne im Zenit. Der Mensch auf seiner Scholle war gebräunt und schaute stahlblau in die Weite. Kornfelder wogten und versprachen reiche Ernte. Die Schaffenskraft kam von der Schaffensfreude.
Nach Stalingrad fiel Nebel ein, und schräges Licht warf lange Schatten. Die tiefe Sonne färbte Schnee und Himmel blut- und feuerrot. Die Helden trugen Leichentücher. Schneehemden nannte man sie damals – noch.
Es war nicht lange her, dass wir uns auf dem Schulweg gegenseitig Juckpulver in den Kragen rieben. Hagebutten-Härchen. Die Früchte sind prall voll mit Kernen, die sich mit feinen Haaren vor der Winterkälte schützen. Die rote Schale hat nur wenig Fleisch. Ist hart und dünn, und wie aus Wachs.
Jetzt machte Olga Marmelade aus den Hagebutten. Ich pflückte und entkernte sie. Ich wusste, wo die Heckenrosen blühen. Ich wusste, wo "Rapunzel" stand. Der wilde Feldsalat. Auf einem Stoppelfeld. Ich musste weite Wege durch die Borstenreihen gehen. Rauf und runter. Weil sich der Feldsalat sehr gut verstecken konnte. Ich kannte Himbeer-Schläge, und ich wusste, wo es Haselnüsse gab. Bucheckern, wilde Möhren, Schlehdorn, und Sumpfdotterblumen. Die Knospen legte man in Essig. Als Ersatz für Kapern.
Fast alles fand sich auf der Huth. Auf ihrem breiten Hügel-Rücken. In den Wäldern. Und auf den Weideflächen viele Pilze. Viele Sorten, die ich erst durch die Tante kennen und erkennen lernte. Sie ließ mich bald alleine gehen.
"Sieh zu, dass du vorm Dunkelwerden wieder da bist."
Manchmal sah ich ein Segelflugzeug – Richtung Wasserkuppe – in der Ferne blinken, wenn es für einen Augenblick das Licht der Sonne reflektierte.
Im Dösen nahm ich den Geruch der Kräuter wahr. Den wilden Thymian, Brennesseln, Klee, Schafgarbe, Minze, Nelken … konnte den Hummelflug durch die Etagen eines Fingerhuts verfolgen, das schallgedämpfte Brummen im gefleckten Trichter, und den kurzen Schub, das Surren bis zur Landung auf der nächsten Blüte und hörte in der Stille auch das Knistern von den Aluminium-Streifen, die sich im Weidenzaun verheddert hatten. Ein Kratzen oder leises Schaben, weil Wind sie in Berührung brachte. Beschichtetes Papier. Kaum breiter als das Weihnachtsbaum-Lametta. Es hieß, sie seien von den Bombern abgeworfen worden, um die Flak zu irritieren. Oft hatten sie sich bündelweise festgehakt. Es gab auch breitere. Vier Zentimeter etwa. Oder fünf. Und zwanzig Zentimeter lang. Die rollten sich zu Korkenzieher-Locken ein und trieben durch die Gegend, bis sie sich verfingen.

Wenn sich die Schwalben für die Reise nach dem Süden sammelten und auf den Telegrafendrähten näher zueinander fanden, saß ich gern in der Nähe, um mir das Gezwitscher anzuhören. Es waren schwalbenherzzerreißende Geschichten, die sie sich erzählen mussten. Das war klar. Es sprudelte nur so aus ihren Kehlen. Der rote Rostfleck unter ihren Schnäbeln bebte und auch der feine Gabelschwanz vibrierte mit. Die atemlosen Strophen endeten abrupt mit einem leicht zerquetschten:
"Dzeee".
Ein wenig schmatzend, etwas heiser und so überraschend, dass ich immer wieder lachen musste. Wie eine Redensart. Ein angehängtes:
"Stellt euch vor!" Oder:
"Wie isses nu bloß möglich."
"Dzeee."

Mittags sah ich gebannt den Schleiermachern zu.
Sie breiteten ein zartes luftiges Gewebe vor der Sonne aus und deckten damit einen Teil des Himmels ab. Am Anfang waren es nur dünne Spinnwebfäden. Tausend zugleich. Im gleichen Abstand. Schnurgerade. Parallel. Dann quollen alle Fäden wolkig auf. Alle zugleich. Und wurden weich und leicht. Sie standen federweiß vor blauem Grund. Wie eine Jalousie aus Tüllamellen. Bis sich die Fasern an den Rändern trafen und verwoben. Die Schleiermacher kamen eine Zeit lang täglich. Und jeden Tag entstand das gleiche Bild al fresco wieder. Lautlos. Wie von Geisterhand. Aber die Fäden hatten alle einen Ton. Als wäre jeder Faden eine Cello-Saite, und tausend Saiten würden sich mit ihrem jeweils tiefsten Ton zu einem dröhnenden Akkord vereinen.
Das Röhren war nicht gleich zu hören. Es kam verspätet. Hinterrücks. Als Schleppe. Erst wenn es tausendfach verstärkt den Luftraum füllte, die Landschaft überdeckte und die Erde zittern ließ, holte der Ton die Schleiermacher ein.
Dreihundert Bomber. Viermotorig. Zwölfhundert leistungsstarke Flugmotoren trugen mit rasenden Propellern Bomben an ein Ziel. Irgendein Ziel. Und warfen sie auf irgendeine Stadt. Ich wusste nicht, auf welche. Da endete die Phantasie. Das heißt, sie endete für mich am Rand des Bildes. Ich habe nicht 'mal an Berlin gedacht – vielleicht hab' ich gedacht:
"Au weia" oder
"Mensch – Mensch – Mensch."

*

Im Juni '44 landeten die Alliierten in der Normandie.
Im Juli scheiterte das Attentat auf Hitler.
Was mich davon erreichte, war ein ahnungsloses Miterschrecken. Der Sieg war trotzdem sicher. Mit drei, vier Panzerfäusten war ein Angriff auf das Städtchen Kaltennordheim aufzuhalten. Das lernten wir im Heim der Hitler-Jugend. Es gab ein Holzmodell zum Üben.
Wir Pimpfe glaubten an die *Wunderwaffen* und zeichneten V1-Geschosse mit Raketenantrieb, als wäre das der erste Schritt zu ihrer magischen Vermehrung.
Hans Müller hatte einen leicht verbeulten Zusatztank gefunden. Die großen Bomber trugen unter ihren Flügeln Zusatztanks aus Aluminium. Die wurden einfach abgeworfen, wenn der Sprit verbraucht war.
Hans fand, das sei ein ideales Boot für uns, um auf der Felda rumzugondeln.
"Wir müssen nur ein Loch reinschneiden."
Hans Müller kam aus einem kleinen Haus am Stadtrand. Richtung Hardt. Ein schmaler blonder Junge. Immer freundlich. Mit einer großen spitzen Nase und einem Zwinkertick. Es zwinkerte in seinem rechten Augenwinkel. Das konnte mißverständlich sein. Ich überlegte manchmal, will er dich jetzt heimlich warnen oder hat er dir zugezwinkert, um zu sagen, nimm mich nicht ernst, das war natürlich Quatsch.
Als er mit strahlendem Gesicht erklärte, dass wir nur eine Einstiegsluke brauchen und er dazu zwinkerte, hab' ich gedacht, Hans kennt die Tricks, er weiß, wo wir das Werkzeug finden und so weiter, aber – wir haben's nicht geschafft. Es fehlten uns rundum die Grundbegriffe der Physik. Das Ding war instabil wie eine Kugel, und zweitens kamen wir nicht rein.
Hans Müller war auch einer von den drei Apachen, die beim Puddingkochen ihren Wigwam angezündet hatten.

Wer irgend konnte, hielt sich jetzt Kaninchen. Sie brauchten wenig Platz und waren sehr genügsam. Dachpappe, Bretter, Nägel und ein bisschen Maschendraht zu finden, war noch kein Problem. Ein Nachbar baute uns den Stall, auf Zuwachs. Zwei Etagen mit vier Türen. Ich holte Futter von den Wiesen, Klee, Bärenklau und Löwenzahn, und mistete die Boxen aus. Sah den Kaninchen zu, wenn sie den Löwenzahn vom Wurzelende aus verschwinden ließen, als würde er von einer Zahnradspule eingezogen. Wobei die kleinen Nasenschlitze in dem Takt vibrierten, mit dem die Zähne in den hohlen Stengel bissen. Sie hatten

anfangs Namen und ich sprach mit ihnen. Sie hörten aber überhaupt nicht zu. Obwohl sie diese langen weichen Ohren hatten.
Am Schlachttag wuchs die Schlange vor der Fleischerei am Markt. "Wurst-Suppe" wurde ausgeschenkt. Zwei Liter pro Person. Kochbrühe, in der Wurst geschwommen hatte. Verlängert und gestreckt zu einer dünnen Plörre. Vom Wurstaroma war noch eine Ahnung in der Suppe, und auf der Oberfläche schwammen ein paar kleine gelbe Augen Fett. Die Frauen in der Schlange sagten: "Wenn da bei mir *mehr* Augen rein- als rausseh'n, mach ich Krach." Die ersten waren seit dem frühen Morgen da. Im Winter hielt man sich die Ärmel und den Kragen zu. Ich stellte meine Kanne ab und trippelte mit krummem Rücken auf der Stelle. Man zählte dauernd ab, wieviele man noch vor sich hatte und fürchtete die schrille Stimme aus dem Laden: "Wurstsuppe aus!"
Es gab jetzt häufig Graupensuppe. Die dicken faden "Kälberzähne". Voller Spelzen. Auch dazu wurde der Herr Jesus eingeladen. Ich wusste leider nicht, wie man ihn warnt.
Der Kampf der Graupen, die hinunter sollten, gegen die Graupen, die nach oben wollten, war ein zähes Ringen. Graupe gegen Graupe. Ich rang nach Luft. War schweißgebadet und lächelte natürlich siegessicher, wenn Onkel Kurt auf meinen vollen Teller sah und seine Miene Ungeduld verriet. Obwohl die Hosentaschen keinerlei Entsatz versprachen. Nicht bei Graupensuppe.
Ein kleiner Schatten fiel auf Olga's Küche.

Im Sommer '44, auf der Tenne beim Nachbarn Röll, begann mein Aufstieg in der Landwirtschaft. Bei den Getreidesäcken. Also unten. Rölls hatten eine Gerberei. In einem Holzkanal kam Wasser aus dem Fluss auf Arbeitshöhe vor die Tore. Die Felle wurden dort gewaschen. Sie stanken hinterher ein wenig weniger.
Rölls hatten auch Getreidefelder, aber keine Dreschmaschine. Die wanderte von Hof zu Hof. Rölls hatten sie nur einen Tag lang. Abends musste alles ausgedroschen sein.
Die Dreschmaschine hatte eine rote Holzverkleidung. Sie ratterte und zitterte, schmiss Stroh- und Ährenfetzen in die Luft und Staub in dicken Wolken. Die Körner sprudelten aus einem Rohr in aufgehängte Jutesäcke.
Ich war daran gewöhnt, verscheucht zu werden und im Weg zu sein und fragte scheu, ob ich ein bisschen zuschau'n dürfe. Herr Röll sah mich durch seine Augenschlitze an.

"Du kannst mir helfen … aber nur, wenn du dabei bleibst. Geh und frag den Onkel!"
Ich flitzte und stand wieder neben ihm.
"Ich darf."
"Du bleibst hier bei den Säcken. Wenn sie voll sind, rufst du mich. Rechtzeitig! Das geht schnell. Dann häng ich einen neuen drunter. Klar?"
Am Abend saß ich mit am großen Tisch. Und als ich ging, bekam ich ein Stück Speck. Als Lohn.
Kartoffeln wurden mit der Hand geerntet. Nur ausgegraben wurden sie vorweg mit Kühen, die eine denkbar einfache Maschine zogen. Ein Rad mit kurzen Armen und gekrümmten Zinken rotierte quer zur Furche. Die Eisenfinger griffen unter die Kartoffelpflanze, hoben den Wurzelballen aus und schleuderten die Knollen auf das freie Feld. Man stand den ganzen Tag gebückt. Oft war der Ackerboden nass und klumpte an den Schuhen fest. Breitbeinig watschelte man vorwärts, setzte den Henkelkorb so, dass man kurze Wege hatte, befreite die Kartoffeln von dem gröbsten Dreck, und trug den vollen Korb zum nächsten Sack am Feldrain. Oft brachte ich ihn nur mit einem Armschwung meterweise vorwärts.
Zur Vesper kam die Bäuerin zu Fuß vom Hof und brachte eine Kanne Kaffee. "Kathreiner". Muckefuck mit Milch. In einem Nest aus Zeitungen und Tüchern warmgehalten. Und frisch gebacknen Kuchen. Aufgeschnitten und säuberlich mit Leinen abgedeckt. Bienenstich oder Streuselkuchen. Manchmal auch Zwiebelkuchen. Warm. Mit Sahne übergossen. Man hockte dicht beisammen. Auf der Erde. Trank aus den mitgebrachten Bechern, biss große Stücke aus dem Kuchen, schaute sich kauend an, und manchmal nickte einem jemand zu.
"Na? – müde?"
"Nöö."
Natürlich wünschte ich die Dämmerung herbei.
Die Erntewagen mit den hohen Speichenrädern waren schmal. Mit schrägen Seitenwänden. Jeweils am Ende steckte ein Trapez, das sich nach oben aus der Führung heben ließ. Dort hielt ich mich mit ausgestreckten Armen an den Pfosten fest und schwankte auf der Achse durch die Bodenwellen. War dreckig von den Schuhen bis zur Stirn – und *glücklich*.

*

Es war ein klarer blauer Tag im frühen Herbst. Die Zeit, zu der die ersten Reizger wuchsen. Ich war mit meinem Pilzkorb unterwegs. Am Fuß der Hardt. Vor mir, im Gegenlicht, der stumpfe Kegel mit der dunkelgrünen Kappe aus unversehrtem Kiefernwald. Irgendwo brummte ein Motor. Ein Flugzeug. Hinterm Berg. Es scheint gerade auf mich zuzukommen. Da ist es! Ungewöhnlich tief. Ein Jäger. Streift beinah' den Kamm. Die Kanzel kippt nach vorn. Ich kann hineinseh'n. Toll! Erkenne den Piloten mit der Haube. Winke. Er sieht mich. Schwenkt die Bordkanone. Zielt. Sie hämmert los und die Geschosse schlagen ein. Ich werfe mich ins Gras. Da ist er über mich hinweg ins Tal hinunter. Und beschießt den Bahnhof. Einen Güterwagen, der entladen wird.
Auf einmal ist der Krieg – mit einem Todesschreck – real.
Ich brauchte etwas Zeit, um hoch zu kommen. Durchzuatmen. Aber die Stille war schon wieder da, der Himmel unverändert blau, und auf den Feldern tiefer Frieden.
Reizger gab es auch.

Bei den "Reichsjugend-Spielen" gab es, je nach Leistung, eine Anstecknadel. Mit der Jahreszahl. Ich war in meiner Altersgruppe bei den Kleinsten. Es reichte nur zu einer grauen Nadel. Das war Durchschnitt. Grade so.
Sportplätze gab es auf dem Lande nicht. Das Schwimmbad war ein Löschteich. Grob mit Brettern ausgeschlagen. Blutegel überall. Fast immer schaffte einer es, sich festzusaugen. Zum Laufen gab es keine Aschenbahnen. Man kratzte eine Linie in die Erde: "Hier geht's los", und rannte barfuß bis zum nächsten Strich. Beim Hochsprung sprang man über eine Strippe. Zwei Steine an den Enden hielten sie annähernd straff. Die feinere Version war eine Schnur mit Ledersäckchen. Sandgefüllt. Wir hatten eine Stoppuhr und ein Maßband. Das genügte. Geschummelt wurde nicht.

Für den Verkauf von Hoheitszeichen gab es strenge Regeln. Man konnte sich den Adler mit dem Hakenkreuz nicht an die Pudelmütze stecken. Oder an die Trainingsjacke. Einfach so. Man musste die Berechtigung beweisen.
In Dermbach gab es '44 einen Laden, da brauchte man das nicht. Da konnte man sich die gestanzten Adler holen und wurde nicht gefragt:
"Wozu, für wen, warum?"
"Kann ich zwei Stück von jeder Sorte haben?"
"Aber sicher."

Ich kippte alle grauen Eisenmünzen auf den Tresen. Für eine Hand voll langte es. Ich trug sie heim, wie einen Silberschatz. Ich wickelte sie ein und aus, schob sie mit Ehrfurcht hin und her, versteckte sie, und holte sie gleich wieder vor – und wunderte mich nicht, dass sie so wohlfeil waren. Im nächsten Frühjahr waren sie schon eine Hand voll Schrott. Waren die Adler ein Symbol für Schuld und Scham. Für Schande und Entsetzen.

Warum ist mir das Blech nach sechzig Jahren wieder im Gedächtnis? Beinah' mit der verblendeten Begeisterung von ehedem?

Beim Stochern in den Sedimenten – aufgewirbelt? Zufällig? Und bedeutungslos?

Wohl kaum.

Aus Kindertagen ist mir ein Modell des Menschen im Gedächtnis, bei dem man – durch ein Fenster – in den Körper sehen konnte. Als Untergrund war das Gerippe dargestellt. Darüber lagen Klarsichtfolien, auf denen jeweils ein Funktionsbereich des Körpers als eine Schicht erschien: die inneren Organe, das Adernetz des Kreislaufs, das System der Nervenbahnen oder das der Muskelstränge. Jeder Bereich auf einem Extrablatt. Als Deckblatt war der Mensch mit Haut und Haaren abgebildet.

So ähnlich stelle ich mir das Gedächtnis vor. Das Lager, das Depot der eigenen Geschichte. Nicht als *der Film* von dem man sich erzählt, dass er im Augenblick des Todes, und oft mit rasender Geschwindigkeit, noch einmal abläuft. Als Kopie des Lebens. Sondern vielmehr in Schichten. Denen auch Erinnerungen zugeordnet sind, von deren Existenz wir gar nichts wissen. Die uns nicht bewusst sind. Sprachlosigkeit und Schweigen sind dort ebenso gespeichert wie Ängste oder körperliche Schmerzen. Erschütterungen des Vertrauens und geheime Niederlagen. Verletzungen der *Seele*. Spannungsfelder, die einmal um die simplen Worte: "Was ist denn los?" – "Ach, nichts" empfunden worden sind. Sehr feine Schwingungen von Beben, deren Epizentren sehr tief im Unbewussten liegen.

Wenn das Depot ein Raum ist, liegt es nahe, sich einen Eingang vorzustellen. Eine Pforte. Und den Pförtner, der jeden Zugang registriert. So ist es aber nicht. Das *Ich* hat keinen Überblick und weiß nicht, was in dem Depot so alles schlummert. Als Kinder sagten wir, wenn man uns eine Bitte abgeschlagen hatte: "Das merk' ich mir!" Aber man merkt sich nicht, was man sich merken möchte. Nicht in der Form. Und nicht nur das. Es schummelt sich sehr vieles unbemerkt ins Lager. Besonders gerne schleichen sich die Widersprüche ein.

Kehrseiten von Medaillen, böse Ahnungen und viele Hinweiszeichen, die man übersehen hat. Auch *positive*.

Ein unliebsames Stück der eigenen Geschichte auszulöschen, das mag ein Wunsch von vielen sein – ich denke aber, er erfüllt sich nicht. Was einmal im Depot ist, bleibt. Man kann zu niemandem – und zu sich selbst natürlich auch nicht – sagen: Vergiß es ein für allemal, und hoffen, dass sich dadurch die Gedächtnislücke bildet, die man nach einem Unfall haben kann.

An vieles mag man nicht erinnert werden: *Dummheiten*. Fehler. Schwächen. Schuld … Gründe gibt es genug, um die Erinnerung zu fliehen. Gründe genug, sich vor sich selber zu verstecken. Das versteht sich. Verdrängen kann der Mensch. Unter den Teppich kehren. Leugnen … damit frisiert man sein Erscheinungsbild, aber man weiß, wann man gelogen hat. Ob man sich dem Verdrängten eines Tages stellt, hängt davon ab, ob man das Aufrechtgehen schätzt. Und übt.

Ich übte damals noch, mich krumm zu machen.

Nach '45 sagten viele: "Mal muss Schluss sein". Kaum, dass der Krieg zu Ende war. Sie seien froh, es hinter sich zu haben. Überlebt zu haben. Und wollten nicht mehr daran denken. Nur noch nach vorne schauen. In die Zukunft. So haben sie sich einem Neubeginn versperrt und in die Zukunft eine Wiederholung eingebaut.

Zwar meinen viele, das Geschehene zu kennen und – wie sie sagen – zur Genüge. Aber einmal, so meine ich, muss das Entsetzen uns erreichen. Sonst gibt es kein Weiter.

Max Frisch (aus der Erinnerung zitiert)

Es stimmt auch nicht, dass sich die Menschen nicht erinnert haben. Es wurde viel davon gesprochen, was unter Adolf Hitler gut und richtig war. Sie haben sich ausführlich, unerträglich laut und unersättlich oft an ihre Heldentaten und die Zeit erinnert, in der sie auf dem Vormarsch waren. Siegten. "Herrenmenschen" waren. In der sie ihre deutsche Heimat vor den Untermenschen retteten. Vor Moskau. Und in Babi Yar. Pardon. An Babi Yar natürlich nicht.

Derjenigen, die "nicht dabei gewesen" waren – bis man es ihnen mühsam nachgewiesen hat, und sie sich – doch – erinnern konnten, hat man sich weniger geschämt als derer, die als "Nestbeschmutzer" galten. Wie Max Frisch.

Als *unsre Jungs* in Bern ein Fußballspiel gewannen, hieß es, jetzt sind wir wieder wer. Wer da – schon wieder oder noch – wer war, den hatte das Entsetzen nicht erreicht.

Die Adler fingen an, sich aufzuplustern. Sie spannten ihre Flügel aus, als müssten sie die nassen Federn trocknen. Ich wischte sie vom Tisch. Sie kamen wieder. Hockten da mit Adler-Augen. Ich hieß sie: Einen Haufen Blech. Sie sagten: "warm", eröffneten das Suchspiel: kalt, warm, heiß.
Ich hätte sie gekauft, um etwas zu verdecken, meinten sie. Darüber sei die Zeit hinweg. Sie hätten da nichts aufzuklären – sondern ich. In meinem Kopf begann das Mühlrad sich zu drehen. Ich wusste nicht, was oben war, was unten ist und damals oder jetzt.
So seltsam es erscheinen mag, ich konnte nicht an *Niederlage* denken. Das Wort schien irgendwie verhext zu sein. Wer nicht mehr an den Endsieg glaubte, war ein Feigling. Ein Verräter. Ich kannte nur die Welt, in der ich lebte, niemand hat je von einer anderen erzählt, außer von der, die sich nicht wiederholen durfte …

* *

Die Tante stickte Chrysanthemenblüten auf ein Leinentuch. Vielleicht war Olga mit im Raum und faltete gebügelte Servietten. Ich stopfte meine braunen Baumwollstrümpfe, die widerlichen kratzigen, spannte mit einer dicken Nadel Fäden über einem "Pilz" und setzte ordentliche Gitter in die Löcher.
Rixa lag unter meinem Stuhl und träumte.
Der Onkel saß im Nebenraum an seinem kolossalen Eichentisch und weichte Briefumschläge ein, um Postwertzeichen abzulösen. Mit geriffelter Pinzette, ohne Atem, unter einer Lupe. Lauwarmes Wasser musste Olga ihm in einer flachen Schale bringen. Nur einwandfreie Marken wurden vorsortiert und sorgsam hinter einen Steg aus Zellophanpapier geschoben. Wenn einer von den Perforierungszähnen fehlte, war die Marke ohne Wert.
Der Onkel sammelte nur *Deutsches Reich*. Mit den vom Führer "heimgeholten" Ländern.

Kaltennordheim, 1944

Gewissenhaft. Nach Katalog. Postfrische unbeleckte Marken mit Gummierung hatten nicht den Wert der abgestempelten, beförderten. Der aktuelle Wert von Sammlermarken war dem *Michel* zu entnehmen.

Der Onkel hatte auch ein Exemplar der Volkssturmmarke. Aber ungestempelt. Sie kam nicht mehr so richtig in Gebrauch.

Ich hab' den Onkel in Verdacht, dass er gelegentlich die Predigtvorbereitung schwänzte und den *Michel* wälzte. Oder sein geliebtes Kursbuch. Besuch, der mit der Reichsbahn kam, war kaum zur Tür herein und aus dem Mantel, da las der Onkel schon den Auszug aus dem Kursbuch vor: "Zurück habt ihr die günstigste Verbindung über soundso und soundso und seid bereits um soundsoviel Uhr zu Hause. Das ist doch sehr beruhigend – für euch."

Im Frühjahr '44 kam der ältere der beiden Söhne aus Berlin. Ein wenig später dessen Frau mit einem kleinen Kind. Sie waren "ausgebombt" und interessierten sich zunächst nicht für den schnellsten Zug zurück.

Der kleine Diether war so bleich wie ein Kartoffelkeim im Keller. Wohin man ihn auf seinem Windelkissen schob, da blieb er. In sich gekehrt und still. Ein weißer Buddha. Etwas bläulich. Nur seine Hände drehten wie mechanisch einen bunten Würfel.

Mein Vetter Gerhard hatte eine große Narbe auf der Stirn und eine Hand war irgendwie verbogen. Er sei als Kind von einem Pferd getreten worden, hieß es. Ganz überzeugend fand ich die Geschichte nicht. Sie wurde nicht dramatisch ausgeschmückt wie andere Tragödien, die zur Sprache kamen.

Ich glaube, Gerhard mochte mich. Er sagte: "Komm mal mit" und stieg mit mir hinauf zum Wäscheboden. Er knöpfte sich die Hose auf und onanierte. Es war sehr eindrucksvoll. Ich dachte an das Pferd, das ihn getreten haben sollte. Niemand fragte: Was habt ihr da gemacht. Wir hatten ein Geheimnis. Er vertraute mir.

Zuletzt war Gerhard bei der Straßenbahn. Als Schaffner. "Noch jemand ohne Fahrschein". Er musste sich durch überfüllte Wagen quetschen. Drückte das Wechselgeld aus den fünf Speicher-Säulen vor der Ledertasche für Papiergeld und zog die Klingelleine, die oberhalb der Haltegriffe durch den ganzen Wagen lief. Ein stumpfes *Plimm* war für den Fahrer das Signal, um in der ersten Stufe anzufahren. Im Pfarrhaus wussten sie das nicht zu schätzen. Nicht so wie ich. Das merkte man.

Der "arme Gerhard" hatte "wenig Glück mit Frauen". Davon war wiederholt die Rede. Alle entpuppten sich als *Flittchen*.

Inge war groß und blond und üppig. Direkt und offen. Sie machte nicht so vieles *ganz besonders gern*, wie ich. Das wurde ihr als Faulheit angekreidet. Sie fragte, ob ich ihr die Gegend zeigen könne. Es war ein heißer Tag – Mai/Juni. Ich wählte einen Weg am Bach. Im Schatten. Zu einem Schotterwerk, das nicht mehr in Betrieb war. Maiglöckchen blühten zwischen Weg und Bach. Ich nahm die Klapperlatschen in die Hand und etwas später auch mein Hemd.
"Du hast es gut. Von mir aus kannst du nackend gehen – zieh doch die blöde Hose aus. Ich würde mir am liebsten auch die Kleider runterreißen", sagte Inge, und knöpfte sich die Bluse auf. Auch das war eindrucksvoll.
Ich überlegte, denn auch mir war plötzlich ungewöhnlich heiß. Ich stakste artig ein paar Meter weit ins Unterholz und zog mir in dem Meer von weißen Blütenrispen meine kurze Hose aus. Die kühle Luft vom Bach verstärkte das Bewusstsein, nackt zu sein. Ich wagte nicht, mich umzudrehen, blieb zwischen Weg und Bach und lief vor Inges Brüsten her, die ihre Reize hinterrücks besonders wirkungsvoll entfalteten. Ich floh und ging gefügig an der Leine, und saß zugleich als Käfigvogel verängstigt in der offnen Tür.
Der kleine Auwald wurde lichter. Wir kamen aus dem Schatten in die pralle Sonne. Um mich vor Sonnenbrand zu schützen, brauchte ich mein Hemd, und um mir einen Rest von Selbstbewusstsein zu bewahren, zog ich die Hose deutlich später an, nachdem ich sie noch eine zeitlang in der Hand geschlenkert hatte.
Vermutlich registrierte Inge alles mit Vergnügen. Gesprochen haben wir darüber nicht. Aber ich war ja gut erzogen, wusste was sich gehört und dass man sich nicht wortlos trennt. Vielleicht hab' ich vorm Pfarrhaus stehend noch gesagt: "Das war sehr schön ... ich meine der Spaziergang", und wurde blöderweise rot.
So könnte es gewesen sein.

Gerhards Familie war in Sicherheit. Der kleine Sohn in Sicherheit. Sie hatten alle drei ein Bett. Sie konnten ungefährdet schlafen, und sie litten keine Not. Vermutlich fiel noch im Begrüßungstaumel der Satz: Natürlich bleibt ihr erstmal da.
In der Familie meines Vaters hatten alle feine Nasen für *gewisse Frauenzimmer*, die sich in Akademikerfamilien drängen wollten. Jetzt hatte Gerhard dieses Flittchen angeschleppt. "Der arme Junge." Natürlich hatte sie ihn reingelegt. Wenn sie nun aber schon mal greifbar war, so sollte man ihr wenigstens *die Instrumente* zeigen.

Vor mir versuchten alle alles zu verbergen. Ob ich mir aus dem Wenigen, das dennoch durch die Ritzen drang, schon damals einen Vers zu machen wusste, darf bezweifelt werden. Möglich, dass Olga meiner Phantasie mit kleinen giftigen Bemerkungen die Richtung wies. Aber die Grundstrukturen menschlichen Verhaltens, die man erst spät begreift, hat man oft früh empfunden.
Dann schlug so etwas wie ein Blitz ins Pfarrhaus ein. Die drei Berliner reisten ab. Von heut' auf morgen. Knall und Fall. Der Onkel konnte nicht mal mehr im Kursbuch blättern.
Sie fuhren in die Stadt zurück, in der sie keine Wohnung hatten. In der es zweimal täglich Luftangriffe gab. In der die Kunst zu Überleben schlechte Karten hatte. Sie fuhren wieder nach Berlin.

Ich hatte irgendwann einmal gesagt, ich wäre lieber in Berlin geblieben.
"Wie?" – Erstaunlich, dass ein Kind so etwas äußern konnte. So wenig einzuschätzen wusste, was man ihm ersparte. So dumm sein konnte. Und so undankbar!
Ich habe es nie mehr gesagt und mit der Zeit auch aufgehört daran zu denken. Ich glaube, Inge hätte mich verstanden. Sie könnte Gerhard in der Nacht, bevor sie fuhren, zugeflüstert haben: Du brauchst dir nur den Ernstel anzusehen, dann weißt du, was die Sicherheit in Kaltennordheim kostet. Das könnte sie geflüstert haben ...
Hans-Werner war der Liebling der Familie. Tante Evas ganzer Stolz. Ich hatte Gerhards kleinen Bruder noch als Riesen in Erinnerung. Von einem Foto aus dem Pfarrhausgarten in Großbösendorf zu schließen, hätte ich aufrecht zwischen seinen Beinen durchspazieren können. Inzwischen war er Leutnant oder Oberleutnant, hatte den Krieg an allen Fronten mitgemacht und war für mich der Inbegriff des *Deutschen Offiziers*. Da stimmte alles überein mit meinen Idealen. Die mir eingetrichtert worden waren. Auf einem Heimaturlaub muss er seine Hannelore aus ihrem Elternhaus in Gummersbach geholt und in sein Elternhaus begleitet haben. Nach Kaltennordheim. In die "Sicherheit".
Ich habe an das junge Paar gemeinsam keinerlei Erinnerungen. Es wird die meiste Zeit für sich gewesen sein. Auch wenn Hans-Werner von der Front berichtete, war ich aus irgendwelchen Gründen nicht dabei. Ich glaube, dass ich erst im Bett sein musste, bevor der Onkel zur Zigarre griff und sagte: "Nun erzähl mal, Junge." Ich wusste nicht, dass die Soldaten Ende '44 nicht gerne an die Front erinnert werden mochten und sich nach ein paar Stunden Frieden sehnten. Vermutlich

gab es statt der Frontberichte kleine Zeichen der Entfremdung, die Löcher in die Unterhaltung fraßen. Dann atmete man hörbar aus und sagte: Ach – ist es schön dich hier zu haben … oder: Ach – ist es schön bei euch zu sein. Und wenn die Uhr zu laut zu werden drohte, rief man den Hund und streichelte ihn lange.

Ich sehe uns zu dritt spazierengehen. Mich, Hannelore und zu ihrer Linken Rixa. Zwischen dem Bahndamm und der Felda. Dem kleinen Fluss, in den die langen Wiesengräser hingen und sich in der Strömung wiegten. Ich sehe uns wie ein Beobachter von der erhöhten Bahndammböschung aus. Ich glaubte, wenn ich näher komme, löst das Bild sich auf.
Die junge Frau schien ihren kleinen Bruder an der Hand zu halten. Der Junge aber hatte beide Arme auf dem Rücken. Mit verschränkten Wurstel-Fingern. Als sei er in Verlegenheit.
Die Frau erwartete ein Kind.
Sie waren aus dem Haus gegangen, um sich etwas mitzuteilen. Aber man hörte keinen Laut. Obwohl ein leichter Wind mir jede Silbe zugetragen hätte. Allein der Hund verriet, was sie beschäftigte. Er suchte mit der Schnauze nach Kontakt, stupste die freie Hand des Mädchens und bot von Zeit zu Zeit mit sanftem Druck auf ihren Oberschenkel seine Wärme an.

Zwei Monate vor dem "Zusammenbruch", etwa im März, als es den Alliierten schon gelungen war, den Rhein zu überqueren, hielt Hannelore es in Kaltennordheim nicht mehr aus. Sie schreibt: Es war mein Glück, im Bombenhagel, und trotz allem, daheim zu sein, bei meinen Eltern. Alle Bekannten schüttelten den Kopf. Es war der allerletzte Zug.
Hans war im März mit seiner Truppe eingeschlossen worden. Im Kurlandkessel, westlich Riga, nah der Ostsee. Er hoffte auf ein Lazarettschiff, das ihn in die Heimat bringen sollte. Er kam im Herbst aus der Gefangenschaft. Auf Krücken. Nach Gummersbach. Sein Elternhaus in Kaltennordheim mochte er nicht wiedersehen. Als ich in Düsseldorf Theater spielte, lernten wir uns kennen und wurden – als Verwandte – Freunde.

Man sparte Energie. Verstopfte Fensterritzen. Versuchte "Kohlenklau" die Wege zu versperren. Man heizte nur noch einen Raum. Fror in der Schule. In der Eisenbahn. Beim Schlangestehen. Und saß bei funzeligem Licht im Ungewissen. Man sagte sich, dass es der Front zugute käme, wenn man kalte Füße kriegte.

Gelegentlich lief ein Gerücht durchs Dorf: "Haben Sie schon gehört?" Dann schaute man sich erst mal um. Man war nie weit von dem Plakat: "Pssst – Feind hört mit!" Man las inzwischen "Feind" und dachte "Spitzel".
Über zehn Ecken wusste wer von einem, der aus erster Hand erfahren hätte … worüber dieser eigentlich nicht sprechen dürfe, aber der Führer werde mit dem Einsatz einer Wunderwaffe in allernächster Zeit den Sieg erringen.
Als wäre über einer Herde von Verdurstenden noch einmal der Geruch von fernem Regen in der Luft. Die Sinne waren, wie ein trockner Schwamm, bereit, die dünnsten Nebelschwaden aufzusaugen. Wer eine Wunderwaffe wünscht, der geht ja davon aus, dass nur ein Wunder ihn noch retten kann. Ein rasches Wunder. Eines, das man noch erlebt. Verrückterweise hatten die Gerüchte einen wahren Kern. Man war tatsächlich insgeheim dabei, ein nukleares Kind zu zeugen, dessen Geschwisterchen dann über Nagasaki und Hiroshima das Licht der Welt erblickten.

Ich glaubte, dass die kleine Brücke vor der Straße, die nach Kaltensundheim führte, von ein paar Pimpfen mit der Panzerfaust zu halten war. Man musste einen Panzer *eiskalt* auf die schmale Zufahrt rasseln lassen und dann ruhig zielen. Brannte er, war die Brücke unpassierbar. Und sollte einer durch die Felda fahren wollen, gab er uns auf der Böschung, in der Schräge, mit dem Turm ein leichtes Ziel von oben auf die Ausstiegsluke.
Die Panzer waren allerdings noch sehr weit weg, und unsre Panzerfaust im "Heim" war nach wie vor aus Holz.
Es gab, auch für die kleinen Pimpfe, strenge Regeln dafür, wie sie die Uniform zu tragen hatten. Stand etwa beim Appell ein Knopfloch offen, riss oder schnitt der Jungzugführer (grüne Schnur) gelegentlich die ganze Reihe Hemdenknöpfe ab. "Damit der Penner lernt, wie man das Ehrenkleid des Führers trägt."
Das Halstuch wurde so gefaltet, dass auf dem Rücken, unterm Hemdenkragen, ein schwarzes Dreieck sichtbar blieb. Nicht größer als drei Finger breit vom Kragenrand zur Dreiecksspitze. Das Käppi für die Sommeruniform hatte man so zu tragen, dass die Kokarde senkrecht auf die Nasenspitze wies. Der Rand der Mütze, auf der Stirn, begann zwei Finger oberhalb der Nasenwurzel, und seitlich saß der Rand nicht tiefer als zwei Finger überm Ohransatz.
Ich hatte zwanghaft Lust daran, genau zu sein. Daraus entstand ein rituelles Fingerspiel rund um die Nase, bis zum Ohr und über alle Knöpfe rauf und runter. Bevor ich aus dem Windfang auf die Straße trat.

Es gab auch gleißend helle Wintertage unter blauem Himmel. Mit blitzenden Kristallen auf verharschtem Schnee. In einem brach das Sonnenlicht sich blau und grün. Daneben blinkte es gelbrot und fast auf gleicher Höhe violett. Mit einer winzigen Veränderung des Einfallwinkels tauschten die Prismen ihre Regenbogenfarben. Es war – noch ohne physikalische Erklärung – ein märchenhaftes Spiel des Lichtes auf einer Insel außerhalb der Zeit.
Die Landschaft war noch einmal neu erschaffen worden. War der darunterliegenden in allen Einzelheiten nachgebildet, aber mit sanfteren Konturen. Weich und weiß. Man konnte sich an jeder Stelle fallen lassen und wurde aufgefangen wie von einem Federbett. Die dunklen Schlehen mit dem nebelgrauen Hauch, der mit der leisesten Berührung wich, waren jetzt süß vom Frost und hingen in den stacheligen Hecken wie kandierte Früchte.
Leider verdarb der Frost uns die Kartoffeln. Mit einer widerwärtigen Kartoffel-Leichen-Süße. Für mich war klar, dass die verwesenden Kartoffeln Gift enthielten. Mein Magen warnte mich mit starkem Brechreiz, während der Onkel sich auf seinen Pferdemagen und auf den Segen des Herrn Jesus zu verlassen schien. Oder er machte mir was vor. Behielt den Bissen in der Backentasche, schluckte Spucke, und wartete darauf, dass ich, vor ihm, die Gabel fallen lassen würde und entseelt zu Boden sinken. Ich hielt ihn aus den Augenwinkeln fest im Blick – aber er aß den Teller leer; und also blieb es bei der strengen Regel: "Was auf den Tisch kommt, wird gegessen". Auch Olga konnte mir nicht helfen. Zusätzlich kam der Satz in Mode: "Hunger treibt es rein." Aber wenn ich das ekelige Zeug hinunterwürgte, war es Angst vor Strafe. Niemals Hunger. Mir fiel es immer leichter, nichts zu essen. Das blieb auch so, als es fast nichts mehr gab. Zum Beispiel während der Blockade '48. In Berlin.

*

Als mir die Handvoll Adler ins Gedächtnis kam und die Begeisterung, mit der ich sie betrachtete, mein heißer Kopf, die scheuen Finger, das fast noch frische Baumwolltaschentuch, in das ich meinen Schatz behutsam faltete – ist mir im nachhinein bewusst geworden, dass ich den ausgestanzten Vögeln einen Wert verliehen habe, den sie kaum noch hatten. Dass sie so leicht und billig zu erwerben waren, hat sie in meinen Augen damals nicht entwertet.
In der Erinnerung bekam das Blinken des polierten Bleches etwas Zeichenhaftes. Es war ein Wink. Ein Schubs. Der heißen sollte: Wunder dich doch mal. Vielleicht steckt was dahinter. Vielleicht hat dich der Glanz getäuscht, dich

davon abgelenkt, dass eine Niederlage drohte. Dass du sie kommen fühltest, aber leugnen musstest. Ja – so war es wohl. Die Adler "schützten" mich davor, die Niederlage wahrzunehmen.

Warum war es so schwer, das zu begreifen? Warum gelang es nur mit Ängsten? Kopfweh? Depression? Verstörte mich? Verstörte mir den Schlaf? Die Lebensfreude?

Die Adler halfen mir, die Niederlage zu verdrängen.

Nachdem ich diese Hypothese angenommen hatte, kam die Erinnerung zurück: Eisblumen. Auf den Fensterscheiben. Felder, auf denen Stallmist dampfte. Der langgezogne Pfiff der Bahn. Die Wagen voller Zuckerrüben. Der bittre Beigeschmack in der Melasse. Die Wartburg. Luthers Stube mit dem Tintenklecks. Von tausend Fingernägeln, tausend Taschenmessern aus dem Putz gepolkt und tausend Mal erneuert und, ach ja, die Führer von HJ und Jungvolk sollten auf die Wartburg kommen. Der ganze Gau. Zu einem großen Treffen. Ich sehe mich – im Traum – dazwischen. Aber es kam nicht mehr dazu. Oder man brauchte die Bestätigung als Hordenführer. Die hatte ich noch immer nicht. Den aufgenähten Winkel auf dem linken Ärmel.

Die Bilder purzelten wie alte Ansichtskarten aus einem Schuhkarton. Ich hatte etwas zu sortieren. Konnte wieder schreiben. Dass mir das meiste anderntags nicht mehr gefiel, dass ich es drei Mal, vier Mal, sechs Mal tippte, zerknüllte und verwarf, das wiederholte sich. Das lag am Vollmond. An der Leber … oder an el niño. Doch plötzlich riss der Faden wieder. Die "Schreibblockade" kam zurück wie eine Krankheit. Fing mit Erschöpfung an und endete in einer dunklen Depression, und mit dem müden Rat: Gib auf! Du bist nichts, kannst nichts, wirst nichts – verbrenn' den Mist! Mach Schluss!

Ich weiß nicht mehr, wie oft ich schon an dieser Abbruchkante stand. Ich hatte aufgegeben, nach dem Grund zu fragen. Der Grund war ich. War meine Minderwertigkeit. Sie war in jedem Spiegel zu betrachten. Bemerkenswert war einzig mein Talent, vorübergehend zu vergessen, wie überflüssig dieses Dasein war.

Diesmal war aber etwas anders: Ich wusste, wenn ich dieses Manuskript verbrenne, "ist es aus". Die Botschaft war sehr simpel, sehr banal, ließ aber keinen Zweifel zu. Sie war tod-ernst.

Die Warnung flackerte in meinem Kopf wie eine Leuchtschrift. Wie ein Feuerzeichen. Ich musste an Belsazar denken, an das: "Mene, mene, tekel upharsin" im alten Babylon.

Das Flackern war mein Puls. Das Herz fing an zu galoppieren.

Wir standen auf des Messers Schneide.

    Ich sage "wir". An diesem Punkt. Ich spreche von uns beiden. Der eine elf, der andre neunundsechzig. Der alte Mann saß bei dem Jungen in der Kammer. Sie hatten sich die Adler angeschaut. Der Alte hatte den Verdacht geäußert, dass der Schein getrogen haben könnte. Dass sich dahinter etwas zu verstecken suchte. Der Alte fand, es sei "die Niederlage". Der Junge konnte das für möglich halten. Sie glaubten, die Entdeckung würde ihnen weiterhelfen. Beim Erinnern.
    Aber beide saßen fest.
    Während der Junge sich damit vertraut zu machen suchte, dass er sein Leben auf dem Land verbringen würde, versuchte sich der Alte an den Abschied zu erinnern. Von Olga. Von der Tante. An die Rückkehr nach Berlin. Das Wiedersehen. Erste Worte. Vielleicht ein "Mein Gott Junge" an der Schulter. Halb im Stoff erstickt. In der Umarmung –. Aber da war nichts. Kein Aufbruch, keine Reise, keine Ankunft.
    Der Alte hatte es vergessen.
    Der Junge sagte, dass er sich erinnern könne, wie die Soldaten, auf dem Rückzug, durch den Ort gehumpelt seien, und dass Rumänen eine weiße Fahne vom Glockenturm geschossen hätten. Von Niederlage könne also nicht die Rede sein. Noch nicht.
    Doch. Sagte ich. Du weißt es nur noch nicht. Wir haben das Wort "Niederlage" falsch verstanden. Nicht verstanden. Aber der Junge hörte nicht mehr zu.
    Da gab es einen Abschnitt meines Lebens – vom ersten Lebenszeichen meiner Mutter nach der Kapitulation bis an den Küchentisch in der Westendallee, der sich als eine Hoch-Zeit ins Gedächtnis eingegraben haben müsste, aber es fand sich keine Spur. Ich hatte ihn vergessen. Es vergessen. Sie vergessen.
    Das war die Niederlage.
    Ich hatte meinen Kampf um ihre Liebe aufgegeben. Hatte ihn verloren. Sie sollte mich von dem Verdacht befreien, ich sei als unerwünschter Zufall auf der Welt. Ein Wunsch, den sie mir nicht erfüllen konnte.

 Und Bärbel? Wo war meine Schwester Bärbel? Ich wusste nicht, dass sie mit ihrer Mädchenklasse ins sicherere Böhmen übersiedelt war. Nach Pišek ins besetzte Böhmen. Von ihr kam nie ein Brief. Von mir nie eine Karte. Wir trieben grußlos auseinander. Kein Faden hat uns in der Zeit verbunden. Geschweige denn ein Band. Fragte mich wer, ob ich Geschwister hätte, war schon ein nein auf meiner Zunge. Bevor ich mich besann. Um wieviel schwerer musste Bärbel es gefallen sein, zu buchstabieren, wie der Bruder richtig heißt. Mit vollem Namen. Obwohl "die Welt sich aus den Angeln" hob, blieben Geschwister mit zwei Vätern Flittchen-Kinder. Unerfreulich. Da fragte man am besten gar nicht nach.
Die Klassenlehrerin von Bärbels Schule war eine couragierte Frau, die sich auf eigne Faust mit ihren Mädchen durchgeschlagen hatte. Nach Berlin. Bärbel war also schon zu Hause, als ich kam. Auch das war ausgelöscht. Als wäre ich allein zu meinen Kiefern, zu meiner S-Bahn, meinen Häuserfronten heimgekehrt. So wie ein Inspizient in die Kulissen eines Kinder-Stückes, das er vor langer Zeit einmal begleitet hatte. Das Märchen hieß DER ROLLERKÖNIG.

*

Ich war ein dummer Bub. Ich weiß es heute. Ein Käfigvogel, der zuweilen Liedchen sang. Als mir die Uniform den Käfig öffnete, lief ich begeistert in die Propagandafalle. Ich war gehorsam blind und siegessicher taub. Trotz Koppelschloss und Fahrtenmesser trug ich noch den gefalteten Papierhelm und das Kinderschwert aus Holz, und lief mit unnatürlich großen Schritten rotznäsig neben den Soldaten her.
Ich denke es mir so:
Was uns die Sinne insgesamt vor Augen führen, mit allem, was wir hören, riechen und empfinden, das speichern wir in jedem Augenblick. Wir sehen quasi durch ein Objektiv, und was die Sinne registrieren, das wird festgehalten. Gleichzeitig suchen wir es zu bewerten. Wir haben Raster, die uns helfen, die Bilder auf der Stelle zu sortieren. Die Raster sind das Vorgegebene, das, was uns beigebracht und eingeredet wurde. Was wir als brave Schüler angenommen haben. Die gültige Schablone und das gängige Klischee. Blitzschnell erkennen

wir Bekanntes und können Fremdes danach unterscheiden, ob es uns ängstigt oder unsre Neugier weckt. Wir prüfen, ob die Bilder in das Raster unsrer Vorurteile passen.
Was sich nicht einfügt, das stellt Fragen. Stellt in Frage. Sucht nach Antwort. Sind Fragen unerwünscht und werden unterdrückt, dann bleiben wir an diesen Stellen stehen. Bleiben zurück und werden blöd. In diesem Sinne war ich ziemlich blöd.
Aber – die Bilder sind fixiert, bevor wir sie bewerten. Sie werden unverfälscht gespeichert. Ein Hintergrund, der dunkel blieb, bleibt dunkel. Steht etwas unerklärbar schemenhaft davor, wird es in dieser Form als Rätsel aufgehoben. Die Bilder sind die Dokumente unsrer Geschichte. Manchmal begegnen uns die schemenhaften Zeichen wieder. In einem Traum. Ein winziger Impuls löst das Erkennen aus. Wie ein geflüsterter Gedanke. Ein souffliertes Stichwort.

Ich habe an die letzten Monate des "Dritten Reiches" nur spärliche Erinnerungen. Das Leben in der Kleinstadt war ereignislos. So schien es mir. Die Arbeit überforderte die Menschen, die daheim geblieben waren. Zu viele waren eingezogen worden. Die Kräfte reichten nicht mehr aus. Die Mittel nicht. Die Stunden nicht. Der Schlaf nicht. Vieles blieb unerledigt liegen. Blieb ein Flickwerk. Die Ställe waren leer, der Rest der Tiere schlecht ernährt. Vor einem Jauchefaß, das vormals von zwei Kühen auf den Berg hinauf gezogen wurde, ging jetzt nur eine an der Deichsel.
Die alten Menschen, die schon einen Krieg verloren gehen sehen hatten, erinnerten sich wieder an die Folgen. Den Hunger. Und die Not danach. Das konnte man getrost vermuten, auch wenn sie nicht darüber sprachen. Zur Trauer über die Gefallenen kam jetzt das Bangen um Vermisste. Das letzte Urlaubsfoto hing vergrößert an der Wand. Vielleicht mit einer frischen Blume auf dem Rahmen. Es weckte täglich Hoffnung und begrub sie täglich wieder.
Wenn eine bleiche Bäuerin mit ausgeweinten Augen mir freundlich ein Stück Kuchen bot und sagte: "Setz dich – iß – in deinem Alter kann man immer was vertragen", dann machte mich die Haltung dieser Frau verlegen. Ich war dann nur damit beschäftigt abzuschätzen, wie lange man in solchen Fällen vor dem Teller sitzen bleiben muss, und ich ermahnte mich, daran zu denken, dass man nach einem ordentlichen *dankeschön* nicht aus der Tür stürzt, sondern sie mit einem "kleinen Diener" leise schließt. Bevor ein Mitgefühl entstehen konnte, funktionierte die Dressur.

"Die Grube" hat mein Leben als Erwachsener geprägt. Seit ich in sie hineingesehen habe. Durch eine Kamera. Ein Objektiv. "Die Grube", in die Menschen liefen. Wissend und sehend, dass sie dort erschossen werden würden. Über schon Erschossenen. "Schnell – schnell!" Von Menschen in der Uniform der deutschen Wehrmacht. Abgeknallt. Es gab unzählige von diesen Gruben. Gräben. Massengräbern. Jeder kennt sie. Sah die Opfer laufen …
Da war ein Mann. Kahlköpfig. Dunkle Hose. Helles Hemd. Die Ärmel aufgekrempelt. Wie einer hinterm Pflug, beim Sense dengeln, melken …
Mehr Nähe zu dem Opfer vorzutäuschen, wäre unanständig. Schmierig. Dreist. Ein vages Mitgefühl zu suchen, für diesen Augenblick, der unvorstellbar ist, verbietet sich. Und doch war da ein Sog, als wäre ich ein Stück weit, wie als Schatten, mitgestolpert. Über die Zeit hinweg, die ich zu spät gekommen war, um "halt!" zu schreien.
Ich kann nur noch ein Dokument bezeugen. Ein Dokument begangener Verbrechen. Großer Schuld. Begangen unterm Hakenkreuz. Begangen unter "meinen" Adlern.
Die Wellen der Erschütterung, die sich rund um die Schreckensbilder ausgebreitet haben, sind auch in die Erinnerungen aus dem Winter '44 eingedrungen. Vermutlich spüre ich im Nachhinein die Risse in meiner unerschütterlichen Treue *zum geliebten Führer*, und möchte sie für erste Zweifel halten. Für einen Ausweis meiner Sensibilität. Die Risse stammen aber von dem Schock, der mir in Wahrheit noch bevorsteh'n sollte.
Mein Onkel war ein "Deutscher Christ". Die "Deutschen Christen" stützten das NS-Regime. Wer das in Thüringen nicht tat, der wurde in den "Wartestand" versetzt und von der Kirchenleitung denunziert. Das habe ich im Jahr Zweitausenddrei erfahren. Es brauchte mehr als sechzig Jahre, um bekannt zu werden.

*

Der Landser rauchte. Wo es möglich war. Er holte Luft durch seine Zigarette. "Hast du mal Feuer, Kamerad."
Die Männer in der Heimat rauchten. Und Frauen, die fast alle Männerarbeit übernommen hatten, rauchten schließlich auch, obwohl der Führer es nicht mochte. Die Tante rauchte nicht. Wer konnte, baute Tabak an. Die gelben Blätter hingen auf der Wäscheleine. Bindfaden wurde nur noch aus Papier gedreht. Der weichte auf.

Daneben fing man an, die Zigarettenkippen zu beachten. Den letzten halben Zentimeter einer aufgerauchten Juno schmiss man weg. Bevor man sich die Haut verbrannte. Wer konnte, schnickste ihn in hohem Bogen in die Luft. Wenn er noch glimmte, trat man drauf. Dieser zerquetschte Kehricht wurde wieder aufgelesen. Ich brachte von der Fahrt zur Schule immer ein paar Kippen mit, die der Herr Pfarrer mit der Nagelschere vom angenuckelten Papier befreite, und dann die Selbstgedrehte in der Spitze paffte.
Das brachte uns ein wenig näher. Er nannte mich jetzt öfter August Piependeckel. [Ursprünglich war der "Pfeifendeckel" die gängige Bezeichnung für den Stiefelwichser. Den "Burschen" in der K.uK.-Armee.]
Die Leute trennten alte Kleider auf und färbten Stoffe um. Feldgrau auf schwarz. Das war am einfachsten. Pullover wurden "aufgeräufelt". Die Reste farblich kombiniert. Am Abend saß ich Olga gegenüber und hielt die Wolle, die in losen Schlingen über meinen ausgestreckten Armen hing, so weit gespannt, dass sich der Faden auf ein Knäuel wickeln ließ. Damit die Wolle nicht vom Arm herunterrutschte, musste ich die Finger spreizen. Damit der Faden aber ungehindert um die Finger gleiten konnte, mussten die Hände pendelnd um den Faden tanzen. Während in Olgas Händen rasch ein Ballen wuchs, beschrieb der Faden um die schaukelnden Gelenke eine flache Acht im Raum, sich ständig wiederholend. Das Zeichen für Unendlichkeit.
"Sag, wenn du nicht mehr kannst."
"Nein, nein."
An einem andern Tag saß ich beim Bäcker Röhner in der Stube und half Marken kleben. Was aus den roten Karten mit dem fetten R für Roggenbrot herausgeschnipselt worden war, musste vom Bäcker an die Lebensmittelkartenstelle zurückgegeben werden. Geordnet nach Dekade und Gewicht. Mit einem Pinsel strich ich Kleister auf den "Völkischen Beobachter" und drückte die sortierten Marken darauf fest. Dafür gab mir der bleiche Bäckermeister ein wenig Brot für die Frau Pfarrer mit.
Man saß im Dunkeln um den Kreis aus müdem Licht, der auf der Zeitung und den Marken-Häufchen lag.
"Was macht die Schule?"
"Och – na ja."
"Ist nicht der Sohn vom Schmied aus Mitteldorf in deiner Klasse?"
"Ja."

Nach einer langen Pause fragte die Frau Röhner: "Hat deine Tante Post von ihrem Sohn? Aus Rußland?"
"Schon länger nicht – soviel ich weiß."
"Grüß sie von mir."
"Ja danke."
Nach diesen Fragen hörte man die Pinselhaare auf der Zeitung. Eventuell mal ein verdrucktes: "Mist! – verkehrt rum!"
Und dann die Stimme von Herrn Röhner: "Lass."
Etwa zu dieser Zeit begann ich, in der Abendstille auf ein entferntes Donnergrollen Acht zu geben. Der Westwind könnte den Kanonendonner von der Westfront weit herübertragen, dachte ich. Über die Wasserkuppe weg. Und wenn vielleicht ein Mündungsfeuer überm Kamm der Hügelkuppen sichtbar würde, könnte man, wie bei einem nahenden Gewitter, die Sekunden zwischen Blitz und Donner zählen und wüsste ungefähr, wie weit die Front entfernt sein musste.
Mein Eifer ließ den Schall mit Siebenmeilenstiefeln eilen. Ich war in den Gesetzen der Physik noch nicht ganz firm und meine Wünsche konnten sie leichtfüßig überspringen.
Natürlich wollte ich der erste sein, der sagt: "Da – kommen sie!"
Die Alliierten hatten aber nicht einmal den Rhein erreicht: das heißt, ich war auch geographisch nicht sehr sattelfest.
Die "ssofjets", wie sie Adenauer später nannte, nahmen Rache. Ost-Preußen war von allen Seiten eingeschlossen. Die Menschen flohen übers Eis. Mit Sack und Pack. Die Pferdewagen brachen ein. Frauen, die zu Verwandten durchgekommen waren, erzählten von der Flucht. Von Vergewaltigungen. Das fraß sich durch. Von Mund zu Mund. Bis Kaltennordheim.
Großbösendorf war überrollt. Die Weichsel überschritten. Das Lazarett in Thorn vielleicht noch immer Lazarett. In Rolands Bett ein junger Rotarmist. Aus Krasnojarsk, vielleicht. Die Arme ausgebreitet in den Schienen. War das ein möglicher Gedanke, damals? – Nein.
Ich hoffte ungeduldig auf die Stunde der Bewährung. An der Brücke. Sah mich mit meiner Panzerfaust im Anschlag auf den Panzer warten, der nur von Westen kommen konnte. Um das HJ-Heim rum. Von Kaltensundheim her.
Den Plan hielt ich geheim. Der Fähnleinführer teilte uns nicht mit, wo die HJ zum Einsatz kommen sollte. Es wurden keine Schützengräben ausgehoben. Ich weiß nicht, ob der Schlachtruf aus Berlin: "Nun Volk steh auf – und Sturm brich los!" in Kaltennordheim überhaupt so richtig angekommen war. Falls sich

ein Volkssturmhaufen in der Stadt gebildet haben sollte, hab' ich nichts davon erfahren. Ich habe nicht gesehen, dass sich Bauern irgendwo versammelt hätten; dass irgendeiner über seiner Joppe einen Karabiner trug.
Es war, als hätten sich die Häuser näher an den Kirchturm rangeschoben und sich bis über beide Ohren unters Dach geduckt.

Der Junge hat mich über Nacht gefragt, ob es noch eine andere Erklärung geben könne, für seine Ungeduld. Das Lauschen in die Abendstille. Richtung Westen, und ich sagte:
"Ja – du wolltest Anerkennung. Lob."
"Wer nich."
"Und immer ging es um die Liebe deiner Mutter. Meiner Mutter. Sie sollte stolz sein können."
"Nee – im Winter '44 nich mehr."
"Doch", sagte ich, "noch immer. Du hattest sie zwar fast vergessen, darüber waren wir uns einig. Wir hatten sie vergessen. Oder reden wir von mir, ich hatte aufgehört, mich um die Liebe zu bemühen. Das war mein Versagen. Meine Schuld. Sie legte sich auf mein Gewissen und löste Angst vor Strafe aus. – Um diesem Kreislauf zu entgehen, hast du dich an die Brücke legen wollen. – Das war dumm. Bei Gegenwehr geriet ein Dorf schnell unter den Beschuss von schweren Waffen ..."
"Du meinst, die Menschen hatten längst beschlossen, aufzugeben, sich zu ergeben – meinst du das?"
"Die meisten ... ja."
"Dann war mein Plan, die Brücke zu verteidigen, nicht ganz in ihrem Sinne?"
"Absolut nicht. Gut, dass du ihn geheim gehalten hast."
Der Junge sah ganz plötzlich fahl und müde aus. Er legte sich noch einmal in den Anschlag. Versuchte sich den Panzer vorzustellen. Das Kettenrasseln und das Quietschen, mit dem er in die Brückenzufahrt drehte. Riesig. Dröhnend. Unaufhaltsam.
"Es war noch Krieg. Die Wehrmacht kämpfte. Amerika war unser Feind. Du weißt es doch."
"Ich weiß, dass du bereit gewesen bist."
Der Junge war jetzt kaum noch zu versteh'n. Möglicherweise war er eingeschlafen.

*

Die Oma hatte Feldpostbriefe aus dem Ersten Weltkrieg aufgehoben, in denen ihr "geliebter Junge" von seiner Sehnsucht nach "den Knöpfen" schrieb. Sie wiesen die Beförderung zum Leutnant aus. "Der liebe Junge" wurde vor der Kapitulation noch schwer verwundet. Ein Splitter traf ihn unterhalb der Stahlhelmkante und blieb in seiner Schläfe stecken. Der Güterzug, der ihn "nach Hause" bringen sollte, in ein Lazarett, blieb auf der Strecke liegen. Es war August. Kein Wasser. Große Hitze. Ein Wunder, dass er überlebte.
Er hätte sicherlich als Held gegolten, wenn die Matrosen nicht gemeutert hätten. Wenn es den *Dolchstoß* nicht gegeben hätte. Den Verrat der Heimat an der *unbesiegten* Truppe. Wenn sie den Kaiser nicht zur Kapitulation gezwungen hätte. Stattdessen riss das *Rote Pack* den heimgekehrten Offizieren ihre Schulterstücke runter. Schloss in Versailles den *Schandvertrag*. Stürzte das Land *ins Chaos*, und versuchte, aus Deutschland eine Räterepublik zu machen.
Sobald er konnte, schloss "der liebe Junge" sich dem *Stahlhelm* an. Kämpfte in Schlesien am Annaberg und trug fortan den "Adlerorden" neben seinem EK I. Half Adolf Hitler an die Macht. Trat der SA bei. Schenkte seinem Sohn das Ehrenkleid des Führers, in dem er sang: "... Marxisten an die Wand".

"Woran hast du gedacht? – Jetzt eben?"
"Das Lied. Für das du dich so schämst, weil du dir nichts dabei gedacht hast ... *Köpfe Rollen – Juden heulen*. Ich wollte dir nur sagen: Singen in der Kolonne und im Gleichschritt schaltet jedes Denken aus."
"Und hinterher?"
"Vorher und hinterher hast du gedacht, was alle dachten: Führer befiehl, wir folgen dir. Was ist da noch zu denken. Wer denkt, wird kaum gehorchen. Und wer gehorcht, will garnicht denken. – Du bist als Knirps dabei gewesen. In der Wilhelmstraße. Vom Fenster des Reichsluftfahrtministeriums hast du den Führer durch den Jubel fahren sehen. Der Jubel galt dem Führer aus der Not, der Arbeitslosigkeit, der Inflation. Aus der Erniedrigung. Vor allem aber – denke ich – bejubelten die Massen, dass er sie von der Last befreite, selbst zu denken. Selbst die Verantwortung zu übernehmen. Für die eigne Zukunft."
"Jaja – natürlich. Du kannst große Töne spucken. Weil du den Abstand hast. Ich kann ja gar nichts dazu sagen!"
"Gut. Dann hab' ich eine Frage, bei der nur *du* mir helfen kannst."

"Wer weiß ..."
"Du hast beklagt, dass dir die Sprache fehlte ..."
"Ja – wie soll ich sagen ..."
"Das Gespräch."
"Ja – auch."
"Ansprache. Zuspruch. Auseinandersetzung –"
"Ja."
"Hast du dich denn darum bemüht?"
Der Junge schwieg.
"Bemüht? Mit Olga habe ich gesprochen, aber auch nicht über alles. Wir haben oft geflüstert. Falls man uns belauscht. – Olga war praktischer. Wir waren mehr Verbündete. – Ich möchte aber nicht drüber reden."
"Warum nicht?"
"Weiß ich nicht."

Huflattich blühte schon. Das erste Gelb. Zeit für die Sommeruniform. Kniestrümpfe!
"Jacke brauch' ich nicht!"
Das war wie jedes Jahr. Die Sonne stand schon hoch genug, um mit dem Brennglas Löcher ins Papier zu kokeln. Ameisen bei der Arbeit zu verschmoren. Kaum aus dem Haus und unter seinesgleichen, auf dem Weg zur Schule, verwandelten die braven Buben sich in kleine Rüpel. Erzählten sich die ersten Zoten. Spuckten. Rülpsten. Furzten. Und setzten alles dran, um widerlich zu wirken. Die Flegeljahre brachen an.
Schreibfedern konnte man im Klapp-Pult spalten. Am runden Ende, das beim Schreiben in dem Federhalter steckte. Die Ly 8 zum Beispiel. Dann wurde eine Seite aus dem Aufsatzheft gerissen und eine Steuerung gefaltet, das Leitwerk in den Spalt geklemmt, und, wenn der Lehrer etwas an die Tafel schrieb, mit langem Arm nach vorn geschleudert. Wenn sie auf Holz traf, blieb die Federspitze stecken. "Wer war das!?" Alle saßen kerzengrade, die Hände artig auf dem Pult, und schauten wissbegierig auf die Worte an der Tafel.
Die Ly kam manchmal aus der Bahn und blieb im Hemd der Vorderbänkler stecken. Wir nahmen nur die klecksenden, gebrauchten Federn. Ich hatte selbst den einen oder andern Treffer als blauen Tätowierungspunkt im Arm. Wir hatten aber auch schon einen Heiden-Kinder-Spaß, wenn eine "Taube" durch das Klassenzimmer segelte und sich im Nick-Flug beim Katheder niederließ.

Im Kern der Hügelkuppen rund um Kaltennordheim stand um die alten Schlote der Vulkane Basalt an, der im Tagebau gebrochen wurde. Den Schotter transportierte man mit Loren auf einem kleinen Schienen-Netz zu einer Schütte. Es gab ein Drehkreuz, eine Eisenplatte, auf der man eine Lore drehen konnte, um sie auf einen andern Schienenstrang zu schieben, und, wenn ich mich nicht irre, gab es auch noch eine Weiche. Das Hauptgleis hatte ein kaum sichtbares Gefälle auf die Schütte zu. Wenn man die Lore kräftig anschob, konnte man die Trägheit nutzen, um ein Stück zu fahren. Hinten auf dem Rahmen stehend. Ein idealer Spielplatz. Sonntags unbewacht.
Wir quälten uns mit dem Rangieren ab, fanden die Lore, die am besten lief, und brachten sie so gut in Schwung, dass wir sie nicht mehr bremsen konnten. Sie stürzte von der Rampe donnernd einen Steilhang runter. Wir waren *schneidig* abgesprungen, als wir die Panne kommen sah'n.

Noch grüßte man sich mit "Heil Hitler". Noch zockelte der Bummelzug nach Dermbach. Noch wurden Stundenpläne ausgegeben, die wir in ein Oktavheft übertrugen, obwohl sie nicht mehr eingehalten werden konnten, weil die Lehrer fehlten. Noch lief der Alltag in gewohnten Bahnen. Blieb der Karren in der Spur. Man hatte noch die Lebensmittelkarten und pro Dekade einen Anspruch auf soundsoviel Kalorien. Die gab es aber oft nur "hinten rum".
"Komm' wenn es dunkel ist – und dass dich keiner sieht."
Man brauchte außer Geld und Marken ausbaufähige Beziehungen. Der Onkel drückte das lateinisch aus. Er hob den Sachverhalt ins Philosophische. Das hörte sich sehr akademisch an. Er sagte: "Do ut des". Er gab hauptsächlich seinen Segen. Das genügte.
Ein neues Verb kam in den Sprachgebrauch. Ein Ausdruck aus der Landser-Sprache, von der Front: "Organisieren". Damit vermieden die Soldaten "böse Wörter", wie Einbruch oder Raub. Man nahm sich einfach herrenloser Dinge an. Bevorzugt solcher, die sich essen ließen. Der Rahmen wurde in der Heimat nach und nach erweitert. Wir sagten auf die Frage: "Wem gehört das?", "Steht nicht dran". Und dem Gewissen sagte man: "Sonst nimmts ein anderer." Damit war das Gewissen es zufrieden. In der Regel.
Im Pfarrhaus standen fremde Kisten unterm Dach. In Obhut. Für die Zeit danach. Bei einer war der Deckel aufgebrochen, als die Russen kamen. Obwohl kein Rotarmist dort je hinauf gestiefelt ist. Soviel ich weiß. Das hätte Olga mir berichtet. Briefmarken einer umfangreichen Sammlung waren durch den Spalt

gerutscht und lagen als Indizien verstreut am Boden. Etliche ließen sich nicht wiederfinden.

*

"Deutschland erwache!" brüllte die SA, als meine Mutter mich wie einen Stein auf ihrem Herzen trug. Die ersten hundert Tage der Regierung Adolf Hitler fielen in diese Zeit der "Guten Hoffnung". In diesen ersten hundert Tagen verbrannte die SA die Sprache. In den Büchern, die dem "gesunden Volksempfinden"nicht gefielen. Erwacht ist Deutschland davon nicht.
Im Frühjahr '45 war das Dritte Reich, das Tausendjährige, bei seinen letzten hundert Tagen angekommen. Da gab es noch einmal die Chance, aufzuwachen. Den Scherbenhaufen wahrzunehmen. Und zu fragen. Sich zu fragen, wie es dazu kam.
Tatsächlich schreckten viele tausend Menschen auf und flohen. Kopflos. Panisch. In den Winter. Sie ließen Haus und Hof im Stich. Das Vieh, das sie mit Namen kannten. Die Gärten. Die Verwandten, Nachbarn, Freunde. Ihre Toten. Die Muttersprache. Ihren Dialekt. Die Bräuche, Lieder, Sagen. Die Seen und die Wälder ihrer Kindheit. Die weiten Himmel und die große Stille, in die der Kuckuck rief. Und manchmal der Pirol. Der gelbe. Scheue. Und wussten nicht, ob es ein Fleckchen geben würde, wo man sie willkommen heißt.
Was kam da?
Welche Kenntnis hatten sie, als sie die Betten auf die Pferdewagen schnürten. Waren sie aus dem Herrenmenschen-Dünkel aufgewacht, der in den Liedern steckte, die ich bei der Hitlerjugend sang? Fürchteten sie das alte Kettenglied der Barbarei, das primitive, ungezähmte *Wie du mir – so ich dir?* Dann mussten sie ja etwas davon wissen, was ihre Männer, Väter, Brüder, Söhne *den Untermenschen* angedeihen lassen hatten …
Dann darf man fragen: Hatten sie es gut geheißen, hingenommen oder wie hatten sie den Abscheu ausgedrückt? Wussten sie nichts, so fehlt mir die Erklärung für das Ausmaß dieser Fluchtbewegung.
Ob sie mir damals schon gefehlt hat, kann ich nicht behaupten. Bis Kaltennordheim hatte sich noch niemand durchgeschlagen.

In Thüringen versuchte Werner Heisenberg mit einem Rest von Mitarbeitern sein Atomprojekt voranzutreiben. Die Möglichkeiten für *das Wunder* zu berechnen. Versteckt in einem Bunker. Untertage.

Der Alltag war durchsetzt mit Redensarten. Mit Passe-partouts für alle Lebenslagen. Sprachoblaten. Mit denen man dem *Schicksal* Positives abgewann. Oder ein Witzchen drüberstülpte. Selten war es Humor, der den Konflikt erhellte. Wenn man nicht weiter wusste, wenn die Spucke wegblieb und ein Innehalten den Raum für eigene Gedanken frei gehalten hätte, sprang eine von den Redensarten in die Lücke und besetzte sie.
Walter Kempowski hat davon erzählt. In seinen Rostocker Erinnerungen. An Eltern und Geschwister. Vor und nach dem *Untergang*.
Der Titel TADELLÖSER & WOLFF war selbst schon eine von den Redensarten, die sich im Alltag der Familie aneinanderreihten. In der Verfilmung des Romans beklagt die unvergeß'ne Edda Seippel sich mit der Redensart: "Wie isses nu bloß möglich". Wobei man deutlich hört, dass sie nicht wissen möchte, wie es möglich wurde, sondern nur aufheult, weil ihr – unverschuldet – Leid geschieht.

Es hieß auch: "Bloß nicht zur Besinnung kommen!"
Durch meinen Kopf schwamm nur ein: "Aus der Traum."
War es ein Traum? War ich erwacht? Ich hatte von Beförderung geträumt. Von Anerkennung für Gefolgschaftstreue. Ja. Die Sache mit dem EK II, dem schwarz-weiß-roten Ordensband im Knopfloch, war ein Kindertraum. Ihn aufzugeben fiel nicht schwer. Damit entfiel ja auch die Angst, verständnisinnig ausgelacht zu werden. Mit den verhassten Worten: "Ach – wie niedlich!"
Der Glaube an den *Endsieg* war ein Traum. War eine Leugnung aller Zeichen, die dagegen sprachen. Ja. Vielleicht war auch die Hoffnung, eines Tages, in *mein Berlin* zurückzukehren, nur ein Traum. Und wenn die ganze Kindheit nur ein Traum war, war sie dann ein Irrtum? Wird einem dadurch, dass man nicht mehr träumt, die Welt verständlicher?
Gedanken haben kleine Kerne. Einen Keim im Dunkeln. Sie wachsen langsam ins Bewusstsein auf. Erst auf der Ebene der Sprache nehmen sie Gestalt an. Werden buchstabierbar, lesbar, mitteilbar.
Ich setze hier *Gedanken* für die eigne Sicht. Für Meinung. Standpunkt. Urteil. Haltung.
Gedanken haben keine Ordnungszahl. Sie lassen sich auf keine Formel bringen, außer der einen, dass sie Einsamkeit nicht überleben. Sie lassen sich nicht aufrecht halten, wenn niemand auf der Welt sie teilt.
Sie sind am Anfang eine Energie. Wenn sie sich in Bewegung setzen, spürt man eine Unruh. Die erinnert werden kann. Gedanken brauchen, um zu wachsen,

einen Zugewinn an Sensibilität, an Einsicht, und Erfahrung. Sie brauchen Zuspruch und sie brauchen Widerspruch.
Ich möchte wissen, ob Gedanken Dämmerphasen haben. Ob einer, wenn er sagt: "Es dämmert mir …" von einer Phase der Entwicklung spricht, die es im Denken wirklich gibt.
Ich wusste nichts von Traumarbeit. Ich wusste nicht, dass Menschen träumen müssen. Dass sich im Traum Vergangenheit und Zukunft mischen. Dass Utopie und Hoffnung Traumgeschwister sind.
Im Frühjahr '45 war in meinem Kopf vielleicht ein Morgengrauen. Kaum ein Dämmern.

Ich war in Kaltennordheim nicht verwurzelt. Das Pfarrhaus hatte ich nie als *zu Hause* angenommen. Die Sehnsucht loszukommen war geblieben. Ein unbestimmtes Hoffen. Mehr wohl nicht. Wenn mich das "Ehrenkleid des Führers" nicht mehr schützen könnte, würde der Onkel dann die Schraube anzieh'n, andre Saiten aufzieh'n, mich nun erst recht nach seiner Pfeife tanzen lassen? Was habe ich gedacht?

> "Was hast denn *du* gedacht?"
> Der Alte fand sich nicht zurecht. Er suchte Hilfe bei dem Jungen.
> "Du hast gesungen: Unsre Fahne flattert uns voran – in die Zukunft zieh'n wir Mann für Mann … Was war für dich die Zukunft – damals? Kannst du dich erinnern? Was hast du dir dabei gedacht?"
> "Singen, in der Kolonne und im Gleichschritt, das schaltet jedes Denken aus!"
> Der Junge gab dem Alten seinen Satz zurück.

Was konnte "Zukunft" in dem Alter zwischen zehn und zwölf gewesen sein? Ein Irgendetwas hinter übermorgen?
Für Kinder fließt die Zeit, wie Bäche fließen. In Mäandern. Manchmal gemächlich und mal sprudelnd schnell.

> "Im Türstock – zwischen Flur und Küche gab es Bleistift-Striche. Ein Zentimetermaß des Wachsens. Weißt du noch? Die Überkopfmarkierungen? Ein paar mit Daten …"
> "Das fragst du nicht im Ernst."

"Die freie Fläche – oberhalb der letzten Marke – war das so 'was wie Zukunft?"
"Nee. – Die freie Fläche war mir piepe. Der Abstand zwischen den zwei letzten Strichen. Der war wichtig. Er war vielleicht nicht groß, man sah jedoch, ich war gewachsen. Du weißt, wie klein ich war. Der Kleinste. Ein Dreikäsehoch. Ein Däumeling. Ich will dir sagen, wie das war, mit deiner Zukunft:
Als die Soldaten kamen – unsere – die Wehrmacht auf dem Rückzug – tagelang in Lumpen – ich kannte alle Waffengattungen. Die Uniformen, Rangabzeichen, Kragenspiegel. Schulterstücke – davon war nichts mehr da. Ich bin nicht rausgerannt. Hab nicht gegrüßt. Nicht mal gewinkt. Sie sahen niemand' an. Nur auf die Straße runter. Vor sich hin ..."
Der Junge brauchte eine lange Pause.
Der Alte ließ ihm Zeit, wollte den Faden aber nicht verloren gehen lassen, wieder auf das Stichwort kommen ...
"Als dann der letzte durch war ...", half er ein –
"Den gab es nicht. Man dachte immer: Das ist wohl der letzte, der mit dem Kopfverband und einer selbstgemachten Krücke, aber dann kamen wieder welche. Und noch ein LKW, der stotternd einen andern schleppte, und wieder zwei, im Laufschritt, ohne Stahlhelm, ohne Waffen –
"Ja – aber dann ...?"
"Jaja – als alle durch war'n – da war alles weg. Sie hatten alles mitgenommen."
"Was?"
"Alles! – besonders *deine Zukunft*."
"Eigentlich mehr deine."
"Da hab' ich sie zum ersten Mal vermisst. Da dämmerte es mir."

Die Handvoll Adler war zu Schrott geworden.

*

Ich stelle mir ein Städtchen vor. Wie Kaltennordheim. Etwa. Eine Graphik. Einen Linolschnitt. Blick auf eine Häuserfront. Geteilt von langen Bahnen weißer Tücher, die an Stangen hängen.
Über den Dächern – im Kontrast – steht dunkler Rauch. In schlanken Säulen. Er quillt aus jedem Schornstein senkrecht in den Himmel. Ein stiller Tag im

späten Winter. Vorn, in der größten Fahne, hätten die Drei Affen sitzen müssen – weiß in weiß. Wie in Damast gewebt.
Für den Linolschnitt eher ungeeignet, weiß ich, aber es war das erste Mal, dass ich die Fahne sah, ich sah sie später öfter auf Gebäuden wehen und ich dachte mir, sie könnte unsre Landesfahne werden.

Hinter den Mauern wurde Inventur gemacht. Bestandsaufnahme aller Hakenkreuze. In jedem Haus das gleiche Bild. Stell' ich mir vor. Jemand steht vor dem Herd und wirft Papiere in die Flammen.
"Nicht solche Stapel! Das verkohlt doch nur – und oben steigt der schwarze Qualm raus, Mensch! Die Nachbarn sind ja auch nicht blöd!"
Um Bücher zu verbrennen – wie MEIN KAMPF – war sehr viel Hitze nötig. Und sehr viel Geduld. Wahrscheinlich wurde deshalb oft die Erdbestattung vorgezogen. Das hatte mit dem Inhalt nichts zu tun. So oder so verschwand der "Wälzer" ungelesen.
Ein anderer riss unterdes die stolze Flagge von der Fahnenstange und nagelte dafür ein altes Laken drauf.
Es wurde fieberhaft gekramt und dauernd fragte jemand:
"Was soll *damit* werden?"
"Weg!"
"Der Alte Fritz auch?"
"Ja! Nein warte – den lass hängen, der kann ja nichts dafür."

Im Pfarrhaus hing kein Hitler-Bild. Die Kirche diente ihrem Führer unabhängig.
Die weiße Fahne ließ der Onkel vom halbverrückten Kirchendiener hissen. Am Glockenturm. Das Pfarrhaus selbst ergab sich nicht. "Ein' feste Burg …"
Nachricht aus Orten, die sich schon ergeben hatten, gab es nicht. Wir wussten nicht, was uns erwartete. Als die Sirene heulte, gingen wir hinunter in den Keller. Es gab nur das verschimmelte Gewölbe mit dem Wäsche-Kessel. Dort saßen wir auf Stühlen und verfolgten über uns das Brummen einer einmotorigen Maschine, die wie ein schwerer Käfer eine Schleife flog. Die Augen wurden von den Ohren an der Kellerdecke langgeführt. Dann wackelte das Haus und Kieselsteine prasselten aufs Dach. Der Käfer hatte eine Bombe fallen lassen, die einen Trichter in den Marktplatz riss und Fensterscheiben bersten ließ. Das sollte eine Warnung sein.

Die Stille nach der Explosion pulsierte. Rixa zitterte. Es dauerte bis einer flüsterte: Da kommt nichts mehr. Als "die Rumänen" durch die Straße tobten, und auf die weißen Fahnen feuerten, eine vom Kirchturm runterschossen und die Verteidigung des Ortes forderten, dann aber wie ein Spuk verschwanden, war der Satz schon mal gefallen. Weil aber nun für Stunden wirklich Ruhe herrschte, stieg die Spannung wieder.
Zum zweiten Mal in fünfzig Jahren hatten wir den Krieg verloren. Wir. Ich meine alle, die den Krieg gewinnen wollten. Vor Stalingrad im Siegestaumel waren. Den Führer liebten, weil er Deutschland groß und mächtig machte.
Nun stand das Ende vor der Tür. Die *Schmach*. die *Schande von Versailles*, von der so oft die Rede war. In der Familie. In der Schule. Bei der Hitlerjugend. Nun würde sie sich wiederholen.
Die Sieger werden Kriegsentschädigungen fordern. Reparationen. Demontagen. Sie werden diese Deutschen niederhalten und nicht mehr auf die Beine kommen lassen. Nicht noch einmal. Sie werden uns bestrafen. Mich bestrafen. Was *Zukunft* ist, das werden sie bestimmen. Aus der Traum.

"Hab' ich an Schuld gedacht?"
Es war der Junge, der den Alten fragte.
"An Schuld? – Ich denke: nein."
"Hätte ich daran denken können?"
"Ja" –
"Da sagst du ja?"
" – Ja"
"Gib mir mal ein Beispiel."
"Ich geb' dir eins. Du hast es selbst erzählt. Als die Frau Vahl die Tüte aus dem Badezimmerfenster reichte – in der Westendallee –, hat sie gewusst, was das für Menschen waren?"
"Weiß ich nicht."
"Woran hast du erkannt, dass *diese Menschen* Strafgefangene gewesen sind?"
"Sonst hätten die Soldaten sie ja nicht bewacht."
Es klang ein wenig bockig. Der Alte wollte nichts verderben.
"Weißt du, das Beispiel ist nicht schlecht, denn, es belastet mich bis heute. – Stell' dir mal vor: Du bist ein Strafgefangener – rund tausend Kilometer weit in Feindesland …"

"Jaja – schon klar."
"Ich meine nicht das Brot. Es ist die Geste. – So eine Geste denunziert man nicht."
"Was heißt denn denunziert?"
"Verpetzen. Verpetzt ist etwas niedlicher."
"Ich habe sie nicht denunziert!"
Der Alte stützte seinen Kopf. Verbarg den Mund in seiner Hand. Und einen Teil des Bartes.
"Was ist das jetzt, was wir hier machen?"
" ... reden"
" Ja – wie Menschen, die nichts lernen möchten ... warum stellst du dich dumm?"
Der Junge schwieg.
"Wie alt bist du gewesen – damals? Neun? Oder zehn? Da kann von Schuld natürlich keine Rede sein – "
"Das klingt nach aber – "
"Richtig. – Wenn man sich stellt – der Wahrheit stellt –, kann daraus ein Erschrecken werden. Eine Einsicht wachsen. Unschuld wird daraus nicht. Entschuldigen kann ich es nicht. Dich nicht. Mich nicht. Da waren wir auf keinem guten Weg, mein Lieber, aber wenn wir das nicht bestreiten, können wir Frau Vahl bewundern. Sie hatte nämlich nicht nur Mitleid, sondern auch viel Mut. – Und noch 'was fällt mir ein: Weil du auf "dein Berlin" so stolz gewesen bist, sie leistete ein bisschen Widerstand. Sie kuschte nicht. Sie widersprach mit einer Geste. Mit Zivilcourage. Mit Anstand und mit Menschenwürde.
Chapeau, Frau Vahl!"

Die Sonne schien ins Dorf, als die Amerikaner endlich Einzug hielten. Wir standen in den Falten der Gardine und sahen der Kolonne aus dem Arbeitszimmer meines Onkels im Parterre entgegen.
Sie hatten alles. Nagelneu und blitzend. Und im Überfluss.
Ein Jeep voran. Wie frisch gestrichen. Braungrün. Mit weißen Reihen kleiner Zahlen. Ein großer weißer Stern, fünfzackig, leuchtete vom Kühlerblech. Rundum Benzinkanister. Festgezurrt. Eine Antenne auf der Fahrerseite. Zwei Peitschenstiele lang. Nach rückwärts umgebogen. Hinten festgebunden, und immer noch ein Stück weit überstehend. Auf einer Säule, in der Mitte, ein MG.

Behängt mit langen Gurten schussbereiter Munition. Die Messinghülsen und das Kupfer der Geschosse wie mit Sidol geputzt. Neben dem Fahrer saß ein Offizier. In Khaki-Uniform. Mit Bügelfalten. Ein Bein stand angewinkelt auf dem Trittbrett. Außen. Unter dem Käppi eine Professorenbrille. Die Gläser goldgefasst. Sehr fein.
"Die sehen aber gut aus", sagte ich. Es fiel mir beim Betrachten aus dem offnen Mund.
Batsch! hatte mir der Onkel ins Gesicht geschlagen. Eine geklebt, die saß! Kein Wort. Ich nehme an, er war gereizt, hatte vielleicht ein wenig Angst, und ich war vorlaut.
Ich denke an die Wilhelmstraße. Die jubelnden Spaliere. An die Blumen, die vor dem offenen Mercedes auf die Fahrbahn regneten – in Kaltennordheim blieb die Straße leer. Die weißen Fahnen grüßten kalt. Die Fenster blieben blind. Der Offizier sah ruhig gradeaus. Er kannte das. Mir ist, als hätte mich aus dem Konvoi ein kurzer Seitenblick getroffen.
Ein ungewohntes Weiß aus einem schuhcremefarbenen Gesicht.
Die Fahrer in den Lastkraftwagen waren Schwarze. Neger. Mohren.

Es gab ein altes Spottlied auf Kolumbus und die Entdeckung von Amerika. Die Oma in Bad Freienwalde hat es oft zitiert. Sie wusste, dass es mir Vergnügen machte. Vor allem liebte ich den Schluss. Es war wohl plattdeutsch, was die alte Dame nur hin und wieder anzudeuten wusste.
"Es war einmal ein Mann / de kunnt die Eier stehen lassen … / und Klumbumbus kam auch an. / Da waren viele Swate. / Tach, secht Klumbumbus. / Tach, sag'n die Schwarzen / is' hier vielleicht Amerika? / Stimmt sag'n die Swaten. – / bist du vielleicht Klumbumbus? / Stimmt, secht Klumbumbus / na dann hilft's nix – / dann sind wir entdeckt."

Die Truppe richtete sich ein.
Der Feind markierte das eroberte Terrain mit seinen Düften. Man konnte die Besatzung riechen. Die deutlichste Veränderung kam vom Benzin. Röll's wurden ausquartiert. Die Gerberei war jetzt Verpflegungslager. Feldküche. Bäckerei. Ausgabestelle für die "eisernen Rationen". Das waren flache dunkelgrüne Dosen. Mit Corned Beef und Chester-Käse, salzigen Keksen (Crackers), Hershey-Schokolade und eingeschweißtem Nescafé. Ob Kaugummi und Zigaretten, Milchpulver, Zucker, Salz und Pfeffer auch in der Dose waren, weiß ich heut' nicht mehr.

Alles, was drin war, stand auch außen drauf. Wir buchstabierten alles durch. Das Englisch aus der Schule reichte aber nicht.

Ich wusste nicht, was eine Unze ist oder was LTD (für Limited) bedeutet. Und auch die englischen Provinzen mit der Endung "-estershire" machten uns Probleme "…schiere …scheier …scheer", wie spricht man das denn aus, zum Teufel.

Das Weißbrot wurde von den Schwarzen frisch gebacken. In einer Kastenform. Man konnte durch die hellen Fensterrahmen die schwarze Haut im Dunkeln glänzen sehen.

Wir hockten um die Gerberei herum wie Hunde. Allein schon von der Möglichkeit, dass irgendetwas irgendwie den Weg durchs Fenster auf die Straße finden könnte, auf dem Rinnstein festgenagelt. Tatsächlich kamen derlei *Wunder* vor: Wie auf der Bühne eines Kasperle-Theaters erschien ein wackelnder Karton. Dann winkte eine schwarze Hand und schob mir den Behälter in die Arme.

In einer Ecke klebte ein "Rest" Butter. Ungefähr zwei Pfund.

Ich trug die Beute stolz ins Pfarrhaus, wo der Klumpen Butter den Wunsch nach noch mehr Butter weckte:

"Geh ruhig nochmal hin – und schau ein bisschen."

Beim Feind zu betteln, hätte ich vielleicht verweigert, aber so, vom Rinnstein aus, gewann ich Zeit, mich auf die Bilder einzulassen, die anders waren als ich es erwartet hatte. Auch wenn es nur der Blick auf einen Raum bei Rölls war, den ich flüchtig kannte, in dem jetzt Neger Weißbrot backten. Man hörte sie jedoch nur klappern oder schurren; nicht wie sie sprachen. Oder ob sie sprachen.

Die Brücke hatte ich nicht mehr im Kopf. Die Panzer waren ungehindert durch den Ort gerasselt. Nicht eine *einzje* Panzerfaust war der HJ geliefert worden.

Rölls kehrten in die Gerberei zurück. Die Schwarzen waren über Nacht verschwunden. Ausgetauscht.

Die Truppe, die der ersten Welle folgte, eröffnete am Rand des Ortes eine Deponie für leere Dosen. Es war ein Hang mit scharfen Deckelrändern, auf dem die Füße leicht zur Seite knickten. Ich hoffte, irgendetwas dort zu finden, erzählte aber niemandem davon. Selbst Olga nicht. Ich wollte nicht mehr Antwort geben müssen auf die Frage: "Wieder nichts?"

Und auch den Kopf nicht schütteln müssen, als hätte ich versprochen, etwas mitzubringen. Und versagt.

Ich suchte systematisch. Steckte mir mit kurzen Pflöcken ein unsichtbares Raster ab, und wühlte mich mit einem Knüppel durch das Blech, auf dem die blauen Brummer saßen.

Ich sah die Arbeit in dem Abfallhaufen auch als Einstieg in die Zukunft. Die Zukunft der besiegten Herrenmenschen. Als Vorbereitung auf ein Leben ohne Zukunft.
Am zweiten oder dritten Tag stieß ich auf eine unversehrte Büchse Corned beef. Ich gab sie ab und sagte nur: "Gefunden."
Olga fragte: "Wo denn – wo findet man denn eine volle Dose –?"
Ich sagte: "Wenns dir lieber ist – dann hab ich sie geklaut!"
Die Militärverwaltung forderte die Dorfbewohner auf, sämtliche Waffen abzugeben. Unter den Rathausfenstern wuchs ein wirrer Haufen aus Flinten, Säbeln, Dolchen, Vorderladern, Luftgewehren und gleich daneben einer für die Munition. Dort lagen neben einzelnen Granaten Teile von Gurten für MGs, Patronenschachteln, Magazine, Eierhandgranaten – aber nicht eine Panzerfaust. Nach Ablauf der gesetzten Frist kippten zwei Mann den unsortierten Haufen über das Geländer der alten Brücke in den Fluss. Zu den Forellen. Die Felda war dort nur im Frühjahr mehr als zwanzig Zentimeter tief.
Wir holten alles wieder raus, und ich verstaute meinen Anteil unterm Dach im Stallgebäude. Bei der Stabbrandbombe. Das machten wir natürlich so, dass niemand was davon bemerkte.
Man durfte über diesen Schatz nicht reden, aber ihn stolz verschweigen konnte man.
Der Führer sei gefallen, hieß es. Er habe sich erschossen. In Berlin. Dann wurde das Gerücht verbreitet, er würde Deutschland von der "Alpenfestung" her befreien. Andere wussten, dass er längst im Ausland sei. Von Argentinien war die Rede. Man konnte glauben, was man wollte. Das waren Pimpfe nicht gewöhnt.
Ich sagte öfter noch "Heil Hitler!", wenn ich in einen Laden kam. Das "Guten Tag" klang irgendwie verschwiemelt. Flau – fand ich. Ich trug noch immer meine schwarze Cordsamthose mit Ledergurt und Koppelschloss. Ich hatte nur das Hakenkreuz entfernt. Mit einer Feile abgeschmirgelt. Der Adler durfte bleiben. *Blut und Ehre* auch. Es war ja auch noch nichts entschieden.
Nachts ging der *Wehrwolf* um …

Wir kamen gegen Mittag auf der Kuppe an. Es war ein nasser Wintertag. Ein scharfer Wind trieb Nieselregen über eine kahle Fläche. Kein Baum, kein Strauch. Durch offne Tore schaute man in leere Hallen, die flach gewölbte Dächer trugen. Im Innern kreisten Fetzen von Papier im Wirbelwind. Bespannung. "Haut". Es roch nach Feuer. Nach verbranntem Holz.

Die Augen tasteten sich in die dunklen Ecken und übermittelten ein Schrecksignal, weil sie ein riesiges Skelett erkannten, und die Gerippe großer Flügel … noch könnte es ein Traum gewesen sein …
Ich hatte aber dieses Meterstück von einem Gummiseil in meiner Hand. Ein Tau aus einem Bündel brauner Gummistränge. Vierkantig. Wie die gängigen Verpackungs-Ringe. Eng umwickelt. Eingeflochten. In Gewebelagen. Das "Startseil" für die "Schädelspalter". Hanggleiter. Leistungssegler. Von dort aus waren sie gestartet. Die "Adler", "Sperber", "Weihen". Von der Wasserkuppe. Hatten gelernt, die Thermik auszunutzen. Den Aufwind, der die Wolken bildet. Vor solchen grauen Ballen hatte ich sie blitzen sehen. Wenn ihre langen schmalen Flügel das Licht der Sonne reflektierten.
Zwischen den Flugzeugteilen lagen Pläne. Zerfetzte Zeichnungen. Berechnungen. Entwürfe, um die "Gleitzahl" zu verbessern. Das "Profil" der "Flächen". Ich habe damals nichts davon verstanden. Aber der Einblick in die Konstruktion, in die exakt vermessenen, verleimten Holme, Stützen, Streben, beflügelte die Phantasie. Das Handwerk lag in den zerstörten Teilen schmerzhaft offen. Ich sah die Trümmer eines Traumes, den ich noch gar nicht hatte träumen dürfen.

Abfahrbereite Panzer standen auf dem Markt. Mit laufendem Motor. Zwischen den Stahlkolossen war es eng. Ich war kaum größer als der Rahmen, in dem die Raupenketten lagen, und musste steil nach oben sehn, zu der Besatzung auf dem Turm, die über Funk den Marschbefehl erwartete. Man konnte die verzerrten Stimmen hören. Der Kommandant verfolgte die Gespräche nur mit halbem Ohr, nur über eine Muschel seines Hörers, während er über den Motorenlärm herunterschrie: "Morgen kommt hier die Russen! – Jaja!"
Dann führte er die flache Hand zum Hals und zog sie grinsend unterm Kinn durch. Wie ein Messer.
"Jaja! Und alles Kinder Kopf ab! Yes, tomorrow!"
Er fand das schrecklich komisch. Schüttete sich aus vor Lachen.
Am Abend waren die Amerikaner weg.
Man traute sich nicht aus dem Haus. Erwartete den Einfall der Tataren. Rächer. Schlächter. Schänder – aber nichts geschah.
Olga meinte, es sei Zeit, sich "in die Himbeeren" zu schlagen. Wir zogen vor dem Aufstehn los. Als wir im Abendlicht mit einem vollen Wassereimer aus dem Wald herunterkamen, hörten wir aus der Ferne schon Motorenlärm, im Näherkommen Hufgetrappel und endlich unverständliche Kommandos. Russisch.

Durchs Dorf kutschierten russischgrüne Panjewagen. Einspännig. Kleine Pferde galoppierten unter einem Bogen, der zwei Deichselstangen überspannte und zusammenhielt.

Die Uniformen wirkten schmierig. Wie gewachst. Die Beine steckten plump in einem Knitter-Beutel, der nur beschränkte Ähnlichkeit mit einer Hose hatte. Die Köpfe der Soldaten waren kahlgeschoren. Der Läuse wegen, wie es hieß … Man sah es eigentlich sofort: So kann man keinen Krieg gewinnen.

Es gab ein Haus von zweifelhaftem Ruf in Kaltennordheim. Niemand kannte es. Man wusste auch nicht, wer dort wohnte. Man wusste nur, dort geht *der Russe* ständig raus und rein. Bevorzugt, wenn es dunkel wird.

Die Russen sangen beim Marschieren. Auch. Es klang, als ob ein Chor, der sich verspätet hatte, auf seinem Weg noch eilig eine Probe machen wollte. Etwas gehetzt, ein bisschen laut, man ahnte aber, wie es klingen würde: Eigentlich sehr schön.

Die Bahn kam wieder in Betrieb. Am Bahnhof standen demontierte Teile von Fabriken. Unter Planen. In Käfigen aus groben Latten. Kyrillisch adressiert. Sie wurden aber nicht verladen und rosteten still vor sich hin.

Die Schüler fuhren jetzt in einem Arbeitswagen mit lehnenlosen Bänken an den Seitenwänden und einem Bullerofen in der Mitte. Da blieb viel Platz zum Fußballspielen. An kalten Morgen brachten wir das Ofenrohr zum Glühen. Wir legten nur ein wenig Pappe nach. Teerpappe, die auf der Verladerampe lag.

Ich hielt mich immer für zu klein, zu schwach, von vornherein für unterlegen, und suchte das durch *Einsatzfreude* wett zu machen. Manchmal versuchte ich zu fliegen und verbrannte mir dabei die Flügel. Diesmal war es der Unterarm. Ich flog zu nah an das orangerote Ofenrohr. Es zischte, klebte, rauchte, stank. Ich hatte – Gott sei Dank – die Ärmel aufgekrempelt, und das Hemd blieb heil.

Die Wasserkuppe lag jetzt *drüben*. Dazwischen war die *Zonengrenze*. Wir trafen uns im Dunkeln. Vier, fünf Jungs mit Leiterwagen. Handkarren. Fürs Gepäck. Ein Führer und die angereisten Fremden, die nach drüben *nüber machen* wollten. In den Westen. Mit Sack und Pack. Um jeden Preis. Sie kamen mit der Bahn und zahlten gut. Weshalb die Tante mir die (illegale) Flüchtlingshilfe übertrug und mich die Koffer auf die Huth ziehn ließ. Bis zu den wegelosen, nassen Wiesen auf dem flachen Buckel.

"Wie wissen Sie denn, wann die drüben sind?" hab' ich den Führer mal gefragt. Er grinste.

Die Abfahrt von der Huth nach Kaltennordheim nutzten wir zum Wagen-Rennen. Die Nacht war nie so dunkel, dass der Weg verschwamm. Wir setzten uns in unsre Kisten, umklammerten die Deichsel mit den Schenkeln und dirigierten sie vor allem mit den Füßen. Vor einem leichten Anstieg oder einer weichen Mulde, in der sich feiner Schwemmsand angesammelt hatte, ließen wir die Räder springen und den Karren sausen. Vergassen aber nie, dass wir ihn heil hinunterbringen mussten, denn daran hing ja der Verdienst.
Mein Wagen war zudem geliehen.
Wir konnten bremsen, irgendwie, mit einem Ast, den wir mit Hebelwirkung auf die Kufen drücken konnten. Und wenn es brenzlig wurde, fuhren wir die Hacken aus und pflügten das Geröll mit ausgestreckten Beinen.

"Hör dich mal um bei deinen Freunden, ob jemand einen Hund gebrauchen kann, wir können Rixa nicht mehr halten."
Ich dachte, dass ich helfen muss, ich weiß nicht, was ich wirklich dachte, ich habe sie vermittelt. An den Schmied in Mitteldorf. Der hat sie abgeholt. Als ich mit seinem Sohn in Dermbach in der Schule war. Er legte sie vor seiner Schmiede an die Kette. Weil er einen Wachhund brauchte. Bis heute liegt sie dort und wartet, dass ich komme und sie hole.
Ich habe sie verraten. Meinen Engel.

> "Waren es denn nicht Heidelbeeren. Blaubeer'n?"
> "Was?"
> "Die Himbeer'n. – Seid ihr nicht mit dem Zug gefahren? Du und Olga? War das nicht später?"
> "Wie?"
> "Im Sommer."
> "Du meinst, die Russen kamen später?"
> "Ich weiß nicht mehr als du."
> "Das aber weißt du besser ... hä?"
> "Ich weiß, dass du geheult hast. Eben jetzt. Mit siebzig Jahren ... über einen Hund, der mehr als sechzig Jahre tot ist."
> "Ja ... ich hatte meine Trauer-Schularbeiten nicht gemacht."
> "Ich weiß."
> "Wann bin ich nach Berlin zurück? Herbst '45.'
> "Ja."

"Oder Herbst '46?"
"Warte. Das mit dem Ofenrohr war nicht an einem kalten Morgen ... sondern war im Winter."
"Also '46, was war dann in dem Jahr dazwischen?"
"Angst!"
"Ein Jahr lang Angst?"
"Ja. Vor dem Wiedersehen. Und dem Abschiednehmen. Versuch' dich zu erinnern."
"Das versuche ich, weiß Gott!"
"Ich danke für die schöne Kindheit in Großbösendorf und Kaltennordheim, und dann Umarmung? Nein. Das hätte ich nicht können."
"Wie haben wir es dann gemacht?"
"Ich kann mich nicht erinnern."
"Und warum Angst vorm Wiedersehen in Berlin?"
"Pass auf! Wenn du mir sagst, du hattest keine, ist jedes Wort zu viel. Ich hatte Angst! Lähmende, blöde Angst, und die wird überhaupt nicht kleiner, wenn du versuchst, sie zu erklären oder sie mir auszureden.
– Du meinst, ich hätte unsere Mutter so umarmen sollen als wäre nichts gewesen, als käme ich zurück von einem Ernte-Einsatz, von einer Rad-Tour, was weiß ich. Die Frau und ich ... wir waren Fremde! Sie hat mich keinen Tag vermisst!"
"Wie willst du denn das wissen."
"Sie hat es nie gesagt."
"Hast du es ihr geschrieben?"
"Ich habe da gewartet, wo sie mich abgesetzt hat, hingebracht hat, und alles, was man dort von mir verlangte, "ganz besonders gern" getan. Im Juni '46 hat sie ein Telegramm geschickt. An Tante Grete, eine Schwester meines Vaters. Aus Berlin: GERD LEBT. HEUTE KARTE MOSKAU. ÜBERGLÜCKLICH!"
"Man hat sich über jedes Lebenszeichen aus russischer Gefangenschaft gefreut."
"Wo ist das Telegramm, der Brief, die Karte auf der steht: DER JUNGE LEBT NOCH. HEUTE KARTE KALTENNORDHEIM. ÜBERGLÜCKLICH."
"Das kannst du nicht vergleichen. Du warst in Sicherheit."
"Ach Scheiße! Diese Sicherheit! Diese verfluchte Sicherheit ... diese verhaßte, blöde Sicherheit, die mir das wichtigste genommen hat.

Ich ... nein ... ich will nicht mehr."
Er war nicht wieder ansprechbar. Der Junge. Lange nicht.

*

Die Tante hatte einen Auftrag, Lampenschirmchen zu bemalen, und ich durfte helfen. Ein Stapel konisch zugeschnittenen Papiers lag auf dem Tisch. Es knitterte sehr leicht, war grau und holzig. Das Licht war schlecht. Die Wasserfarben deckten kaum und krochen über die skizzierten Umrißlinien. Ich beugte mich tief in die stilisierten Fuchsienblüten, um das Verlaufen mit dem Löschblatt aufzuhalten. Die Steuerung des ganzen Vorgangs übernahm die Zunge, und manchmal musste ich die Pinselhaare mit einem "hssss" zur Ordnung rufen.

Nach der Getreide-Ernte ging die Bäuerin noch mehrmals mit dem Rechen übers Stoppelfeld, und dann noch einmal mit dem Sack, um die geknickten Halme aufzuklauben; danach erst gab der Bauer seinen Acker frei zum "Ährenlesen". Von dem, was liegen blieb, ernährten sich im Vorjahr noch die Mäuse. Jetzt bückte man sich auch nach den gebroch'nen Ähren. Den halben und zertretenen, die schon die ersten, hellen Keime zeigten. Wenn wir uns einen heißen Tag lang übers Feld gebuckelt hatten, brachten wir etwa einen Sack voll Ähren heim, von denen viele einen Teil der Körner schon verloren hatten. Aus drei, vier Kilo Roggen wurden etwa fünf Pfund Mehl.
Manchmal ging auch die Tante mit, um zu beweisen, dass sie alleine, in zwei Stunden, mehr zusammenraffen könne als ich und Olga in derselben Zeit zu zweit. Weil wir vermutlich, hinter ihrem Rücken, die Zeit mit Tratsch verplemperten. Tatsächlich ging sie schneller. Aber dafür übersah sie mehr.
Sie fand, dann, dass sie auch viel lieber in der gesunden Luft und in dem Duft der gelben Fluren bliebe, aber leider ... Wir nickten schon, bevor sie zu den Pflichten kam, sagten mit überzeugend ernster Stimme: selbstverständlich, natürlich, und weg war sie. Gott sei Dank.

Das Geld blieb gültig. Und die Postwertzeichen. Man kaufte mit der Reichsmark weiterhin die alten Hitler-Marken auf der Post. Vom Onkel wusste ich, dass ein paar Städte sich dagegen wehrten und eigne Marken drucken ließen. Ich kannte nur drei oder vier. Darunter war der Landkreis Storkow, der aber keine Perforiermaschine hatte und seine Marken mit der Schere aus den Bögen schneiden ließ. Eine Gemeinde schwärzte nur den Hitlerkopf.

Glauchau versah die Marken mit dem Überdruck: "Deutschlands Verderber".
Hitler war für die Menschen, die den *Überdruck* in Auftrag gaben, ein Feind.
Von Anfang an. Sie hatten es so kommen sehen, wie es kam. Dem gaben sie
auf diese Weise Ausdruck. Gut.

Ich habe nicht geahnt, wohin es führen würde; ich hab' mich täuschen lassen.
Das war falsch. War dumm. War mein Versagen.
Die Unschuld hatte ich verkauft, um in den Kreis der *Herrenmenschen* aufzusteigen. Zu der Elite zu gehören. Die *Untermenschen* auszurotten.
Ich habe niemals denken können: "nur"; ich habe "nur" gemacht, was man mir
sagte, ich habe "nur" gehorcht. Der Preis war viel zu hoch, um "nur" zu sagen.
Die Kunde aus der Hölle stand mir noch bevor.
Nicht weit von Kaltennordheim, auf dem Ettersberg, bei Weimar, hatten schon
einige hineingesehen. In die Hölle. Von Buchenwald.
Sie blieben stumm. Vielleicht vor Scham. Ich hab' es nicht erfahren.
Wer "nur" gesagt hat, wollte nichts erfahren. Brauchte nichts zu lernen. Für
den galt damals schon der schrecklich wahre Satz, *dass die Geschichte lehre, aber keine Schüler habe* (Ingeborg Bachmann).
Die Schule hatte dazu nichts zu sagen.

Im Streifenmuster, aus dem satten Grün der Rübenfelder und dem gebrochnen
Gelb der Stoppeläcker, fiel mir von fern ein eingeflicktes braunes Rechteck auf.
Es war ein Linsenfeld. Die Linsen waren abgeerntet, aber die Reste der verdorrten Zweige über der Streu aus aufgeplatzten Schoten gaben dem Feld die ideale
Farbe, um sich – als Linse – darin unsichtbar zu machen. Man konnte sie nur
kniend in die Finger kriegen. Nur wenige der kleinen Hülsenfrüchte hingen
noch an einer Schale; die meisten waren schon auf halbem Wege in die Erde.
"Das lohnt nicht", meinte Olga, und so rutschte ich alleine durch den Acker.
Ich war in dieser Zeit am liebsten still für mich.
Am Ende blieben ungefähr fünf Pfund. Verlesen und gesiebt. Bevor ich sie
in einen Leinenbeutel füllte, sagte Tante Eva: "Nur die Hälfte – die andern
nimmst du mit."
Es gibt nur diesen einen Hinweis auf die Rückkehr nach Berlin, an den ich
mich erinnern kann … und dass ich fragte, wie man ein Kaninchen tötet.
Das nächste Bild, das ich vor Augen habe, ist schon der Küchentisch in der
Westendallee, auf dem mein toter schwarzer Hase lag.

Berlin 2

Ende April versuchten Reste deutscher Truppenteile vom Zentrum aus noch einen Ausbruch aus der eingeschlossnen Stadt. Der Korridor, der ihnen dafür zur Verfügung stand, entsprach der "Achse", die vom Brandenburger Tor aus schnurgerade in den Westen führte. Zum Adolf-Hitler-Platz. (Theodor-Heuß-Platz heute.)
Den Truppenteilen schlossen sich versprengte Landser an und bald auch Hunderte von Zivilisten. Ein bunter Haufen mit den seltsamsten Gefährten. Die meisten aber wohl zu Fuß. Vermutlich nahm die Truppe dann – leicht nördlich – den Weg durch Neu-Westend und am Olympiastadion vorbei in Richtung Ruhleben und Haselhorst zur letzten unversehrten Havelbrücke, die nach Spandau führte. Zur Charlottenbrücke. Sie wurde von HJ verteidigt und gehalten, lag aber unter dem Beschuß sowjetischer Geschütze. Es soll ein schreckliches Gemetzel stattgefunden haben. Fahrzeuge explodierten auf der Brücke. Die Leichen wurden überrollt. Verwundete zertrampelt. Es regnete dazu in Strömen. Dem Gros der Truppe, die noch zwei der letzten Tiger-Panzer hatte, gelang die Flucht zur Elbe, zu den Alliierten. Sehr viele aber wurden rund um Staaken eingekesselt und kamen in Gefangenschaft.
Darunter war mein Vater.
Ich schließe aus dem wenigen, das er nach seiner Rückkehr aus der russischen Gefangenschaft davon erzählte, dass er die Sicherung der linken Flanke übernommen hatte und in dem Viertel zwischen "Knie", Savignyplatz, Kantstraße, Leibnizstraße "kämpfte".
An einem Herbsttag '46 sind wir einmal dort gewesen. Auf Spurensuche. "Knesebeckstraße ... ja ... das weiß ich noch." Er zeigte auf ein halb zerschoßnes Gartenhaus. Ganz sicher war er nicht. "Dort habe ich gekämpft..." Mehr hat er nicht erzählt. Ich hatte aufgehört, mit blanken Augen Helden zu bewundern. Ich war nicht weit davon entfernt, zu sagen: Es war alles falsch. Möglich, dass er das spürte, und verstummte. Alles das war für ihn sein ganzes Leben. Das konnte nicht in Bausch und Bogen falsch gewesen sein – obwohl es folgerichtig in die Katastrophe führte.
Die Männer seines Alters – er war 56 – erklärten ihre Nibelungentreue gern mit dem Fahneneid. Dem heiligen. Er rettete die Illusion, für Weib und Kind,

für Volk und Vaterland und für das Wahre, Gute, Schöne gekämpft zu haben. Und selbstverständlich für die Ehre, auch wenn sie ganz besudelt war mit Blut und Schande.

Mit einem Wort: Wir waren Fremde. Flüchtige Verwandte.

Einmal noch hatten wir – zur Dämmerstunde – ein Gespräch. Das heißt, ich stellte ein paar Zwischenfragen, und mein Vater referierte. Das Thema war: Der Mensch und die Unendlichkeit. Wir hofften, uns im Weltall zu begegnen – glaube ich. Wir saßen auf der alten Couch, die nachts das Bett für meine Mutter war. –

Knesebeckstraße … ja … Das Gartenhaus lag auf dem Weg, den ich – rund 35 Jahre später – allabendlich zum Renaissance-Theater nahm, um "In der Sache J. Robert Oppenheimer" aufzutreten und den als "Kommunist" verdächtigten Atomphysiker vor dem McCarthy Untersuchungsausschuß darzustellen.

Höchst widersprüchliche Erinnerungen lagern rund um das Theater. Da sind die Abende im Halbrund des getäfelten Parketts, an denen ich zu allererst der Sprache in ihrer schönsten Form begegnet bin; an denen große Namen vorbildhaft lebendig waren, wenn sie mit Leidenschaft und Klugheit für ihren Part Partei ergriffen, und mir zeigten, wie lehrreich und vergnüglich Auseinandersetzung ist. Wie glücklich man mit denen ist, die sich ins Tiefe wagen und dabei gewinnen …

Neun Jahre nach der Spurensuche an der Seite meines Vaters war ich dort "Der Graue" (in der Regie von Christoph Groszer) und '82 "Onkel Wanja".

Im Jahre '76 machte mir der Intendant des Hauses den Prozess, der angesehene Professor Raeck, zugleich der Präsident in der Vereinigung der Deutschen Bühnen, der Arbeitgeber am Theater. Ich wollte nicht in Ibsens "Nora" spielen. Jedenfalls nicht mit einer Nora, die sich nicht auf das Grundgesetz, Artikel fünf, verpflichtet sah.

"Eine Zensur …" steht da, aus guten Gründen, unmißverständlich klipp und klar "findet nicht statt".

Nun hatte aber jene Nora um Zensur ersucht. In einem offnen Brief an den Minister für Kultur im Freistaat Bayern.

Der angesehene Professor Raeck fand nichts an seiner "Nora" auszusetzen, aber sehr viel an mir und meiner Art zu denken.

Ich las den "Offenen Brief", den sie geschrieben hatte, in der Zeitung und bat den hochgeschätzten Intendanten, mir das Zusammenspiel mit jener "Nora" zu

ersparen und mich – im Einvernehmen – zu entlassen. Das wollte der Professor nicht. Er drohte damit, "Nora" abzusetzen, und das Theater bis zur nächsten Produktion zu schließen.
"Wenn er das macht, dann rechnen Sie mal gut und gerne mit 'ner Million." Das war die erste Auskunft, die ein Anwalt gab …
Ich komme noch darauf zurück, wenn klarer ist, was mich bewog. Wenn meine Sicht auf jene Jahre mehr Grundierung hat.
Knesebeckstraße, Renaissance-Theater … ja … Der Kampf ums Überleben war ins Juristische verrutscht.

*

Der Marsch durch Neu-Westend gab meinem Vater die Gelegenheit für einen kurzen Aufenthalt in unsrer Wohnung. Den Schlüssel hatten unsre Nachbarn. Die guten Zaskes boten meinem Vater zivile Kleidung an, wie sie erzählten, er sei jedoch nicht darauf eingegangen.
Auch meine Mutter war vor ihrer Rückkehr nach Berlin in der Gefangenschaft. In einem Internierungslager. Bei den Briten. Nahe Rendsburg. Sie hat als einziges die lange Fahrt in einem Güterzug erwähnt.
Unsre Straße, die Westenendallee, verlief in einem sanften Bogen um *das Wäldchen*. Eine Grünanlage mit ein paar hohen Kiefern damals, die bezeugten, dass es dort einmal Wald gegeben hatte. Die Fenster unsrer Wohnung kamen erst in Sicht, wenn man beim Scheitelpunkt des Bogens angekommen war – und da war nichts.
Zu beiden Seiten der Allee war alles heil geblieben. Einzig das Eck vor unsrer Haustür lag in Trümmern.
Oft, wenn ich aus der Schule kam und diesen Bogen lief, hab' ich mir vorgestellt, wie meiner Mutter dort die Knie weich geworden sind. Wie sie "… auch das noch" stammelte und nicht mehr weiter konnte. Die Bombe hatte aber nur den Teil, in dem das Fräulein Müller wohnte, weggerissen. Die Fliesen ihrer Küche klebten jetzt auf einer Außenwand. Weil meine Mutter sich nicht rühren konnte, sah sie das Glück nicht, das wir hatten, und traute ihren Augen auch nicht, als der Schock sich endlich löste und sie wieder gehen ließ. Sie traute dem Verlauf der Wände nicht, dem Grundriss nicht, dem Aufriss nicht und auch dem *Schicksal* nicht, das sie mit einem scharfen Schnitt verschont und unsre Wohnung stehen lassen hatte.

Die Leinenbeutel lagen auf dem Küchentisch. Umrahmt von meinem schwarzen "Hasen". Davor saß meine Mutter. Bärbel stand an ihrer Seite und hatte eine Hand auf ihrer Schulter. Ich stand zwei Schritte abseits, halb im Dunkeln, bei der Speisekammer. Um etwa kleine Zeichen des Erstaunens aufzuschnappen. Vielleicht sogar mal ein gehauchtes "oohhh", wenn meine Mutter einen Beutel aufgekrempelt hatte und den Inhalt sah: das Mehl, den Mohn, die Linsen, Bucheckern, Erbsen, Bohnen.
Herr Zaske wusste, wie man ein Kaninchen häutet, und wie man es geschickt zerlegt. Zur Zubereitung aber fehlte alles, was den Geschmack ergeben hätte, an den sich Mund und Nase ungefragt erinnerten; so dass die Lust, an dem Gerippe rumzuknabbern, schnell verging.
Hinter dem Haus war die gesamte Rasenfläche zu einer Reihe schmaler Beete umgestaltet worden, auf denen jeder großzuziehen suchte, wovon er Samen oder kleine Pflanzen hatte. Ein Hahn, der vor dem Krieg den Rasensprenger speiste, gab Wasser, wenn man einen Vierkantschlüssel hatte. Wer keinen hatte, musste warten, bis ihn der Nachbar – widerwillig – weitergab. Nicht ohne dass man drei Mal, vier Mal, fünf Mal, und noch ein sechstes Mal versprochen hatte, ihn auf der Stelle, unverzüglich wieder herzugeben.
"Bloß nicht stecken lassen!"
"Nein nein – umgotteswillen – sicher nicht – ganz ausgeschlossen, das passiert nicht!"
"Hoffen wir's."
Aber noch hatten wir ja gar kein Beet. Das Land war aufgeteilt. Vergeben. Für Spätheimkehrer war nichts reserviert. Aber am linken Rand der alten Wiese – gleich unter unserm Fenster – war ein Bombentrichter. Angefüllt mit Ziegelschutt.
"Den kannst du urbar machen, Junge. Wenn du uns dabei gleich den Weg zum Müllhaus freilegst, wird man das zu schätzen wissen".
Ich fing mit meiner Kinder-Schippe an, die noch vom Burgenbauen an der Ostsee existierte. Dann lieh mir jemand einen alten Spaten, mit dem ich bald auf einen Baumstumpf stieß. Bevor die Bombe einschlug, hatte sie noch eine von drei Pappeln abrasiert. Der Stubben musste raus.
Ich quälte mich mit einem Fuchsschwanz ab und mit diversen Küchenmessern, die ich an Ziegelscherben schliff, um in die freigekratzten Wurzeln Biberkerben einzuschneiden und sie dann mit dem Spaten zu durchtrennen – bis mir Herr Zaske eine kleine Axt und einen Keil aus seiner Eisenbahnerwerkstatt lieh. Der

Keil verschwand zunächst im grünen Pappelholz, aber nach ein paar Wochen zerrte ich "das Aas" tatsächlich aus der Grube.
Der Weg war freigeschaufelt, und wir hatten nun drei Beete. Die Erbsen gingen auf, obwohl der Sommer schon zu Ende ging, und auch die Bohnen wanden sich um Draht und Wasserleitungsrohre, die ich aus den Trümmern zerrte.
Ein eindrucksvolles Beispiel der Berliner Nachkriegslandschaft bot jener Teil des Tiergartens, der von der Siegessäule bis zum Diplomatenviertel reichte. Unter den Stümpfen der zerschossnen alten Eichen ein Wust von Draht, verbogenen Eisenstangen, Blech und Bettgestellen. Um Beete abzugrenzen und Gemüse aufzuziehen. Dazwischen amputierte Musen und durchsiebte Bronzen. Ästhetik des *totalen Krieges*.

Auch unsre Wohnung war vom Krieg gezeichnet. Decken und Wände zeigten Risse. Tapeten hatten sich gelöst und schlugen Wellen. Die Staub- und Rußschicht auf den Polstermöbeln hatte alle Farben aufgefressen und das Gewebe brüchig werden lassen. Die Fenster waren sämtlich ohne Scheiben mit rohen Brettern eilig zugenagelt. Ein Flecken Igelit bedeckte eine ausgesparte Stelle und sorgte für ein stetes Dämmerlicht.
Manchmal – für Augenblicke – war die alte Wohnung spürbar. Die größere. Die wir im Frieden hatten. Bevor sie sich im Krieg zusammenzog und duckte.
Die Wohnung – jetzt –, an der das Eck von "unserm Fräulein Müller" fehlte, war ein düsteres Verlies. Und eng.
Zum einen, weil der Körper viele Maße aus der Kindheit im Gedächtnis speichert. Die Wege, die man einmal blind zu gehen wusste. Die Zahl der Schritte, Nachts, zum Bad. Und enger war es, weil wir Fremde waren. Wir hatten jeder ein paar Schichten Fremde auf der Haut. Und in der Seele. Und brauchten einen Mindestabstand, um uns nicht daran zu reiben.
Keiner von uns erzählte etwas aus der Fremde und von der Einsamkeit. Darin. Wir glaubten wohl, dass Worte sie vertiefen könnten und alles nur noch schlimmer machen würden. "Das gibt sich mit der Zeit."
Dazu kam Scham. Die meine Schwester sicherlich vor mir empfand, und ich vor beiden Frauen. Es ging nicht mehr mit: "Hab' dich nicht, ich guck dir schon nichts ab".
Die ersten Schritte, die ich nach der Rodung in Richtung Gartenbau und Landschaftspflege unternahm, bescherten mir schon bald die erste Niederlage. Die "klassische", seit Ewigkeiten gleiche. Dass sich – natürlich – die natürlichen

Schmarotzer finden, die jedes unverhoffte Angebot für sich zu nutzen wissen. In meine akkurat vermessnen Beete schlichen sie sich heimlich. Unterirdisch. Rücksichtslos. Die Wurzeln der verbliebenen zwei Säulen-Pappeln.
Als ich die ersten welken Triebe und abgeworfnen Blüten sah, habe ich Erde aus dem Grunewald heran gekarrt. Auf einem "Plattenwagen", einem simplen Lattenrost auf Rollgelenken. Die Dinger drehten sich absichtlich stets in eine andre Richtung als sie sollten; wodurch die Karre bremste, ratterte und hopste, und von dem bisschen Erde sprang die Hälfte wieder aus der Wanne.
Die Pappeln waren aber auch von diesen kleinen Gaben angetan.
Im Austausch ließen sie uns einige, am Blattansatz ein wenig rötlich angehauchte Wurzel-Strünke, aus denen sich Erinnerungen an Radieschen saugen ließen – wenn man das scharfe Brennen auf der Zunge überwinden konnte.

Dunkle Kiefern, helle Birken
dunkle Erde, heller Sand –
unsre Schule, unsre Heimat
Waldschulleben, Waldschulland.
Na ja.

Waldoberschule, vor der Querbaracke

Mein Wunsch war, frei zu sein. Nie mehr den Satz zu sagen: "Ich bin fertig, was darf ich jetzt als nächstes tun?" Ich wollte mir die Uhr des Onkels aus dem Leibe reißen. Ihn einmal in der Ecke stehen lassen oder die Tante oder meine Mutter ... nein, das wagte ich noch nicht zu denken.
Ich war so zuverlässig in die Spur gesetzt wie eine Eisenbahn. Um von der Schiene loszukommen, hätte ich entgleisen müssen.
Frau Dr. Hüttmann war die Leiterin der Oberschule. Sie hörte sich den Werdegang des Zöglings an und sagte: "Wie auch immer – ihm fehlt ein Jahr Latein und fast ein halbes Jahr Französisch – das macht er nach! Du setzt dich auf den

Hosenboden – und Montag fängst du in der Tertia an. Wo ist die Tertia? Richtig, in der Querbaracke. Als nächstes kommt dann Griechisch, also streng dich an! Arbeiten schreibst du mit – so gut es geht. Ich werde mit den Lehrern sprechen, sie sollen sie normal zensieren, dann weißt du, wo du stehst. Das wär's."
Ich stand bei "sechs" und blieb bei "sechs". Wenns einmal "fünf" war, hieß es: "Gut geraten".
Mein Heft war in dem Stapel, der zensiert zurückgegeben wurde, stets das letzte. Oben die "Einsen", unten Ernst Jacobi. Daran gewöhnt man sich. Die andern auch. Ich war der letzte. Aber nicht der Kleinste. Einer war noch ein bisschen kleiner. Unser Handball-Torwart. Volker Gerster.
Am Ende dieses Sommers kam mein Vater aus der Gefangenschaft zurück. Kaum wiederzuerkennen, halbverhungert, sagt man. Aber der Hunger kann mehr als die Hälfte eines Lebens fressen. Unter den Frühheimkehrern waren Menschen, die noch lebten, obwohl die Seele ihren Leib schon aufgegeben hatte. Man wusste nicht, ob man die arme Seele vor sich hatte oder nur eine seelenlose Hülle. Sie waren aus der Unterwelt zurückgekommen. Vermutlich hatte man sie wegen Überfüllung vor die Tür gesetzt. Oder um sich den Totenschein zu sparen. Ich sehe meinen Vater – heute – wie ein greises Kind, das sein Gesicht für eine kurze Rast in einem Schoß verbergen wollte.
"Das Schlimmste war der Kameradendiebstahl. Sie haben mir den Kanten Brot, auf dem ich lag, im Schlaf gestohlen." In diesem Satz war der Zusammenbruch des ganzen Weltbilds eingeschlossen. Mehr hat mein Vater nicht erzählen mögen. Nicht erzählen können. Jetzt lebten vier verwandte Fremde in der kleinen Wohnung. Die Luft zum Atmen wurde knapp. Ich blieb nach Schulschluss auf dem Sportplatz hängen und fiel zurück in die Verhaltensmuster aus der Zeit als Schlüsselkind.

Warum nur haben wir nicht reden können? Wir hatten alle etwas zu berichten. Zu erzählen. "Auf dem Herzen". Auf der Zunge. Wir brauchten alle eine Auseinandersetzung, um zu klären, wie es weitergehen sollte, könnte. Und jeder zog es vor, zu schweigen. Ein schwerer Stein lag vor dem Grab der Sehnsucht.
Man war darin geübt, sich zu verschließen, zu tarnen, zu verleugnen. Und hatte dieses klebrig süße Harmonie-Bedürfnis. Dieses widerliche. Das jeden Ansatz, etwas klarzustellen, zu begreifen, aufzuklären hoffnungslos verkleistert.
Wie segensreich ist Einverständnis *nach* der Auseinandersetzung. Nach der Klärung. Nach der Erkenntnis von Versagen. Fehlern. Schuld.

> **Eidesstattliche Erklärung.**
>
> Über die Person des Dr. Gerhard J a c o b i - Scherbening wohnhaft in Berlin- Dahlem, Altensteinstr. 53, gebe ich, der endesunterzeichnete Augenarzt Dr.med. Max Rütz, Berlin-Halensee, Eisenzahnstr.4, nachstehende eidesstattliche Erklärung ab:
> Dr. Jacobi-Scherbening ist mir seit 1903 aus gemeinsamer Schul-und Jugendzeit sowie aus den seit 1930 wieder aufgenommenen engsten freundschaftlichen Beziehungen und persönlichem Hausverkehr bestens bekannt. Ich habe in häufigem Verkehr in- und außerhalb meines Hauses bei dem Genannten keinerlei Feststellungen oder sonstige Beobachtungen treffen können, die auf irgendwelche aktivistische Tätigkeit im Dienste des Naziregimes schließen könnten. Im Gegenteil, wir haben uns in häufigen vertraulichen und im Familien- und Freundeskreise gepflogenen Unterhaltungen über die politischen Maßnahmen der Nazibehörden und Parteieinrichtungen auseinandergesetzt, wobei ich in der Mißbilligung und Ablehnung des gesamten Systems volle Übereinstimmung mit dem Genannten feststellen konnte.
>
> Berlin, den 9. September 1946
>
> Dr. Max Rütz
> Augenarzt
> Berlin-Halensee
> Eisenzahnstraße 4
> Tel. 34-32-25 97 67 60

Wenn man die Chance hatte, zu verstehen. Zu verzeihen.
Aber es gab auch unverheilte Wunden. Narben. Die man nicht zu berühren wagte. An denen keiner rumzupulen hatte. Die man schützen musste.

Mein Vater zog vom BRITISH SECTOR, wo wir wohnten, in den amerikanischen nach Dahlem. Dort fand er ein "möbliertes Zimmer". Dort wurde er von einem Militärgericht zum Straßenreinigen verurteilt. Das sollte ihn "entnazifizieren". Es war inzwischen Herbst. Ein kalter Winter kündigte sich an. Er kam nur noch sporadisch nach Charlottenburg. Einmal, um mich zu bitten, einen Brief zu überbringen. An einen Arzt, der ihn entlasten sollte. Ich wurde barsch der Tür verwiesen und lernte etwas über "alte Freunde".
Ein andermal war er allein in unsrer Wohnung. Als meine Mutter kam, war eine Schüssel Pellkartoffeln, die in der Speisekammer stand, verschwunden. Sie hatte die Kartoffeln erst am Vortag auf dem *Schwarzen Markt* erstanden. Eingetauscht. Wir Kinder hielten eine strenge Disziplin mit den Rationen ein. Der Wert von einer Schüssel voller Pellkartoffeln war unbeschreiblich groß. Sie waren einfach unersetzbar. Wie das, was meine Mutter dafür hergegeben hatte. Ich weiß nicht, was es war, es könnte Schmuck gewesen sein.
"So etwas kann doch nicht verschwinden!?"
Mein Vater sagte: "Ernst hat sie gegessen."
Als ich davon erfuhr, riss etwas durch. Ich wollte diesem Mann nie mehr begegnen.

An einem nebeligen Abend hockte ich mit Nachbarskindern auf dem Flügel eines schweren Eisentores, das wir – mit leichtem Quietschen – in Bewegung bringen konnten. Wir bremsten es an einem Pfosten mit den Füßen und stießen uns dann wieder ab. Bei dieser kipplign Balanceübung sagte einer:
"Dahinten kommt dein Vater – gloob' ick."
Ich blieb, nachdem es Nacht geworden war, alleine auf der Schwingtür sitzen, bis er gegangen war.
Es war das letzte Mal, dass ich ihn sah.

Wir hatten zu Beginn des Winters einen *Ofen*. Es war ein Stück verrosteter Zylinder. Mit drei Füßen, einer Deck- und Bodenplatte und einer primitiven Tür mit Außenriegel sowie mit einem Stutzen für das Ofenrohr, durch das der Rauch den Weg ins Freie finden sollte. Das Rohr war leider noch nicht da. Solange dieses Rohr jedoch nicht aufzutreiben war, solange war das Ding nicht zu gebrauchen. Es stand im kleinsten Raum. Im Kinderzimmer. Ein schmales Fenster sah hinaus auf den Balkon. In einen vorgebauten spitzen Erker.
Ein Tag vor Heiligabend war ein Ofenrohr gefunden. Jetzt musste es noch durch die Außenwand. Lehm, um das Loch am Ende zu verfugen, gab es am *Mussolini-Bahnhof*. Dort hatte ich ihn auf dem Baugelände mehrfach aus dem Sand gekratzt und in den Händen durchgeknetet. Ich hatte einen leichten Hammer und einen Schraubenzieher zur Verfügung. Es war schon dunkel, als ich endlich durch die Mauer war. Papier und Holz war vorbereitet. Bald knisterte das Feuer, und etwa eine Viertelstunde später war in der ganzen Wohnung dichter Qualm.
Am Ersten Weihnachtstag kam jemand mit der Nachricht, dass mein Vater in der Nacht verstorben sei.

Ein schwarzer Flügelschlag hält alle Uhren an. Verändert Zeit und Raum, schafft Leere, zur Besinnung. Und Leere, um das Ausmaß des Verlustes zu empfinden. Damit das Wort *für immer* sich in die Eingeweide fressen kann. So will es unsre abendländische Erziehung. So finden wir uns in die Trauerarbeit ein.
Aber ich stand nicht wie versteinert vor dem großen Tod.
Ich fühlte mich wie ein Stück Holz. Taub, sperrig und empfindungslos, als hätte mich ein Fluss auf einer Sandbank angespült und liegen lassen. Ich ging nicht mit ans Grab. Zum Waldfriedhof, nach Dahlem. – Nein.
Oder doch? – Ich kann die Wahrheit nicht mehr finden. –

Im Frühling hab' ich eine Birke dort gepflanzt.
Gab es da noch Erinnerungen an "Des Führers Kampf im Osten"? Das Birkenkreuz mit Stahlhelm unterm Heldenhimmel?
Kaum.
Es gab nicht vieles, das man pflanzen konnte. Der kleine Baum wuchs überall in den Ruinen. Auf Mauerresten. In den Ritzen von Beton und Ziegelsteinen. Wahrscheinlich hatte ich die Birke nur versetzt.

Den Ofen wagten wir nicht wieder zu befeuern. Er brauchte Zug. Wir brauchten Ofenrohre. Sie mussten über den Balkon hinaus nach draußen reichen. Mit einem Stummel wenigstens bis in die Winterluft vor der Fassade.
"Wissen Sie, wo man Ofenrohre findet?"
"Wenn ick det wüsste, wär' ick reich, mein Junge. Haste denn schon 'n Ofen?"
"Ja."
"Na wunderbar … da könnten wir ja tauschen. Du gibst mir deinen Ofen, und ick besorje dir det Rohr."

Wir hatten einen 08/15 Leuchtgas-Herd.
Ständig hielt meine Mutter auf der Straße an und sagte: "Lieber Gott – ich hab' das Gas nicht abgedreht." Wenn ich dabei war, reichte ein "doch, doch", um sie zum Weitergehen zu bewegen. Wenn sie jedoch alleine auf dem Weg zur U-Bahn war, ging sie zurück und öffnete den Haupthahn, um das Gas zu hören, das unter Druck aus feinen Düsen strömte. Wie Atemluft, die man durch eine Gaumenspalte drückt.
Gas kostete zum einen Geld, war aber damals auch geeignet, um sich zu vergiften. Und es konnte sich entzünden. Explodieren.
Von heute aus betrachtet glaube ich, dass sie – ganz unbewußt – auch ihren Wunsch, sich umzubringen, abdreh'n musste. Immer wieder.
Neben der Wohnungstür hing linker Hand die Totenmaske einer jungen Frau. Aus Steingut oder Porzellan. Ihr sanftes Lächeln war von einem feinen craquelé in der Glasur bedeckt. Sie war als "Unbekannte aus der Seine" in vielen Wohnungen zu finden. Die tröstende Erlösung von der Panik: Schwangerschaft. Man streifte dieses Lächeln immer beim Verlassen unsrer Wohnung. Und nahm es unbemerkt mit auf den Weg.
Wir hatten Angst, die "Gasag" könnte uns das Gas abstellen, wenn wir die Rechnung schuldig bleiben würden. Aber der Wunsch, sich einmal aufzu-

wärmen, die Füße einmal vor der Ofenröhre aufzutauen, siegte. Obwohl es schmerzte, wenn das Leben durch die weißen Klumpen – unten dran – bis zu den Zehen durchzudringen suchte.

Der Gasanzünder hatte nur noch einen Rest von Feuerstein. Aber mit sanftem Druck riss ich zwei Funken aus dem Krümel. Es machte "wopp", und augenblicklich leuchteten zwei Reihen blauer Flämmchen. Nur wenig später knackste das erwärmte Blech. Wir schoben Stühle vor den Herd und schichteten die nackten Füße in der Klapptür aufeinander.

Aber sie tauten nicht und schmerzten nicht. Der Ofen gab die Wärme nicht nach draußen weiter.

"Der Hahn ist ja halb zu! Kein Wunder."

"Du meinst …?"

"Na wenn schon, denn schon!"

Nun hörten wir die Gasuhr rasen.

Ich humpelte zum Zählerschrank im Flur, um mir die Zahlen zu notieren. Die kleine Kammer hatte nach dem Bombentreffer – gemeinsam mit der Küche – eine Außenwand. Dort hing die Uhr. Sie stand. Die Zahlenreihe stand. Das Zählwerk stand. Wir hatten uns das Zahnradsurren eingebildet.

"Dreht einmal alles auf. Auch oben. Alles!"

Ich starrte auf die Zahlen hinter dem verglasten Schlitz. Das Fenster vor der letzten Ziffer hatte einen roten Rahmen. Darin stand eine 6. Sie drehte sich ganz sacht nach oben weg, und unten schlich der Balkenstrich der 7 sich ins Fenster.

Ich klopfte mit der Zeigefingerkuppe an die Scheibe. Wie ich es von den alten Herrn im Kurpark von Bad Freienwalde kannte, wenn sie sich knirschend – auf dem Kies der Promenade – dem Wetterhäuschen näherten, in Stellung brachten, den Spazierstock von der Rechten in die Linke wechseln ließen, um dann mit Kennerblick beim Barometer anzuklopfen. Auf einmal sprang das Rad drei Zahlen weiter, und mit dem nächsten Klopfen noch einmal zwei ganze Kreise. Über die Null hinweg. Dann hielt es wieder an.

Wir standen wie verstörte Kinder vor einem Danaer-Geschenk. Die Hände gleichsam auf dem Rücken. Eine kaputte Uhr erfüllte uns den Wunsch nach einem warmen Raum. Wir machten – in der Phantasie – die ersten scheuen Schritte in die unverhoffte Wärme.

Von innen her fing ein erstarrtes Glücksgefühl sich an zu regen, und zu Kopf zu steigen. Dorthin, wo das Gewissen Wache hielt.

Die Zeiten waren so, dass trotz der ungeheuren Greueltaten und Verbrechen, von denen erste Kunde kam, die "kleinen Leute" nicht bedenkenlos auf ihren Vorteil sahen und nach allem grapschten, was nicht angekettet war – sagen wir, in der "kleinen Welt", die ich bis dahin übersehen konnte. Wir, jedenfalls, gehörten zu den *Dummen*, die immer an die *Rechnung* dachten, die zu zahlen war.
"Wenn sich der Zählerstand nicht mehr verändert, wird der Gasmann stutzig werden."
"Beim Klopfen lief das Zählwerk weiter."
"Einer muss also immer klopfen."
"… wenn das die Nachbarn hören …"
"… unser Fräulein Müller …"
"… mach keine dummen Witze jetzt!"
Wir schafften es, die Küche trotz der dünnen Außenwand am Abend halbwegs warm zu kriegen (*verschlagen* würde Olga sagen) und auch dem Zähler kleine Sprünge beizubringen.
Jemand trieb Feuersteine für den Gasanzünder auf. Ich glaube, meine Mutter brachte sie vom Schwarzen Markt. Streichhölzer gab es nicht. Und Feuerzeugbenzin schon gar nicht. Die Steine waren eine Kostbarkeit. Sie gaben aber keine Funken. Es waren täuschend nachgemachte Schnipsel eines Aluminium-Drahtes.
Es traf sich so, dass wir die Ofenrohre fanden, als sich der Zähler auch durch Trommelschläge mit den Fäusten nicht mehr in Bewegung setzen ließ. Der Ofen "zog" mit der Verlängerung der Rohre gnädig, wenn der Luftdruck ihm behagte. Er liebte es, den ersten Qualm zu inhalieren, obwohl er den besonders schlecht vertrug. Er hustete, dass es aus allen Ritzen puffte und steckte spitze Feuerzungen aus der Tür.
"Das einzige, was immer brennt, ist Birke!", hieß es. Wir zogen los. Bei dichtem Schneefall. Mit dem Schlitten. In einer alten Decke lag ein stumpfer Fuchsschwanz und ein Hackbrettmesser. Unser Werkzeug. Die Flocken würden uns mit weißen Tupfen tarnen, dachten wir, und hinter den verwischten Silhouetten einen dichten Daunenvorhang fallen lassen. Aber schon nach den ersten Schritten sahen wir die Spur im frischen Schnee: Sechs Tapsen und die Parallelen, die der Schlitten hinterließ.
"Da gehen die von 109 im Dunkeln in den Grunewald. Warum? Um einen Baum zu fällen. Was ja streng verboten ist!"
Verräterischer konnte man es nicht beginnen.

Es war ein langer Weg. Wo sonst nur Birken standen, waren plötzlich keine mehr. Dann waren sie zu jung, zu dick, zu dicht am Weg, und als wir endlich eine sahen, die geeignet schien, suchten wir eine, die vielleicht noch besser passte.
"Die merken wir uns aber ..."
"Klar."
Der Fuchsschwanz klemmte schon, knapp dass er durch die Rinde war.
"Ich komm nicht weiter. Ihr müßt biegen. – Bie-gen!"
"Jaa doch!"
"Nicht so laut!"
Nach Stunden zogen wir das Stück vereisten Stamm wie eine ungeschickt verhüllte Leiche durch den Schnee. Nach Hause.
"Herr Zaske wird uns eine Säge leihen."
"Ich frage ihn, wenn uns der Zaubertrick gelingt, die Stange Eis in eine Birke zu verwandeln." Ich haßte das verdammte Holz, als wir es endlich in den Ofen schieben konnten.
Zur Strafe brannte es dann nicht.

Ich bin die Bahngeleise lang getrippelt, auf den Eichenschwellen, tagelang. Um aus den Schottersteinen Kohlestückchen aufzuklauben, die vom Tender fielen. Am Ende hatte ich ein schwaches Kilo Kohlekrümel eingesammelt. Auch wenn es mehr gewesen ist ... es lohnte nicht.
Also begannen wir – wie viele, die in gleicher Lage waren – unsre Möbel zu verheizen. Zuerst den grüngestrichnen Kinderzimmerschrank. Er widersetzte sich mit Zähigkeit und Härte meinem Hackbrettmesser. Auch, weil ich den Terrazzoboden in der Küche nicht rücksichtslos als Hauklotz nutzen durfte. Er zeigte nach dem Bombeneinschlag ohnehin schon böse Risse.
Wir warteten darauf, dass die zentrale Heizung wieder in Betrieb genommen werden würde, aber das war nicht vor dem Juli '49. Nach Ende der Blockade West-Berlins.
Man könnte denken, dass wir uns als Notgemeinschaft näher kamen. Doch die Entfremdung blieb. Ich nahm mir meine Freizeit, die ich oft vertrödelte, wenn ich nach Schulschluss auf dem Sportplatz hängen blieb. Oft war ich dort mit Volker Gerster ganz allein. Ich ballerte aufs Tor, und Volker schmiss sich auf den harten Spielplatzboden. Das war ermüdend blöd und fraß die Zeit, die für die Schularbeiten nötig war. Das wusste ich. Der Lustgewinn lag einzig darin, den Gehorsam zu verweigern und jede Form von Disziplin. Vor allem, die

verinnerlichte, die ein Implantat des Onkels war. Die Uhr. Auf der ich immer etwas schuldig blieb.

Zu essen gab es wenig in der Zeit. Man hatte Mindest-Kalorien ausgerechnet und sie als Basis für die Lebensmittelkartenklasse III und IV bestimmt. Das waren unsere. Mit sehr viel Phantasie bemühte meine Mutter sich, etwas aus diesem kargen Angebot zu zaubern, das schmecken sollte "wie". Zum Beispiel einen Brotaufstrich, den ich mit Leberwurst verwechseln können sollte. Das führte unvermeidbar zu Konflikten. Ich konnte mich an Leberwurst sehr gut erinnern, und deshalb zog ich eine Scheibe "Trockenbrot", vielleicht auf einer Gabel überm Gas geröstet, vor. Auch während der Blockade aß ich die getrockneten Kartoffelstückchen lieber aus der Hosentasche. Roh. Und nicht als Apfelauflauf oder "wie" Kohlrabi zubereitet. Es gab auch ein Kartoffelpulver. "POM". Es landete per Flugboot auf der Havel. Von der Royal Airforce eingeflogen und wurde aufgekocht zu einem zähen grünen Kleister, den anzurühren ich mich strikt geweigert habe. "Hunger treibt's rein", das konnte man an mir – wie schon erwähnt – nicht demonstrieren.

Mit Widerwillen habe ich gelegentlich an einem S-Bahnkiosk eine Fischbratwurst gegessen und ein "Heißgetränk" versucht, um dann für lange Zeit immun zu bleiben.

In allen Schulen gab es täglich eine Kelle warmen Eintopfsuppenbrei. Das Kochgeschirr mit Löffel war so wichtig wie der CÄSAR oder die ANABASIS. Gegessen wurde in der großen Pause in der "Luftbaracke". An groben Jägertischen unter freiem Dach. Wenn etwas übrig blieb, gab es nach Schulschluss einen Nachschlag. Von den begehrten süßen Nudeln, die es Samstags gab, bekam jedoch nicht jeder etwas ab. Die Frauen an den Kübeln merkten sich die Drängler oder die Betrüger, die zwei Mal in der Schlange standen, und bei der Frage: "Warst du nicht schon da?" gelogen hatten. Für die hieß es: "Aus. Alle. Nichts mehr da."

Seltsamerweise hab' ich immer was bekommen.

An einem schönen Tag im Sommer '47 hieß es: "Du sollst nach Schulschluss zur Musikbaracke kommen." Ich hatte nach sechs Stunden Unterricht nicht übel Lust, es zu vergessen. Der Lehrer war ein engagierter Mann, der die Musik zum Hauptfach machen wollte. Er unterrichtete in einer alten Wehrmachtsjacke. "Leg deine Sachen mal dahin. Ich möchte deine Stimme hören. Das ist hier außerhalb der Schule. Ich spiele dir was vor, du singst es nach, es ist nicht schwer."

Ich glaube, dass ich alles richtig wiederholte. Dann legte er die Hände in den Schoss und lächelte mich an: "Ich leite einen Kinderchor. Im RIAS. Du weißt."
"Im RIAS ... ja."
"Ich hätt' dich gern dabei."
"Zum Singen?"
"Ja – hast du Lust?"
Ich brauchte eine kleine Pause, um Entschiedenheit zu sammeln.
"Nö!"
"Wie ... nö?"
"Ich singe nicht."
"So – das ist schade."
"Ja."
"Wie kann ich dich denn überreden ...?"
Kleines Schulternzucken.
"Es gibt dort jedesmal ein Essen, in der Messe, auch bei jeder Probe, wirklich gut."
"Ich singe."

Ein Bote kam. Mit der Adresse, Winterfeldtstraße soundso. "Sie" stand da "Sie werden gebeten ... am ... um ..." Zum ersten Mal.
Wir sangen: Heut' ist Sonntag
         ist das schön
         ist das schön
         und wenns regnet, kann's nicht schaden
         weil wir nicht spazieren gehn
         spazieren gehn
         denn wir sind heut eingela-a-den.
"Die RIAS-Kinder besuchen Onkel Tobias."
Ich schämte mich dafür, in dieser Runde mitzupiepsen; war aber stolz als ich beim *Illustrierten Telegraf* mit auf dem Titelfoto war. Es gab zehn Reichsmark. Immerhin.

Mutter bemühte sich ergebnislos um eine Arbeit. Las alle Zettel an den Bäumen. Fragte überall.
Für ein paar Wochen strickte sie bei einer Frau, die irgendwie an Wolle kam. Sie ließ in ihrer Wohnung stricken. In einem winzigen, vermieften Raum sa-

ßen rings an den Wänden alte Frauen. Sechs oder acht. Und schoben auf den Nadeln, leise klappernd, Maschen hin und her. Gespräche waren untersagt. Ich musste an DIE WEBER denken.

Ich sagte eines Tages: "Mutter" (nicht mehr Mutti). Es schien mir richtiger und ehrlicher. Sie reagierte stumm verletzt. Wir rückten noch ein Stückchen weiter auseinander.

Ich schleppte mich von Tag zu Tag mit meiner Büchermappe in die Querbaracke. War in der Früh' kaum wach zu kriegen, meist aber eine halbe Stunde vor der Zeit an meinem Platz. Um abzuschreiben. Was nur selten klappte, weil die *Streber* pünktlich kamen. Grade so vorm Klingelzeichen. Mein Rückstand wuchs ins Aussichtslose. Ich scheiterte in der Klausur bei der Berechnung eines Kegelschnittes, nur weil ich fünf und sieben nicht zusammenzählen konnte. Der Lösungsweg war klar, ich hatte ihn auch schon notiert, und saß dann zitternd, mit dem Blick zur Decke, und wiederholte hastig: "fünf und sieben … fünf und sieben … Herr! Gott! Fünf und sieben …" und schrieb dann, wenn der Krampf sich löste, dreizehn hin.

Ich spielte Feldhockey. Beim SCC. Linksaußen. Schoss auch hin und wieder Tore. Manchmal hob ich entschuldigend die Hand, wenn abgepfiffen worden war, und ging schon rückwärts auf Distanz, bis einer aus der eignen Mannschaft schrie: "Mensch Jacco! Du hast Freischlag, worauf wartest du!?" Da war die Regel nicht ganz klar. Mir war sie unklar, um genau zu sein. Man hatte sie mir nicht erklärt. Ich hatte nicht gefragt: Wie ist das eigentlich, wann hat der Gegenspieler mich "gesperrt"?

Ich konnte damals keine Frage stellen, die anderen auch nur den kleinsten Anlaß bot, mich bloßzustellen.

Im Mommsen-Stadion richtete der SCC ein Sportfest aus, bei dem sich alle Sparten des Vereins zusammenfinden sollten. Man hoffte wohl, Talente für die Leichtathletik zu entdecken. Ich hatte zugesagt, mich zu beteiligen, mich aber vor der Stadiontür gefragt: Was willst du denn da drinnen, hatte umgedreht und mich vor der Arena unter einen Baum gelegt. Ich dachte, wenn ich später gehe, kann nicht viel passieren.

Man hatte mich vermisst. Weil auf der Liste hinter meinem Namen noch das Häkchen fehlte.

"Alles vorbei Jacobi, leider, jetzt kommt nur noch der Tausendmeterlauf. Er ist gerade aufgerufen worden. Wenn du gleich runter gehst zum Start, ich melde dich noch an."

Ich hatte eine enge, blaue Badehose. Kein Leibchen mit dem schwarzen "C" Sport-Club-Charlottenburg. Nur Turnschuh'. *Keine Spikes*.
"Was ist denn deine Zeit?"
"Das weiß ich nicht."
"Wie oft bist du die Tausend schon gelaufen?"
"Noch nie."
Die großen Kerle mit dem kleinen Schlitz im Hosenbein berieten sich.
"Das sind zwei Runden und zweihundert Meter. Sell dich da vorne hin, wir geben dir zehn Meter vor."
Ein andrer sagte: "Zwanzig."
"Gut, von mir aus. Das Kommando lautet: Auf die Plätze, fertig, peng. Wenns knallt, dann rennst du los."
Man ahnt es schon: Sie holten mich nicht ein. Auf der Tribüne gab es Beifall. Meine Bronchien rasselten. Ich war der neue 980-Meter-Mann.
Schon damals ging es um die Meisterschaften der Vereine. Punkte. Zeiten, Weiten, Höhen. Bei Kugel, Speer und Diskus konnte ich nichts werden. "Das ist Zeitverschwendung. Du musst laufen!" Ich rannte und trainierte, bis die Knochenhaut am Schienbein sich entzündete und mir Bescheid gab: Lass es sein!
Ganz hinten in der Sportplatzecke übte einer mit der Bambus-Stange, aus dem Lauf heraus in ein bestimmtes Loch zu treffen und aus dem Widerstand des Bodens Aufschwung zu gewinnen. Wie wir als Kinder schon mit Hilfe einer Stange über Wassergräben hopsten. Mir gab man eine Aluminiumstange, um damit herumzustochern. So primitiv fing damals der Stabhochsprung an.
Die letzte Deutsche-Jugend-Mannschafts-Meisterschaft, an der ich teilgenommen habe, fand im Olympiastadion statt. Vollkommen unbeachtet und vor leeren Rängen. Ich kam in dieser neuen Disziplin mit einer – heute – lächerlichen Höhe von 2 Meter 90 in die Zwanzig-Besten-Liste. Später ging ich zu "Paule" Noack in die Bleibtreustraße, um zu boxen – bis eine *Schwere Rechte* meine Nase traf.

"Hast du denn keine Schularbeiten, Junge", fragte meine Mutter. Ich sagte "nein" und war schon aus der Tür, um meine Bande einzusammeln. Das hieß, klingeln gehen.
"Kommt Konrad runter?"
"Nein – der muss Vokabeln lernen!"
Mist.

"Ich wollte nur mal fragen, ob der Horst ...?"
"Der ist zum Konfirmandenunterricht."
"Ach so ..."
"Bist du katholisch?"
"Nee ... wieso? Ich gehe nicht mehr hin – man kriegt ja keine Antwort da, wenn man was fragt."
"Was habt ihr denn schon wieder vor? Ihr stellt doch sowieso nur Blödsinn an."

Man hatte angefangen, unsern Spielplatz zuzuschütten. *Die Fakultät*. Beim Teufelssee. Ein ausgedehntes Baugelände. Planierter Sand, soweit man sehen konnte. Mit einem Netz von Feldbahnschienen. Weichen. Loren. Halbfertigen Gebäudeteilen. In der Kassettendecke eines Säulenganges bunte Mosaike.
Das ruht jetzt auf dem Grund des Trümmerberges. Meiner Schule gegenüber. Die Feldbahn quietschte später durch die Straßen der zerstörten Viertel. Tiergarten. Wo kein Haus mehr stand. Man sah noch lange Zeit die Muster von den Eisenschwellen im Asphalt. Die Trümmerfrauen fraßen sich mit ihren Händen vom Gehsteig in ein Meer von Mauersteinen. Klopften die Mörtelreste ab, und stapelten die grau-weiß-roten Ziegeln zu kompakten Haufen.
Ich wusste noch nicht, was ein Grundbuch ist, und dachte mir: Warum lässt man den Schutt nicht einfach liegen. Vielleicht entsteht da mal ein Wald –

Wir hatten einen Schützengraben ausgespäht, in dem ein gelbes "Pulver" lag. Stabpulver, abgepackt in kleinen Säcken. Zwei Zentimeter lang, Durchmesser ungefähr ein Zentimeter. Zur Mitte hin von vier, fünf feinen Öffnungen durchzogen. Luftkanälen. Als brauchten sie im Innern Sauerstoff. Zum Explodieren.
Ich wollte wissen, wieviel Sprengkraft diese Stäbchen haben. Wir füllten eine Hand voll in ein starkes Schraubglas, hängten eine Blechtür aus (die unser Müllhaus gegen Ratten schützte), machten Feuer, legten das Schraubglas da hinein und brachten uns in Sicherheit.
Wir sahen nur den Rauch des Feuers oberhalb des Stahltürblattes.
Nichts passierte.
"Das Feuer ist zu schwach."
"Ach Quatsch."
"Na woran liegt's?"
"Es dauert eben. Pass lieber auf, dass keiner kommt."

Wir warteten.
"Das gibt's doch nicht!"
"Soll ich mal nachsehn?"
"Nein … wir warten noch."
"Man sieht auch keinen Rauch mehr … schau doch."
"War-ten!"
Wir hockten beieinander wie drei junge Füchse.
"Ihr bleibt in Deckung … habt ihr mich verstanden!?"
"Ja."
Ich schob mit einem Ast die Asche auseinander.
"Das Glas hat nicht mal einen Sprung."
"Siehst du noch Glut?"
Ich beugte mich hinunter, als es krachte.
Ich fühlte Nadelstiche im Gesicht und eine ungewohnte dicke Wärme. Die Hände rutschten wie in einer Schmiere von den Augen.
Blut.
Das hieß: Ich konnte sehn!
Die Tür war umgefallen, und ich nahm – mit Verzögerung – den Aufschrei meiner pyrotechnischen Gehilfen wahr, die sich damit *empfohlen* hatten.
Es war nicht einmal *halb so schlimm*. Nur unterm Kinn war eine Wunde, die ein Pflaster brauchte. Die tausend winzig kleinen Aufprallrisse in der Haut verklebten rasch. Ich tastete nach Splittern, konnte aber keine finden.
Ein Engel hatte mir das Augenlicht bewahrt.

Im Winter hockten wir an Wochenenden, so oft es ging, in irgendeinem halbwegs warmen Kino. Stromsperren schränkten uns die Auswahl ein und zwangen uns zu weiten Wegen. Zum "Rheingold" liefen wir, zum Beispiel, eine gute Stunde. Das war am Richard-Wagner-Platz. Dort wechselten sie häufig das Programm und es gab immer eine Schlange vor der Kasse. Ich stand vom Sonntags-Mittagessen auf und schob den Teller mit der halben Mahlzeit in die Mitte, wenn mir die Zeit davon zu laufen schien. Zu Hause brachen die Manieren weg. Ich nahm mir – wie man damals sagte – "allerhand heraus".
Lag in Gedanken wohl auch schon im Kampf mit der Kassiererin. Man glaubte mir mein wahres Alter nicht. Es kam vor jeder blöden Kinokasse zur selben Streiterei, und immer fiel der menschenkenntnisreiche Satz:
"Du bist doch nie im Leben vierzehn, Kleiner."

Es blieb mir oft nur, jemand' anzubetteln: "Verzeihen Sie, mein Herr, ich komme hier nur in Begleitung rein, die Karte hab' ich schon. Wenn Sie so freundlich wären, dann sag' ich der Kassiererin, dass Sie mein Vater sind. Das kontrolliert sie nicht – es ginge auch, wenn Sie mein Onkel wären."
Der abgestufte Gong, mit dem das Licht im Gang verlöschte, der Vorhang, der sich lautlos teilte, und sich mit einem kleinen Luftzug im Proszenium verlor ... ja, selbst die Kratzer in der Emulsion der alten Filme, die Blitze und die hellen Kritzel ... das erste Knistern von der Tonspur her, all' das verzauberte den Raum.
Ich lehnte mich in die Empfindsamkeit zurück, die sich im Dunkeln aus der Deckung wagte. Ich spürte vom "Rasiersitz" aus, wie alle durch die aufgereihten Köpfe vor sich ihre Lücke suchten und dann gemeinsam einsam wurden. Was wir an Kitsch und Quatsch verschlungen haben, ist vergessen. Es hat Klischees verstärkt und Rollenmuster zementiert, das haben wir natürlich nicht bemerkt. Oft hat die Leinwand mich verschlungen. Mit Haut und Haaren in die Tiefe mitgerissen. Wie der Wal den Jonas, und hat mich, wie der Wal den Jonas, wieder ausgespuckt. In eine Landschaft des *totalen Krieges*. Anderthalb Stunden Fußmarsch reichten aus, um in die Nüchternheit zurück zu finden.
In eine Welt, in der die Fenster immer noch mit Brettern zugenagelt waren.

*

Die Riaskinder brauchten einen neuen "Klaus". Der angestammte wurde Opfer seines Stimmbruchs. Üblicherweise stand ein Prominentenkind bereit, das alles, was den Künstler vom normalen Menschen unterscheidet, schon mit der Muttermilch in sich hineingenuckelt hatte. Manchmal entwickeln sich daraus *dressierte Affen* mit "frisierter Schnauze", die man beim Rundfunk nicht so dringend braucht ... kurz: Jemand sagte: "Dieser freche Rotkopp von den Singekindern, probiert doch den mal aus. V'lleicht kann der das."
So wurde ich der neue "Klaus".
Der Bote kam jetzt öfter. Brachte Schulfunkmanuskripte und schon bald das erste Hörspiel.

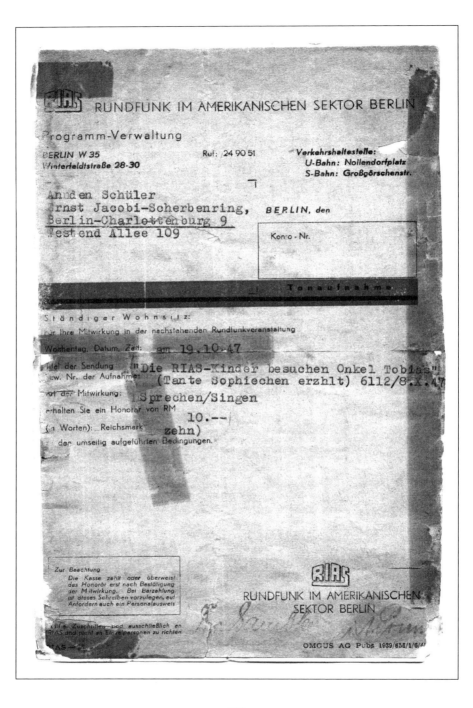

Von Horst Pillau. VERMISST, ZWEI JUNGEN, die beim Stöbern in den Trümmern eines Hauses verschüttet worden waren und sich aus eigner Kraft nicht mehr befreien konnten.
Wir spielten das am Boden liegend, in der Nacht. Leicht übermüdet. Überdreht. Und schrecklich albern, zwischendrin. Horst Buchholz war der andere.
Tagsüber waren alle Räume für aktuelle Sendungen belegt. Hörspiele wurden nachts probiert und aufgenommen. Man wurde von der Fahrbereitschaft heimgefahren. Oft noch vor Mitternacht; mitunter aber war es drei, halb vier, und manchmal wurde es schon hell. Im Sommer.
Die Autos hatten Nummernschilder der Besatzungsmacht.
Die Schule hätte mir die Nachtarbeit verbieten können. Also erwähnte ich sie nicht.
Ich brachte Geld nach Haus, zehnreichsmarkweise, das summierte sich, behielt ein Taschengeld und hätte etwas Sicherheit gewinnen können – wenn ich nicht krank geworden wäre.
Die Krankheit war ein Einbruch von Erregern in den Organismus. War eine Invasion von bösen Geistern. Von Dämonen. Die urzeitliche Kenntnis davon haben mussten, wie man sich einschleicht und den Widerstand blockiert. Wie man das Ausgeliefertsein versüßt. Wie man den Wünschen eine neue Richtung weist, und einen Weg, um diese Wünsche zu erfüllen. Zu befriedigen. Wie man die Machtentfaltung in die Nacht verlegt, das Potenzial der Träume nutzt, und alles aus dem Dunkeln steuert.
Mit einem Wort: Ich wusste nicht, wie mir geschah.
Die Krankheit hatte einen Namen: *PUBERTÄT*.
Das sollte umgangssprachlich so wie Masern klingen. Man hat sie irgendwann. Den einen juckt es mehr, den andern weniger. Die Masern kommen und die Masern gehen. Mir lag das Wort wie eine Unanständigkeit im Ohr. Etwas, das man mit ausgestrecktem Arm betrachtet. Wie etwas Missgebildetes. In Spiritus. Und aus lateinischer Distanz.
So oder so ... man sprach darüber nicht. Wer hätte sprechen sollen?

Von meiner Mutter weiß ich – skizzenhaft –, dass sie mit ihrer Schwester *durchgebrannt* war. Von einem Gutshof. Irgendwo in Mecklenburg. Verlockt von dem Vergnügungs-Rausch der *zwanzjer Jahre*. Vom *Schwoof*. Von der *Bohème*. Vom *Koks* ... neben der Hoffnung, Lohn und Brot zu finden.

Der Vater meiner Schwester war ein Maler. Ich stelle mir ein Frühlingsfest in einem Atelier mit Künstlern vor:
ein Becher Ausgelassenheit,
ein Becher Trunkenheit,
ein Becher Lust,
ein Becher Seligkeit –
ich hoffe es!
Das war der Fehltritt. War der Schritt in ein verpfuschtes Leben. In die soziale Ächtung. In das Aus –
Der Rest war Schweigen. Meine Mutter schwieg, und dieses Schweigen stützte sie nach außen ab. Sie schob es vor sich her. Mit aufgestellten Händen, die ich sehen konnte.
Wer also hätte sprechen sollen? Selbstvertrauen geben? Ängste nehmen? Die Väter waren tot. Vermisst. In der Gefangenschaft. Sie fehlten.
Partner fehlten. Die Paare fanden sich für unverblümte Stunden. Über den S-Bahntüren stand in jedem Wagen: "Kennt ihr euch überhaupt?" Man schaute in den überfüllten Zügen, dass man Luft bekam. Hing mit den Augen an der Decke und zwängte sich zwei, drei Stationen vor dem Ziel zur Tür. Da hatte man die Frage wieder vor der Nase. Irgendwie roch sie nach Karbol.
Die Pubertät war eine hinterhältige Erkrankung. Sie kam von hinten, unten oder oben. Manchmal erwachte ich wie unter einem Sack. In großer Hitze. Als hätte ich die Nacht in einer Folterkammer zugebracht – nein, das ist falsch – in einem Raum, aus dem ich zum Verhör gerufen wurde, in dem ich mich entkleiden musste und Szenen von erregender Gewalt erlebte, die sich nicht unterdrücken ließen, die sich wiederholten und einen Weg zur Übertretung von Geboten wiesen.
Davon muss hier die Rede sein, weil sich nur so ermessen lässt, wie triumphierend die Erinnyen durch den Körper tobten, wie sie die Niederlage feierten, die ich mir selbst bereitet hatte.
Ich hatte an mir selbst versagt. Erlebte mich als Schwächling vor mir selber. Ich schämte mich der Lust, die gegen meinen Willen ein Ventil gefunden hatte.
Das führte in die Depression. In Phasen, die ich wie gelähmt verbrachte. In denen meine Haut sich zu verhärten schien. In denen ich zur Puppe wurde. Unter der Schale schien sich etwas umzuformen. Wuchs etwas, das mir nicht gefallen würde, schwante mir. Kein lichter, leichter Schmetterling. Ich machte mich gefasst auf eine Raupe.

Die Krankheit hatte vielerlei Erscheinungsformen, viele Schichten. Sie schoben sich zusammen, türmten sich. Wie Schollen auf der Weichsel, bevor das Eis sich in Bewegung setzte.
Am leichtesten trug ich den Eselskopf des blind Verliebten. Mit dem ich halb verträumt am Morgen in der Klasse saß und auf ein Mädchen starrte. Irgendeines. Das bald darauf im Schreiben innehielt und einen irritierten Blick zur Seite wagte.
Wir hatten aneinander nie etwas gefunden. Die Blicke hatten sich noch nie verhakt. Jetzt suchten wir uns mit den Augen, als seien wir einander vorbestimmt. Und staunten. Begriffen weder, was uns gestern trennte, noch was uns jetzt verband. Ich stiftete gehörige Verwirrung. Ich schaute glasig, wie vernarrt, bald diese und bald jene an. Die Mädchen fühlten sich beachtet, auserwählt, begehrt ... und bald darauf von mir verraten.
Wenns gut ging, dachten sie vielleicht nur: So ein Esel.
Der Lehrer für Geschichte sagte eines Tages:
"Mal herhör'n, Jungs ... ihr wißt schon ... morgens, wenn ihr wach seid, ja, gleich raus! Nicht da noch lange liegen bleiben und ... ihr wißt schon –"
Ja. Wir wussten schon, dass Onanieren schädlich ist, weil man dabei das Rückenmark verbraucht. Verschleudert. Und sich auszehrt. Schwächt. Bis man nur noch ein Schatten seiner selbst ist.
"Jämmerlich!"
Es gab auch die Empfehlung, sich am Abend ein Glas Wasser hinzustellen. Auf den Nachttisch. Um *ihn* abzuschrecken. Wie ein heißes Eisen.
Ihr wißt schon hieß: Wer ein Gewissen hat, der weiß, dass er sich selbst befleckt, dass er sich einer Sünde schuldig macht, dass er ein Ferkel ist, ein Schlappschwanz , der sich nicht beherrschen kann.
Ich hatte ein gut ausgebildetes Gewissen mitgebracht. Aus Kaltennordheim. Ein gnadenloses evangelisches Gewissen. Ich glaubte, es sei ein Organ. So ähnlich wie das Herz. Das einfach da ist. Und sehr zuverlässig pocht. Vielleicht mit einer Feder. Oder Unruh. Wie die Uhr des Onkels. Es konnte alle Missetaten registrieren. Und bewahren.

Waldoberschule. Querbaracke. Erste Stunde.
Das Klassenbuch liegt offen auf dem Pult des Lehrers.
"Fehlt jemand?"
"Edgar Schwarz."

"Noch immer – weiß jemand, was ihm fehlt?"
Nein. Niemand wusste, was ihm fehlte. Man hörte, dass der Lehrer schrieb. Wahrscheinlich setzte er ein "unentschuldigt" hinter seinen Namen. Er hob den Deckel an und ließ ihn auf die Seiten fallen.
Da hatte Edgar sich schon umgebracht.
Wir standen eingeklemmt in unsern Reihen. Zwischen Pult und Lehne. Um zu schweigen. Eine Minute lang. Das machte man bei derlei Unannehmlichkeiten so. Die Sprache machte Platz für eine Dimension, die sie nicht fassen konnte. Vor der sie lächerlich erschien. Das Schweigen hielten wir für angemessen, glaube ich. Trotzdem vermisste ich die Sprache. Mehr als sonst. Sie fehlte einfach. Unentschuldigt.

Wenn man die Sprache – sehr vereinfacht – als Textur versteht, als ein Gewebe der Verständigung; und annimmt, dass der Faden, der die "Kette" bildet, für das SO IST ES steht, der "Schuss" hingegen für die Frage IST ES SO? – dann war die Sprache meiner Kindheit eine "Kette" ohne "Schuss".

Ich lernte MORITZ STIEFEL auf der Schauspielschule kennen. Vier Jahre später erst. In meinem ersten Jahr dort gab es gleich vier MORITZ STIEFEL. Vier Schüler, die sich diesem Jungen, der sich das Leben nahm, sehr nahe fühlten. Es gab auch mehr als eine WENDLA BERGMANN. Obwohl die Uraufführung des Theaterstückes vor beinah fünfzig Jahren statt gefunden hatte, im Jahre Neunzehnhundertsechs.
FRÜHLINGS ERWACHEN. Von Frank Wedekind.
Wie wunderbar ist dieser Titel – voll Bitterkeit und Ironie. Erwartung, Schmerz und Poesie. Da ist Bezug zur Last des Wartens auf das erste Birkengrün, an der Chaussee nach Thorn. Zur Last des Wartens auf die Wiederkehr der Stare und ihres ersten Schnarrens in der Frühlingssonne. Da ist Bezug zur Last der Wintertage in Großbösendorf, der dunklen Wolkenklumpen über kurzem Dämmerlicht. Da ist Bezug zur Enge in der Kapsel einer Knospe, die Saft und Kräfte für den Austrieb sammelt.
Frühling brach aus. Im Gegensatz zum Krieg. Und hatte kein Gewissen.
FRÜHLINGS ERWACHEN ging nicht in die Umgangssprache ein. Es blieb bei diesem pickeligen Ausdruck: *PUBERTÄT*. Bei dieser gegenseitigen Verlegenheit. Beim würdelosen Rumgestotter. Beim *Ihr wißt schon*.

*

Ich hatte eine Geige unters Kinn geklemmt und übte Saiten stimmen. Da muss ein halber Fensterflügel schon verglast gewesen sein, denn es war hell genug zum Notenlesen. Geige – was hatte ich mir vorgestellt? Was sollte daraus werden? Vermutlich hatte ich dem Drängen meines Förderers entsprochen, der mich zum RIAS mitgenommen hatte. In die "Messe".
Der Geigenbogen faserte und hatte um den Griff schon einen kleinen Borstenkranz. Er hielt den Rest der Haare, die ihm noch verblieben waren, nicht mehr straff. Das Kolophonium war in einer alten Dose bröckelig geworden. Bevor es losging, stand ich schon in einem Kreis von knirschenden Kristallen auf dem verblichnen Vorwerk-Teppich, als wäre ich aus einem dieser Briefbeschwerer rausgeklettert, in denen es nach kurzem Schütteln heftig schneit.
Die erste Abschlussfeier einer Oberprima, nach dem Abitur, die ich erlebte, riss einen Vorhang auf. Ich sah, was sich Frau Dr. Hüttmann, unsre Direktorin, von der Schule und für ihre Schüler wünschte: Selbstsichere, erwachs'ne Menschen, die ihrer Freude über das Erreichte Ausdruck geben wollten. Und es konnten. Die beiden Klassen führten eine kleine Haydn-Oper auf. Sie rezitierten selbstverfasste Texte und musizierten, dass es eine Lust und Freude war. Ich saß mit offnem Mund im Auditorium der Festbaracke und wusste – ohne jeglichen Vergleich – was die da oben machen, das ist gut. Das gab mir einen neuen Schubs in Richtung Geige.
Ein Mann – schräg gegenüber – hatte sich als Lehrer angeboten. Er stellte sich in meinem Rücken auf und korrigierte meinen linken Arm, nahm meine Hand und drehte mich mit einem eleganten Tanzschritt vor die Couch, auf der er schlief. Er übernahm die Geige und den Bogen, legte die Instrumente achtlos zwischen das Geschirr auf einen Tisch, drückte mich rücklings auf das Bett und warf sich über mich.

Im Textbuch für die Synchronisation von derlei Szenen steht: "ad lib." (ad libitum). Das heißt, man kann das Atmen und das Schnaufen frei erfinden. Kann, wenn der Mund im Film für einen Augenblick verdeckt ist, auch ein *"Was soll das?"* drunter legen. Oder *"Nicht doch!"* Weniger ist mehr.

Ich war dem Fuchs entkommen wie ein kleiner Hase. Ich hockte mich in einen stillen Winkel und wartete, bis sich mein Puls beruhigte. Dann dachte ich: Das ist ja grade nochmal gut gegangen. Mehr nicht. Mehr, glaub ich, nicht.
Die Fidel war nur ausgelieh'n.

Manches war irgendwie verschont geblieben. Im totalen Krieg. Einzelne Häuser ragten unversehrt aus Trümmerfeldern. In einem Keller hatte nur ein Glas mit eingeweckten Kirschen überlebt, und irgendwo saß ich in einem irgendwie geheizten Zimmer, inmitten einer Kinderschar, die spielte, wie man vor dem Krieg Geburtstag feierte.
Die Mädchen waren von den Muttis mit Seidenbändern und *Propellern* aufgeputzt und fieberten dem Pfänderspiel entgegen.
Aus mir war irgendwie die Luft entwichen. Vor allem aus den Armen und den Beinen, die schlaff in einer Sofaecke hingen. Das Ganze könnte auch ein Traum gewesen sein.
Aber es gab ein ganz reales, sehr kokettes Biest, das mich zur Tür und in den Korridor verschleppte. Das Spiel sah vor, dass sie "Drei Fragen" stellen durfte. "Hinter der Tür". Weil ich ein Pfand verloren hatte. Sie wartete natürlich nur darauf, geküsst zu werden. Ich stellte mich ein bisschen tot und sah gewiss so blöde aus, wie ich tatsächlich war. Da nahm sie meinen Kopf und flüsterte: "Wir gehn jetzt wieder rein und ich erkläre, dass du mich geküsst hast – und wehe, du verrätst mich dann." – Na ja, so blöd war ich nun wieder nicht. Die Mutter des Geburtstagskindes steckte von Zeit zu Zeit den Kopf zur Tür herein und sagte jedesmal: "Ich lass' euch jetzt allein." Damit beschwor sie jedesmal den Unschuldsengel, auf der Hut zu sein, und unablässig über uns zu schweben. Was er offensichtlich tat.

*

Ein Mann hat mich in dieser Zeit durch Neu-Westend begleitet. Ein Mann mit einem Rad. Ich habe ihn jedoch nie radeln sehen. Wenn ich ihn wahrnahm, glitt er augenblicklich aus dem Bild. Er hatte sich stets so postiert, dass er mit einem Schritt in Deckung gehen konnte und nicht mehr zu verfolgen war.
Ich lief auf kurze Strecken ziemlich schnell und traf auch über zwanzig, dreißig Meter recht gut mit einem Schneeball. Oder Kieselstein. Als hätte er die Fähigkeit gehabt, dies einzuschätzen, blieb er in sicherer Distanz und hinter seinem Rad, das wie ein mitgeführtes Absperrgitter vor ihm stand.
Wenn jemand mich ins Auge fasste, drehte ich den Kopf, um nachzusehen, wer gemeint sein könnte. Hinter mir. Oder neben mir. An mir war nichts bemerkenswert. Das hatte sich herausgestellt. Die Gründe lagen auf der Hand. Ich konnte sie herunterschnurren: Ich war zu klein, schwach, dünn, dumm, blass. Dass ich gemeint sein könnte, kam mir gar nicht in den Sinn.

Was ich dadurch gewann, war Muße. Ich konnte mit der Neugier hängen bleiben, wo ich wollte. Ich konnte mich vor einen Blechkanister hocken, in dem sich Regenwasser angesammelt hatte, um rauszufinden, wie die Mückenlarven sich an der Grenze zwischen Luft und Wasser halten, und ob sie durch den Spiegel greifen können, um sich von oben in die Haut des Wassers einzuhängen.
Immer war ich beschäftigt, abgelenkt, versunken, wenn ich den Blick des Mannes mit dem Fahrrad spürte. Es war dann wie der Schreck nach einem Knall. Ich wusste augenblicklich, dass *er* wieder da ist. Wieder lauert. Mich fixiert. Und wusste zielgerichtet, wo er stand. Wo unsre Blicke sich begegnen würden.
Er wirkte schmuddelig. War braungebrannt und hatte dichtes, leicht gewelltes Haar. Ein "Laubenpieper", dachte ich. Ein "Spanner". Irgend so etwas.
Als ich ihn ein paar Wochen lang nicht sah, vergaß ich ihn.
Ich habe einen Herbsttag in Erinnerung. Die Dämmerstunde. Erste Lichter. U-Bahnhof Neu-Westend. Am Steuben-Platz. Ich stand in einer Fernsprechzelle. Hatte das Geld schon eingeworfen. Hielt in der linken Hand den Hörer, während der rechte Zeigefinger – gegen Widerstand – die Nummernscheibe bis zum Anschlag drehte.
Die Zellen waren ungepflegt und düster. Von den vier Riemenfenstern in den Seitenwänden hatte, dank eines Maschendrahts im Glas, vielleicht mal eine Scheibe überlebt. Die Einschusslöcher waren grob mit runden Abdeckplatten aus Metall verschraubt. Die Tür schloss sich mit einem starken Federdruck von selbst. Man musste einen Schuh im Türspalt halten, um etwas frische Luft hereinzulassen. Die Zellen wurden oft als Pissoir benutzt.
Ich wartete auf das Verbindungszeichen – da war er hinter mir. Abscheulich dicht, unheimlich ruhig, preßte sich an meinen Körper und neigte seinen Kopf zum Hörer neben mein Gesicht. Ich ließ mich fallen, tauchte unter ihm hindurch und war blitzschnell im Freien. Ohne einen Laut.
Ich hätte weder seine Kleidung noch irgendein Detail beschreiben können.
Ich wusste einfach nur: *Er war's.*
Vielleicht ein halbes Jahr danach. Im Frühling. Sonntag Nachmittag. Ein Fußballspiel. Die Menschen strömten ins Olympia-Stadion. Ich stand im Umgang. In der Nähe einer Säule. Eingekeilt. Es war ein kalter Tag. Die Männer ringsum trugen Wintermäntel, dicke Jacken, Mützen, Schals. Von hinten schoben die Zuspätgekommenen den Block, in dem ich stand, so dicht zusammen, dass es bald schon dampfte. Die Sicht war schlecht. Bei jeder *Ecke* stand ich auf den Zehenspitzen und wippte auf den Ballen, um das *Tor* nicht zu verpassen. Als

dann ein strammer Schuss den Außenpfosten streifte, und knapp ins *Aus* ging, löste sich die Spannung in einem tausendfachen Stöhnen, das wie mit einem Fallwind von den Rängen herunter auf das Spielfeld wehte.
Jemand griff meinen Arm. Führte die off'ne Hand zum Rücken und legte einen heißen, schrumpeligen Gänsehals hinein.
Es war das *Glied* des Mannes mit dem Fahrrad. Sein ordinärer dicker *Schwanz*. Wieder kam er mit seinem Kopf abscheulich nah und keuchte lauthals in mein Ohr. Stoßweise kommentierte er Aktionen auf dem Rasen, die es gar nicht gab: "Ja! Weiter! – Mach schon! Gut so. Komm doch!"

Im Kindergarten gab es Streit. Ein Handgemenge etwa. Eine Rangelei. Ein Knopf springt ab. Ich bücke mich, und während ich ihn suche, fallen die zwei Worte. Fällt der Satz. Von hinten, oben: "Selber schuld!"
Ein Papageien-Satz, ein abgewetzter, den ich auch benutzte. Jetzt holte er mich ein. Warum passiert mir das? Zum zweiten Mal. Warum verfolgt das Scheusal mich? Was hab' ich falsch gemacht ... hab' ich den Kerl dazu verleitet? Hat er das Spiel "Ich kriege dich" mit mir gespielt und ich hab' mitgemacht?
Warum kam ich wie ein begoß'ner Pudel aus dem Stadion?
"Du schämst dich wie ein Mädchen", dachte ich.
Ich hatte mich nicht umgedreht. Ich hätte ihn nicht mal beschreiben können. Ich sah den Geigenlehrer über mir, sah mich in der Musik-Baracke probesingen ... Im Rückblick, heute, scheint es mir als hätte ich dort am Klavier bereits Gefahr gewittert.
Was ist denn Unschuld überhaupt? Ein Wort, ein Terminus der Sprache, eine Vorschrift, ein Gebot – es steckt als Steckling im Gehirn und treibt dort seit Jahrhunderten dieselben Blüten. Ist Unschuld nur ein andres Wort für unbenutzt?
Die Finger waren noch verklebt. Ich hatte nicht einmal ein Taschentuch, um den erkalteten Erguß von meiner Hand zu wischen.
Das war ein Grund, um sich zu schämen. Um zu sagen: Selber schuld.

Für meine Schwester Bärbel hing von diesen Fragen der *Moral* das Überleben ab. Sie sei im Libanon, von Beirut aus, einmal ins Meer hinausgeschwommen. Weit. Sehr weit. Sie wollte sicher sein, nicht mehr zurückzukommen. *Es* nicht mehr zu schaffen.
Sehr knapp hat sie davon berichtet. Gleichsam in einen Teppich eingewickelt, den sie dort erworben hatte.

Wenn der Bericht ein Hinweis war, auf Kommendes, dann hatte er mich nicht erreicht. Dann hatte ich ihn nicht verstanden. Weil sich ihr Vater nicht zu ihr bekannte und sie den Mädchennamen unsrer Mutter tragen musste, hat sie sich minderwertig gefühlt. Verachtet. Ohne Segen. Ausgegrenzt.
Siebenundzwanzig Jahre alt war meine Schwester Bärbel, als sie sich das Leben nahm.
Sie war zur Hochzeit eingeladen. Bei einer Freundin aus der Mädchenklasse, die im Krieg mit ihr in Pišek war.
Bärbel flog mit der Lufthansa als Stewardess nach Südamerika. Die lange Strecke über Rio de Janeiro bis nach Buenos Aires. Die ständigen Verschiebungen der Tageszeit vertrug sie schlecht. Das Hin und Her der Zeiger auf der Armbanduhr. Sie sehnte sich nach einem Ruhepol. Nach einer Bleibe. Einem Mann fürs *Leben*. Und nach Kindern. Sie wollte nicht den Fehler wiederholen, der unsrer Mutter unterlaufen war.
Ich kannte ihren Freund. Er hatte einen Käfer-Cabrio. Wir unternahmen ausgedehnte Fahrten durch das nächtliche Berlin. Er wusste, wo die *Schweren Jungs* verkehrten. Wo die *Ringvereine* tagten und wo die *Leichten Mädchen* Pause machten, den Pfefferminztee tranken oder häkelten. Er zeigte mir auch

eine Kneipe, wo unter einem blaugemalten Sternenhimmel Männer miteinander tanzten. Handwerker. Maurer. Kellner oder Schneider.
Zuschauer waren unerwünscht.
Manfred war noch Soldat in der geschlagenen Armee gewesen und suchte nach Entschädigung für die verlorne Zeit. Er war *ein Bild von einem Mann* und hatte auch *den Schmäh*, um anzubandeln, wann und wo er wollte. Er spielte Zweite Geige im Symphonischen Orchester und war ein Freund des Dirigenten. Er rauchte aromatischen Tabak in eleganten Pfeifen. Hielt sich in einem Käfig eine Drossel, die aus Indien stammte, sammelte alte Bauernmöbel und trug sie in den fünften Stock in eine Alt-Berliner Wohnung, die er mit seiner Mutter teilte.
Als eine seiner wechselnden Verehrerinnen ihre Schlingen enger zog, schwamm ich in eine unbehagliche Komplizenrolle. Bärbel gegenüber. Da ich nicht *petzen* wollte, bat ich ihn, sich zu entscheiden oder *reinen Tisch* zu machen. Das schob er, wie nicht anders zu erwarten, vor sich her. Wenn meine Schwester nach Berlin kam, war er für sie da und nährte ihre Träume von Verläßlichkeit und *Treue*.
"Also ... wenn du's nicht fertig bringst, sag ich es ihr."
Ein drückend heißes Wochenende stand bevor. Ich wollte an die See. Mit der Lambretta. Raus aus der eingeschlossenen Stadt. Vom Grenzkontrollpunkt Staaken die B 5 hinauf nach Travemünde. Hinten drauf saß Dorle. Rot gefärbt und *offenherzig*. Wir waren fast am Stößensee, da schrie sie: "Halt! – Ich habe Bärbels Bluse in die Reinigung gebracht, sie braucht sie Montag früh. Ich hab vergessen, ihr den Abholzettel da zu lassen. Tut mir leid, dreh um! Ich bring ihn rauf."
Bevor sie wieder aufstieg, sagte sie: "Die Klingel hat nicht funktioniert. Ich habe an die Wohnungstür geklopft ... es war ganz still. Sie ist doch da! Ich hab' den Zettel durchgesteckt. Glaubst du, sie findet ihn und weiß dann ... oder soll ich nochmal rauf?"
"Nein, es ist weit. Wir müssen los!"
Es war viel weiter als ich dachte. Die Autobahn nach Lübeck nahm kein Ende. Eine vergrößerte Nachmittagssonne beschien den überfüllten Strand. Wir sahen vom erhöhten Ufer in das lärmige Vergnügen. Ganz ohne Lust, uns da hineinzuwerfen.
Noch in der Nacht zurück nach West-Berlin. Eine Gewitterfront war aufgezogen. Die Walze fiel uns nach der Grenze in den Rücken. Der Sturm riss Dächer ab und knickte Bäume. Gebroch'ne Äste fegten durch die Luft. Ganz Mecklenburg ertrank in einem Wolkenbruch. Das Echo schwerer Donnerschläge

kreiste über uns. Als rollten Hunderte von Kegelkugeln über einen morschen Dielenboden. In einer Nebelbank stand mitten auf der Straße eine Kuh. Das Wasser fiel so dicht, dass man das grelle Licht der Blitze nur verschwommen sah. Wie durch ein fettes Butterbrotpapier. Manchmal wie ein Stück glühend roten Draht. Es war verboten, in der DDR zu halten. Wir waren aber ohnedies zufrieden, dass der Motor lief. Ich hatte meinen Bademantel angezogen, der schwer getränkt mit Wasser war und mir die Wärme aus dem Körper saugte. Dorle hielt mich von ihrem Sitz aus fest umklammert. Ohne einen Laut von sich zu geben. So rollten wir im Morgengrauen in den Bogen um das *Wäldchen* in der Westendallee. Ich denke, es war zwischen vier und fünf.

Die Wohnung kam in Sicht. Ich musste unwillkürlich bremsen. Das Küchenfenster war ein dunkles Loch, aus dem ein schwarzer Vorhang wehte. Beide Fensterflügel fehlten. Ich ging ums Haus. Mit kleinen Kieselsteinen weckte ich die Nachbarn auf. Herr Zaske öffnete sein Badezimmerfenster.

"Die Wohnung ist versiegelt", sagte er, "– ja – Ihre Schwester lebt nicht mehr. Sie sollen morgen – also heute – auf die Wache kommen … unser Polizei-Revier – mein Beileid."

Als Dorle vor dem Aufbruch an die Ostsee auf die Klingel drückte, hatte Bärbel schon die Sicherung herausgedreht. Ein Funke aus dem Unterbrecher hätte ausgereicht, das Gas zur Explosion zu bringen. Das wusste sie. Als erstes, denke ich, hat sie jedoch den Draht zur Außenwelt gekappt. Das Telefon vom Netz getrennt. Signale hat sie weder geben noch empfangen wollen. Es stand nicht mehr das kleinste Fenster offen, für ein: "Sieh doch mal …" – das wage ich zu sagen. Ob es für sie ein *Jenseits* gab, das weiß ich nicht. Den Tod hat sie gekannt, als einen zögerlichen, unbarmherzigen Gesellen, der ungerührt im Dunkeln steht und wartet. Wenn man ihn ruft, muss man ihn zwingen. Damit hat Bärbel ihre letzten Stunden zugebracht. Sie hat die Küche rundherum mit nassen Zeitungsstreifen abgedichtet, sorgfältig, lückenlos, die Ritzen in den Fenstern, in den Türen, alle Wege, durch die das Leuchtgas ruchbar werden konnte, mit einem Messerrücken zugedrückt. Die Fensterfront zudem mit einem schwarzen Molton abgehängt.

In Ruhe. Unbeirrbar einsam. Stelle ich mir vor.

Sie war entschlossen, ein Geschenk zurückzugeben, das sie nicht verwenden konnte. Das für sie nicht taugte.

Dann *machte sie sich hübsch*. Sie wollte nach dem Tod nicht unansehnlich sein. Sie zog ihr weißes Ballkleid an. Das selbst geschneiderte. Ihr Abendkleid, mit dem sie in die Oper ging. Zu Tristan und Isolde –
Sie wollte nicht mit off'nem Mund gefunden werden und band sich deshalb eine Binde um den Kopf, damit der Unterkiefer nicht herunterklappen konnte. Wie sie es oft gesehen hatte.
Bei hohem Gasverbrauch begann der Zähler leicht zu klingeln. Das hat sie sicherlich gehört. In Kinderschrift schrieb sie auf einen kleinen Zettel ihren letzten Wunsch: *Wenn ich darf, möchte ich bitte verbrannt werden und zu Mutti ins Grab.*
Man fand sie liegend. Auf dem Küchentisch. Den kleinen Zettel in der Hand.

Si tacuisses ...
Wenn du doch deinen Mund gehalten hättest.

Inzwischen war der große Bunker vor dem Bahnhof Zoo verschwunden. Die *Tommys* hatten ihn gesprengt. Er hatte sich den Bomben widersetzt. War unbesiegt. *Nun war er dran.*
Die Pioniere hatten den Beton mit Dynamit gespickt, der Zeitpunkt für die Zündung war bekannt gemacht, das Umfeld war geräumt, sogar die U-Bahn wurde angehalten, und halb Berlin erwartete den Einsturz des Giganten.
Viele, die bei den Luftangriffen in dem Bunker überlebten, berichteten, zum ersten Mal vielleicht, dass der Koloß bei schweren Treffern wackelte – ja, dass er förmlich tanzte ... aber hielt.
Die Menschen schauten auf die Uhr, verfolgten den Sekundenzeiger, sie dachten: *Jetzt ...* und fuhren doch erschreckt zusammen, als die Erde bebte und die Luftdruckwelle kam.
So denke ich es mir. Wir hatten Unterricht. Schulfrei gab es bei derlei Nichtigkeiten selbstverständlich nicht. Fernsehen gab es auch noch nicht. Es gab Berichte in den Zeitungen und Fotos, die den Vorgang phasenweise zeigten. Wie in der Haarwuchsmittelwerbung: *Vorher ... Nachher.* Auf einem sah man wie der Staub in grauen Ballen aus dem Sockel puffte und das zerfetzte Mauerwerk mit Schutt und Erde in einem Kranz gewaltiger Fontänen in den Himmel schoss. Ein zweites zeigte den verhüllten Riesen in einer Wolke, also nichts, und auf dem dritten Foto stand der Bunker wieder aufrecht wie *vordem*. Man traute seinen Augen nicht.

Da lachte der Berliner Bär. Die Leute schmunzelten. Ich auch.
Niemand hing ernstlich an dem ausgedienten Klotz, und niemand hätte ihn erhalten mögen. Er war jedoch ein Zeuge im Prozeß der Aufarbeitung tiefer Ängste. Man war mit den Geschichten um den Bunker noch nicht fertig. Manchmal beginnen sie damit, dass nur der Finger stumm auf eine Stelle weist – und zittert. Das soll heißen: "Da." Mehr nicht, nur "Da."
Der dritten Sprengung hielt der Bunker nicht mehr stand.

*

Schloss-Straße Steglitz. Abendprobe zur RIAS-Kinderweihnachtsfeier im Titania-Palast. Unten stand Willi Rose auf der Bühne. Im Nikolauskostüm. Er sang: "Ach liebe Kinder – wartet schon so lange …" Weiter kam er nicht, weil irgendetwas Technisches nicht funktionierte. Er setzte wieder an, er ließ das "aaach" wie einen tiefen Seufzer klingen und wurde wieder unterbrochen. Das "wartet schon solange" sang er noch zu Ende. Mehr für sich. Ließ resigniert die Hände sinken und starrte auf den Bühnenboden.
Wir saßen oben auf dem Rang und warteten darauf, als RIAS-Kinderchor ein Weihnachtsliedchen anzustimmen, wir waren aber nicht gemeint.
Wir hatten eine resolute Kinderfrau. Sie hatte uns ermahnt, mucksmäuschenstill zu sein, und uns auf Zehenspitzen zum Balkon geführt, wo sich die *Schäfchen* zischelnd um die Plätze stritten: "Nein! Hier sitzt Christa. Ich will neben Mäxchen. Der ist besetzt, du musst noch einen weiter. Ich sitze immer neben Monika … ach hab dich nicht!"
Es war schon spät. So gegen zehn. Auf der Empore war es warm. Das machte müde. Ich hatte meine Hand im Dunkeln auf den Sitz links neben mir gelegt. Es war vielleicht ein unbewußtes Zeichen, das ich *Julia* gab. Sie hatte ein Art, bei sich zu sein, die mir gefiel. Ich hätte mich jedoch nicht umgedreht, um auf den freien Platz zu deuten. Nie und nimmer. Worauf hin? Wenn es hieß: "Schluss für heute", war sie stets als erste weg – und schaute sich nicht um. Ich sah, dass Willi Rose schwitzte und sich von einem Barthaar zu befreien suchte, das auf seiner Unterlippe klebte. Über das "… wartet schon so lange …" war er noch immer nicht hinaus gekommen. Ich hatte meine Hand indes zurückgezogen, weil sich jemand setzte:
Julia. Es war Julia. War es Julia?
Ich wagte kaum noch einen Atemzug. Die Hitze schoss mir in die Ohren. Sie mussten augenblicklich feuerrot geworden sein und mich verraten haben wie

BERLIN

Programm-Verwaltung

BERLIN-SCHÖNEBERG   Ruf: 710171   Verkehrshaltestellen:
Kufsteiner Str. 69   U-Bahn u. S-Bahn
                                                  Innsbrucker Platz

An den Schüler   BERLIN, den   20.12.1948
Ernst Jacobi-Scherbening   N
z.H.d.Frau Jacobi-Scherben. Konto-Nr.   478
Berlin-Charlottenburg   Betriebsrat
Westend-Allee 109   Kinder-Weihnacht

                                       Tonaufnahme

Ständiger Wohnsitz:

Für Ihre Mitwirkung in der nachstehenden Rundfunkveranstaltung

Wochentag, Datum, Zeit: am 18.12.1948

Titel der Sendung /   "Kinder-Weihnachtsfeier"
bzw. Nr. der Aufnahme:

Art der Mitwirkung: Spassmacher

erhalten Sie ein Honorar von Mk.   17.-- + 8.-- Aufwandsentsch.

(in Worten): Mark   25.-- (fünfundzwanzig)

zu den umseitig aufgeführten Bedingungen.

Zur Beachtung!
Die Kasse zahlt oder überweist das Honorar erst nach Bestätigung der Mitwirkung. Bei Barzahlung ist dieses Schreiben vorzulegen, auf Anfordern auch ein Personalausweis.

Alle Zuschriften sind ausschließlich an RIAS und nicht an Einzelpersonen zu richten.

IAS — 34   OMGUS AG Pubs 2451/7M5C/31/8/48

zwei aufgeklappte Dosendeckel.
Hatte *Titania* sie bei der Hand genommen und zu mir geführt? War ich auf dem Balkon in einem Märchen? War ich eingeschlafen? Schliefen alle? Wie in der Küche auf Dornröschens Schloss?
Tatsächlich hatte Willi Rose immer noch den Finger an der Unterlippe.
Ich hörte Stimmen von der Hinterbühne: An *wem* liegt's jetzt!? Kann mir das mal jemand sagen, bitte? Wa-rum geht's nicht weiter! Irgendwer auf dem Rang blockiert die Probe – er hockt da irgendwo im Dunkeln. Neben ihm sitzt eine Frau …
Von Olga wusste ich, wie leicht ein Hefeteig zusammenfällt. Ein kühler Lufthauch, der das Leintuch streift, das ihn bedeckt, lässt ihn in sich zusammensinken.

Der RIAS wiederholte seine Weihnachtsfeier für Berliner Kinder auch im Blockade-Winter '48. Diesmal verbrachte ich die Wartezeit mit meinem Partner Harald Müller-Erler in einer schmalen Garderobe im Keller des Titania-Palastes. Wir spielten eine kleine Rüpelszene. Eine Slapstick-Nummer. "Spaßmacher" stand auf dem Verpflichtungsschein.
Die deftige *Klamotte* hatte ihre Wurzeln tief im Mittelalter. Wovon ich damals *nicht den Schimmer einer Ahnung* hatte.
Der Slapstick ist bei uns die Narrenpritsche. In meiner Kindheit trat das Kasperle noch mit der Narrenpritsche auf, und oft auch mit der roten Narrenkappe, an deren Zipfeln kleine Glöckchen schepperten. Wenn er das *böse* Krokodil erschlug, war er so etwas wie der *Siegfried für die Kinderseele*. Der Kasper ist auch ein Verwandter von arlecchino und Hans Wurst, dem tumben, ungebildeten naiven Habenichts, dem ewig hungrigen, der wie ein Hund von Würsten träumt. In England heißt er: Mr. Punch. Zu seiner Jahrmarktstruppe aus der Puppenkiste gehört ein Henker, der ihn an den Galgen bringen will. In der Figur lebt die Erinnerung des Volkes an Maria Tudor fort, die eine große Zahl von Protestanten an Londoner Laternenpfähle knüpfen ließ. Vor diesem sehr konkreten Hintergrund muss Mr. Punch in jedem Spiel den Kopf von neuem aus der Schlinge ziehen; wozu er nichts als seinen Mutterwitz in seiner Sprache hat.
Auch davon hab' ich erst erfahren als ich in London für die BBC "Herrn Hitler" spielte, und mich an einem freien Sonntag durch ein Volksfest treiben ließ.

Harald kam mit *Verfolger* und Musike durch den Saal. Das Schlagzeug gab den Rhythmus für die Schritte vor, und die Kapelle spielte wie im Zirkus: "Siehste woll da kimmt'a – lange Schritte nimmt'a".
Er hatte einen *bösen* Zahn. Die Backe war so dick geschwollen, dass Harald kaum noch sprechen konnte. Das spielte er sehr gut. Er hatte um den Kopf ein Tuch gebunden. Mit einer großen Schleife oben drauf. Ich hatte eine Clowns-Perücke auf, mit einem Kranz aus blonden Fransen um die Glatze. Sie war schon alt. Aus grobem Tüll, mit Puderresten von Jahrzehnten im Gewebe. Ich war Friseur und wartete auf Kundschaft. Oben, auf der Bühne.
Geschrieben worden war die kleine Szene von Horst Pillau. Eingerichtet hatte sie Hans Rosenthal. Beide gehörten zur Abteilung Kabarett, die etwas abseits unterm Dach des Senders residierte. Man ging vom Fahrstuhl aus, gleich links, durch eine Tür nach draußen und trat nach ein paar Schritten, über eine Brüstung, in das Büro von Fräulein Neumann. Die immer duftete und immer etwas anzubieten hatte, so dass ich meine Schüchternheit vergaß und öfter – ohne Anlaß – neben ihrem Schreibtisch hockte und – mit den Augen nah am Tassenrand – über den kleinen Teich von braunem Kaffee zu ihr rüber schielte. Als ich zum ersten Mal, halb in der Türe stehend, meinen Diener machte, fragte sie noch: "Hast du was auf dem Herzen?", und ich beeilte mich "Nein … nichts" zu sagen. Von da an brauchten wir den Dialog nicht mehr. Ich hatte mich getraut zu sagen, dass ich mir nichts aus Bohnenkaffee machen würde, und hörte stumm dem Klappern ihrer Schreibmaschine zu, bis ich zum Singen runter musste. Ins Studio III. Zu meinem Lehrer aus der Schule.
Die kleine Szene auf der Kinderweihnachtsfeier hatte keinen Titel. Ein Mann mit einem *bösen* Zahn kommt zum Friseur. Das war's. Die meisten Kinder fanden das bereits zum Kreischen komisch. Ich wusste nicht so recht, warum.

Ursprünglich war das Bad der Ort, an dem der Bader auch die Bärte stutzte und die Zähne "riss". Als Zeichen der Frisör-Zunft schaukelt mancherorts noch heute dieser spiegelblanke Teller überm Eingang zum Frisör-Salon. Der Teller war einmal die Schale, in welcher der Barbier Rasierschaum schlug, und in dieselbe Schale spuckte der Patient das Blut, wenn ihm ein Zahn gerissen worden war. Viele Berufe, deren Urahn einst der Bader war – zu denen auch der Feldscher zählt, der die verwundeten Soldaten noch auf dem Felde grob zusammen flickte, haben noch immer eins gemeinsam: schrecklich scharfe Messer.

Ich hatte auf der Bühne auch ein Schabemesser, das ich auf einem alten Hosengürtel wetzte. Aber von der Verwandtschaft zwischen Zahnarzt und Friseur erfuhr ich erst als ich Theater spielen lernte, und vom Maskenbildner rückwärts über den Perückenmacher (parruchiere) und den Barbier zum Bader fand.

Harald sprach also wie mit einer dicken Backe. Das machte er sehr überzeugend. Ich wiederholte es, wie einer, der so tut als ob er nicht ganz richtig hört, und wiedergibt, was er verstanden haben möchte.
Ich kannte das vom Kasperletheater. Der Kasper war ein Meister in der Kunst des Mißverstehens. Der Kunst, dem anderen das Wort *im Mund herum zu drehen,* bis es zu Quatsch geworden war.
Auch diese Spielerei hat eine lange Tradition, in der die Shakespeare-Narren stehen, Hans Wurst und arlecchino. Der dumme August und auch Mr. Punch.
Vielleicht entsprang das Spiel aus alten Tagen dem Wunsch, den Tod zu überlisten; und ihn davon zu überzeugen, dass er sich vergriffen hatte, einen ganz *andern* holen wollte. Dass er sich irrte, weil die armen Schlucker sich zum Verwechseln ähnlich sind. Vielleicht war das einmal der Kern des Spiels, in dem die Sprache Purzelbäume schlug. Aus Todesangst. Und jeder, der nur Zeuge war und nicht direkt betroffen, der konnte sich von seiner Angst befreien, wenn er lachte. Durch sein Lachen.
Der Sieg, den Mr. Punch erringt, ist eigentlich ein Sieg der Sprache des *gemeinen Mannes* aus dem Volke, über die Sprache *der Studierten,* der Verbildeten. Verbogenen. Die ihre Zunge in den Dienst der Herrschaft stellten. Die Muttersprache in den Dienst der Macht.
Mit einer vorgetäuschten Schwäche im Begreifen bringt Mr. Punch den Henker aus der Fassung und veranlasst ihn, an seinem eignen Kopf zu demonstrieren, wie einfach sich der Strick um jeden Nacken legen lässt.
Als ich das Messer auf der Bühne wetzte, wurde Harald ungehalten. Am Ende stülpte er mir einen Eimer mit Rasierschaum über. Die Kinder sprangen von den Sitzen auf. Ich dachte mir: "Wie kriegst du das bloß wieder trocken?"
Wir spielten diese Nummer nämlich zwei Mal nacheinander und hatten nicht viel mehr als eine halbe Stunde Pause. Es gab nur einen "Strahler" mit drei Heizspiralen, die vor der blinden Spiegelfläche rosa glimmten. Ich musste die Perücke an das Gitter halten, damit sie dampfend etwas Feuchtigkeit verlor. Gleichzeitig musste neuer Schaum geschlagen werden. Aus Seifenflocken, die sich nur sehr zögerlich im kalten Wasser lösen ließen. Ich quirlte, bis die Arme

nicht mehr wollten, und hatte doch nur einen dünnen Schaum, der wässrig blieb und schnell zusammenfiel.
Ich werde oft gefragt, ob ich noch weiß, wie oder wann ich "dem Beruf" zum ersten Mal begegnet bin –
Ich denke, dort, im Keller. In der Pause.

Harald hieß bei den RIAS-Kindern "Rudi". Er brauchte keine Kinderliedchen mitzusingen. War also bei der ersten Weihnachtsfeier nicht mit auf dem Balkon, als Julia sich zu mir setzte und Willi Rose beinah die Geduld verlor. Er wollte aber auch mit Julia *gehen*, und als ich sie zum ersten Mal nach Hause brachte, kam er mit.
Julia bestand darauf, allein zu bleiben.
Sie konnte mit der U-Bahn bis Gleisdreieck fahren oder – nachdem der RIAS umgezogen war – vom Innsbrucker die S-Bahn nehmen. Bis Bahnhof Schöneberg und mit der Wannseebahn hinunter in den Tunnel unterm Anhalter, der '45 abgesoffen war und immer noch nach Moder roch. Viele behaupteten, dass es nach Wasserleichen stinken würde; denn in der Röhre hatten ungezählte Menschen Schutz gefunden, als die SS die Tunneldecke sprengte, wo sich Teltowkanal und S-Bahnlinie kreuzten.
Julia ließ nicht erkennen, ob sie uns bemerkte, wenn wir ihr wie Geheimagenten folgten und aus der Deckung in denselben S-Bahnwagen sprangen, in den sie eingestiegen war, ganz kurz bevor die Türen automatisch schlossen und die Stationsvorsteherinnen mit dem blauen Reichsbahnkäppi "zurück-blei-ben" gerufen hatten. Erst auf der Straße zeigten wir uns wieder. Wir *taten fremd* und sagten artig: "Guten Abend ... sind Sie auch mit der Wannseebahn gekommen?" oder "Gehen Sie auch in Richtung Tempelhofer Ufer"? Pennälerhafte Sätze. Manchmal so albern platt, dass Julia widerwillen lachen musste. Dann aber blieb sie steh'n und rief: "Macht dass ihr wegkommt – los! – haut endlich ab!" Das war bevor sie in die Straße bog, in der sie wohnte.
Wir waren aus der falschen Schicht. Ich war ganz offenbar ein Habenichts. Noch immer mit der kurzen, schwarzen Hose der HJ und in der kalten Jahreszeit mit einer Joppe unterwegs, die noch aus Kaltennordheim stammte und wohl an einen Kutschbock denken ließ. Vielleicht sogar ans Stallausmisten. Und sicher war der nächste Haarschnitt überfällig.

Julia begann mit uns zu spielen. Einen der beiden *grünen Jungs* ließ sie um ihren Rocksaum trippeln, während der andre auf der andern Straßenseite, schräg voraus als *dummer August* um Beachtung kämpfte.
Ich war als Tölpel schonungsloser, stolperte durch die Ruinen, rannte gegen Pfähle, war eingesaut vom Kopf bis zu den Schuhen – die blauen Flecken nicht gezählt – und war geneigt, dies für den *bess'ren Part* zu halten, bis Julia uns kurz vor der letzten Ecke beide stehen ließ. Wenn wir dann fröstelnd wieder auf die S-Bahn warteten, die nur noch einmal in der Stunde fuhr, sagte mal ich zu Harald und mal er zu mir: "Na, *du* kannst dich ja heute freuen".
Manchmal genügte das, um sich in alter Freundschaft anzugrinsen.
Harald sprang eines Tages ab, und ich war zum Geburtstag eingeladen. Es gab drei Schwestern. Julia war die älteste. Die mittlere hieß Gisela. Am Abend nach dem Fest – es kann auch erst am nächsten Tag gewesen sein – fand ich in meiner Jackentasche einen brennend heißen Zettel: *Lieber Ernst ich muss es wissen – unbedingt – ja oder nein?* Und dann der Name *Gisi*. Ich wusste gar nicht, was in Frage stand – was sie von mir erwartete …
Zwei Tage später hatte sie sich umgebracht.

Ich wurde nicht befragt. Ich fragte nicht. Auch Julia sprach mit mir kein Wort darüber. Wir blieben aber in Kontakt. Die Eltern hatten einen Telefonanschluss. Bei uns sah man vom Küchenfenster aus auf eine gelbe Fernsprechzelle. Bevor die Eltern Julia nach Salem schickten, hingen wir in den Dämmerstunden endlos schweigend an der Strippe.

Ich blieb mit einem Bein im RIAS-Kinderchor, solange Julia auch dort blieb. Wir sangen mal auf einer Freilichtbühne, mal zur Premiere eines Films im Marmorhaus. Gelegenheit, sich heimlich nah zu sein. Geld gab es selbstverständlich auch. Was Julia sonst noch hielt, hab' ich mich nicht getraut zu hinterfragen; dass sie mich *liebte*, habe ich mir nicht erlaubt zu denken. Einmal flog der Verdacht durch meinen Kopf, es könnte ja ein sehr viel älterer, erfahrener Erwachsner sein … Onkel Tobias etwa … von dem keiner etwas wusste, der sehr verschlossen wirkte. Fast unnahbar. Vielleicht gerade der? Ein Schreck, der hinter allem lauerte, was mir ein wenig Selbstvertrauen gab.
Vielleicht genügte das Wort "Onkel", um meine Ängste vor Verlusten aufzuscheuchen.

Manchmal hielt sich der Zauber, der von Julia ausging, auf meiner Rückfahrt mit der S-Bahn in dem kleinen Kreis der Notverglasung in der Tür, durch den ich in die Trümmerfelder starrte – bis zum Bahnhof Westkreuz. Dort stieg ich um. Die Treppe runter. Zu den Zügen Richtung Staaken. Immer pfiff dort ein kalter Wind. Und immer kam der Hunger. Und die Müdigkeit. Ich stand wie eine eingerollte Vogelscheuche, versuchte mit den Händen warmen Atem unters Hemd zu leiten und fiel in eine tiefe Einsamkeit.

Mein Lehrer für Musik, den seine Lieblingsschülerinnen "Füßchen" nennen durften, lud mich zu sich nach Hause ein. In eine enge Mietskasernenwohnung. Er stellte mich der Mutter vor, die mich derart verwirrt betrachtete, als habe mich ihr Sohn zum Mittagessen als Verlobte angekündigt. Ich spürte Vorbehalte in der Runde um den Tisch. Sah eine Mutter, die nicht sicher war, ob sie den Sohn, den sie einmal zu kennen glaubte, noch verstand.
Er war zurückgekommen. Aus dem Krieg. Belastet und erschöpft. Man ließ sich Zeit. Man hatte sich so vieles zu erzählen und wartete geduldig auf den Tag, an dem das Schleusentor sich öffnen würde und man sich im Erzählen wiederfinden würde. Anknüpfen könnte an die guten Zeiten, doch dieser Tag war nie gekommen – *glaube ich*.
Mein Lehrer bot mir an, im Hochschulchor zu singen. Er bildete dort Lehramtskandidaten aus. Ich trieb aufs Sitzenbleiben zu. Er musste wissen, wie es um mich stand. Man hatte mich nur mit Bedenken weiterkommen lassen. "Schweren Bedenken", um genau zu sein, und man erwartete von mir, dass ich mich endlich auf den "Hosenboden" setzen würde.
Für meine Mutter klang Musik-Hochschule deutlich feiner als RIAS-Kinderchor. "Wenn du nicht beides machen kannst, dann lass die RIAS-Kinder sausen". Sie wusste nichts von Julia – aber er vielleicht?

So stand ich also eine Zeitlang wöchentlich in einem amphitheatralisch aufgestellten Gruppenbild der Lehramtskandidaten für Musikerziehung wie ein verirrtes Kind, verdeckte Mund und Nase mit dem Notenblatt und lauschte meinem Nebenmann *die Stimme* ab, die wir zu singen hatten. Kurzfristig lernte ich recht schnell, aus dem Gedächtnis nachzusingen. Dabei verbanden sich die Töne mit den Silben, und schließlich diente mir das Notenblatt im Auf und Ab wie eine Fieberkurve überm Krankenbett. Dazwischen gab es kurze Blickkontakte mit *dem Dirigenten* – das war alles. Von meiner Seite aus geseh'n.

Herr Schmalfuß übersiedelte. Er zog in die Westendallee, in der es ein *Karree* mit Vorkriegsvillen gab. In einem hellen Raum im ersten Stock mit breiten Fenstern stand ein Flügel. Ich wurde zum Privat-Konzert gebeten. Am Nachmittag. Ganz unverfänglich. Versagte aber als Bewunderer des virtuosen Spiels. Es war mir viel zu laut. Und unbehaglich eng. Ich sagte mir: Das kommt daher, dass du ein musikalischer Banause bist.
Kurz vor den *Ferjen* bat das Füßchen mich, ob ich bei der Montage eines Faltboots helfen könne. Die Gummihaut war innen abgestützt durch ein Gerüst aus kurzen Stangen, die man nach einem Plan zusammenstecken musste. Der Plan war aber nicht mehr aufzutreiben. Deshalb versuchten wir, die Konstruktion in kleinen Schritten zu erfassen: So nicht ... so auch nicht ... so erst recht nicht ... aber so vielleicht. Am Ende war kein Spanten übrig, und es schien auch nichts zu fehlen.
Mein Lehrer musste eine starke Brille tragen, die seine Augen hinter dicken Kringel-Linsen kleiner und weiter weg erscheinen ließen. Er war sehr groß und hager, hatte lange dünne Arme, in denen die Gelenke nicht den normalen Spielraum hatten. Sie gingen etwas *streng*, so dass er Schwierigkeiten hatte, einen Ball zu fangen; und seine Finger konnten ihre Fertigkeiten nur entfalten, wenn die Musik sie zärtlich unter ihren Mantel nahm. Ich fragte mich, warum er auf ein Paddelboot verfallen war, und ob er richtig schwimmen könne überhaupt. Ihn selber fragte ich das nicht.
Wir schafften eine Probefahrt. Kurz vor der Abenddämmerung. Die alte Klepper-Hülle war schon mehrfach ausgebessert worden, und einige der Klebestellen waren nicht mehr dicht. Vor allem dort, wo sich die Flicken überlappten.
"Meinst du, dass wir uns damit auf die Havel wagen können?"
"Sicher."
Wir nahmen zwei Konservendosen mit. Zum Wasserschöpfen. Ich schaute mir die Ränder an. Der scharfe Falz ließ sich an einer runden Eisenstange glätten.

Männer, die sich zu Knaben hingezogen fühlen, nannten wir "Hundertfünfundsiebziger". Das schnappte man beizeiten auf. Man übernahm den Tonfall der Verachtung, und lachte dreckig über *etwas Dreckiges*.
Ich wusste aber nicht einmal, dass mit der Zahl ein Paragraph im Strafgesetzbuch angesprochen war. Auch nicht, dass dieser Paragraph der Anlaß war, um viele Homosexuelle ins KZ zu bringen, als das *gesunde Volksempfinden* definierte, was als normal zu gelten hatte, und was als krank, entartet und pervers zu liqui-

dieren sei. Ich wusste nicht – noch nicht –, dass Homosexuelle in den Lagern als eine Unterart von "Untermenschen", unter der Häftlingsnummer einen *rosa Winkel* trugen.

Ich wusste – oder hätte wissen müssen –, warum die "Unbekannte aus der Seine" beim Ausgang unsrer Wohnung hing. Sie hatte ihre *Schuld* gesühnt. Sie hatte sich verführen lassen – und ich vermute, wie schon angedeutet, dass meine Mutter das erlöste Lächeln der jungen Frau als Trost auf ihrem Weg begleitete.

Verführt zu werden galt, auch nach dem Untergang des Dritten Reiches, als individuelle Schuld. Im Strafgesetzbuch blieb der Paragraph Einhundertfünfundsiebzig weiterhin bestehen, und das *gesunde Volksempfinden* hätte alle Schwulen auch weiterhin am liebsten im KZ gesehn.

Am nächsten blauen Sommermorgen sah ich uns *eins-zwo ... eins-zwo* durchs Wasser schießen und dachte nur noch an die Lust, vom Ufer weg hinaus zu paddeln, in eine unbegrenzte Wasserwelt.

Ich konnte mit der 75 bis zum Scholzplatz fahren. Dort wendete die Straßenbahn nach '45. Bei Pichelswerder war die Havelbrücke eingestürzt. Man musste runterlaufen bis zum Stößensee und dann die Schildhornstraße lang zum Bootshaus latschen.

Als alles seinen Platz gefunden hatte und wir zum Paddel greifen konnten, war es schon diesig schwül und kurz vor Mittag. Die Havel zeigte grüne Schlieren und roch wie altes Wasser aus der Blumenvase. Wir kamen uns durch meinen Übereifer mit den Stangen derart in die Quere, dass wir abwechselnd unter einem Wasserschwall zusammenzuckten und halb vor Kälte, halb vor Ekel hechelten und japsen mussten. Leider entdeckten wir die Komik nicht und konnten nicht darüber lachen. Der Rhythmus, den wir schließlich fanden, glich eher dem von alten Herren unter steifen Hüten, die nur die Spitzen ihrer "Blätter" in den Wasserspiegel tunken und eine Reihe kleiner Strudel in die Haut des Wassers tupfen. Wir kamen auch nicht weit auf diese Weise.

Mein Lehrer steuerte das Boot in Ufernähe dicht am Schilf entlang und bald in eine schmale Bucht, die offenbar von einem breiten Ruderkahn ins Dickicht vorgetrieben worden war. Sie sah mit ihrem spitzen Winkel einer Reuse gleich, aus der es kein Entrinnen gab.

Mein Lehrer wird die kleine Bucht im Schilf als ein willkommenes Versteck gesehen haben, um endlich ungestört mit mir zu zweit allein zu sein.

Die Stelle diente seit der ersten Übertretung des Verbotes, in diesen Ufergürtel einzudringen, als Liebesnest, das war selbst mir – in groben Zügen – klar. Vielleicht erst als die Stoppeln auf dem Ufergrund die Bootshaut streiften und mich die Schleifgeräusche schreckten.
Ein Faltboot ist jedoch kein Ruderkahn. Man kann darin nicht hin- und herspazieren. Allein das Aufstehn ist ein Drahtseilakt. Man bleibt am besten in der Mitte auf dem Hintern sitzen. Der vorne schaut nach vorne in das Röhricht und der hinten sieht den Vordermann von hinten. Er könnte ihm zum Beispiel sagen: "Du bist knallrot, pass auf, dass du dich nicht verbrennst."
Er sagte aber, und das erst nach einer langen Pause: "Ich habe eine Dose Hering in Tomatensoße ... die sollten wir jetzt essen. Mach sie auf, hier ist Besteck, und lass mir etwas übrig, bitte."
Ich wollte nicht noch einmal in der Klemme sitzen, aus der die Dose *Hering in Tomatensoße* mich zum Glück erlöste. Uns erlöste. Auch meinen Lehrer, der das Boot dort hingesteuert hatte und nun festgefahren war. Er hatte sich womöglich etwas vorgestellt, das mit dem Faltboot nicht zu machen war. Das muss ihm in der Pause klar geworden sein. Er sprach darüber aber nicht. Vertagte es vielleicht im Stillen. Verschob es auf einandermal. Die nächste Tour.
Das Beste würde sein, die Schule vorzuschieben. Er wusste, wie es um mich stand. Ich taumelte so zwischen "mangelhaft" und "ungenügend" durch das Waldschul-Leben. Da musste er Verständnis haben, wenn ich mich auf den Hosenboden setzen wollen würde. Ich müsste nur vermeiden, rot zu werden. Oder rumzustottern. Es wäre allerdings nicht auszuschließen, dass er sagen würde: "Gut, das freut mich, setz dich hin und lerne. Wenn du dich, sagen wir mal, jeden Tag vier Stunden konzentriert dahinterklemmst, wird jedermann Verständnis haben, wenn du danach ein bisschen paddeln möchtest ... falls du paddeln möchtest."
Ich fiel in eine fieberhafte Suche nach dem Ausweg. Durchwühlte meinen Vorrat an bewährten Lügen, wie einen Grabbeltisch im Sommerschlussverkauf. Das Passende war aber nicht zu finden. "Ich möchte nicht" zu sagen – wie beim Singen – kam mir gar nicht in den Sinn. Am Bootssteg kaum ein Wort. Die Arme fischten nach den *sieben Sachen*.
"Das hier?"
"Bleibt drin."
Als dann das Boot im Schuppen lag und wir die Blasen an den Händen zählten, der Satz: "Es war doch schön –"

Und als der Kopf des Lehrers sich erhob und wir uns durch die Kringel seiner dicken Brille in die Augen sahen, ein angehängtes scheues
"Oder?" und mein Nicken. Mein artiges, verdammtes, subalternes Nicken. Obwohl ich mit dem blöden Nicken jeden Versuch, mich frei zu strampeln, fallen lassen konnte, war ich für einen Augenblick erleichtert. Die Feigheit gab mit etwas Luft.
Die Angst – erklärt das Lexikon – ist das beklemmende Gefühl, bedroht zu sein. Ich brauchte Mut, um zu begreifen, dass die Bedrohung nicht von außen kam. Ich war nicht fähig, "nein" zu sagen.
Man braucht jedoch zum Nein zuvor ein Ja zu sich.
Man braucht ein "Ich", das man für wert erachtet, auf der Welt zu sein.
Vielleicht braucht man zum "Nein" auch die Gewissheit, dass man einmal erwünscht gewesen ist.
Vielleicht braucht man doch eine Mutter.
Sicher ist, dass man eine Mitte braucht.
Wieder drängt sich "Der Kardinal" in die Erinnerung.
Erst heute weiß ich, dass es der *Verlust der Mitte* war, der uns verband. Der ihn bedrohte – wie er glaubte –, mich aber aus der Bahn geworfen hatte.
Brecht hatte Galilei einen Stein verschrieben, mit dem er spielte, wenn er dachte. Den er als Argument verwendete, wenn er ihn fallen ließ.
Wir spielten das gesamte Stück auf einer *schiefen Ebene*. Und immer rollte mir der Proben-Stein davon und kullerte ins Publikum.
Auf Møn, in Dänemark, kann man am Strand Seeigel als Versteinerungen finden. Das kegelförmige Gehäuse. Mit einem Strahlenkranz aus aufgereihten Punkten, den die Stacheln hinterlassen haben. Als eine Abgußform für *Flint*. Für *Feuerstein*. Ein Kreisel, der auf einer schiefen Ebene von selbst in eine Kreisbahn findet, und dort pendelt, bis er liegen bleibt.
Mit diesem *Stein* hab ich in Düsseldorf gespielt. Es gibt ihn noch. Ich habe ihn bewahrt, als wäre er in *unserm Bund der Dritte*.
Später verschenkte ich den Stein an Walter Adler, unsern Regisseur.

*

Es ist ein Sonntag. Nachmittag. Ich schließe unsere Wohnung auf und höre meine Mutter im Gespräch mit einem Mann. Die Tür ist angelehnt. Ich klopfe. Leise.
Das große Fenster in dem Zimmer mit der Glasvitrine hatte wieder Scheiben. Man sah, wie schäbig unsere Möbel waren. Die aufgeplatzte Polsterung der Ses-

sellehnen. Der abgewetzte Vorwerk-Teppich. Wie ein Scheuerlappen. Daneben das Linoleum, mit Kratern übersät und rissig. Das waren die *Verhältnisse*, in denen ich zu Hause war. Die musste der Besucher wahrgenommen haben. Ich sah die Wohnung mit den Augen des Besuchers.
Ganz sicher war er da, um mich bei meiner Mutter anzuschwärzen. Auf meinen Lehrer war ich nicht gefasst.
Er lächelte gewinnend. Meine Mutter auch. Sie wirkte heiter und gelöst wie selten.
"Du fährst in Kürze in den Harz. Wenn *Füßchen* die Papiere hat. Er lädt dich ein. Ich habe es erlaubt."
Unter der Deckenleuchte mit den halb versengten Lampenschirmchen sausten Fliegen im Zick-Zack um ein unsichtbares Pentagramm. Um einen Drudenfuß. Für Fliegen. Fait accompli!

Aus der Rubrik: *Romane, die das Leben schrieb:*
Und alle schauten glücklich auf die junge Braut, die eben jetzt erfahren hatte, wohin die Hochzeitsreise sie entführen würde ...
Wir wissen, lieber Leser, dass die Braut ein Junge ist, der Bräutigam zugleich Erzieher und Reserve-Vater, auf den die Schwiegermutter ein gebranntes Auge hat.
Wird sich die Braut in diese ungeliebte Bindung finden?
Kann sie den Freund der Mutter glücklich machen?
Wird mit der Zeit zusammenwachsen, was sich noch ängstlich gegenübersteht?
Drücken wir diesem liebenswerten Paar die Daumen und hoffen wir das beste, lieber Leser.

Harzreise '49 ist ein Album ohne Bilder. Vollkommen leer.
Ein alter Film muss in der *Box* gewesen sein. Der noch ein zweites Mal belichtet wurde. Da schlugen lang vergessene Motive durch: unter der Oker floß die Felda, die Wasserkuppe überlagerte den Brocken, quer durch das Lazarett in Thorn lief eine halb verlöschte weiße Neon-Schrift. Weil ich den Namen kannte, konnte ich ihn rückwärts buchstabieren: "Hotel Der Achtermann". In Goslar.
Wenn es von dieser Reise schon ein Tagebuch gegeben hätte, so wie ich zwei, drei Jahre später eines führte, so stünde dort vielleicht zu lesen: Hans-Peter findet, dass der Name Ernst nicht zu mir passt, er werde mich von nun an "Heiter" nennen. Und unter einem Sonntag fände sich der Eintrag: ALTE MÜNZE – mittags Regen. Schwül. H.-P. schlägt vor, Nachmittagsschlaf zu halten. Ist

plötzlich nackt und schlägt die Decke weg. Er stöhnt und zeigt, was er sich von mir wünscht. Ich kann es aber nicht.

Julia war längst in Salem. Briefe gab es nicht.
Der Stimmbruch kam als später Knacks. Die glockenhelle Stimme schepperte und "Klaus" nahm Abschied von den RIAS-Kindern.
"Wir werden dich vermissen", stand im Manuskript. Sein Konterfei hing eine Zeit lang eingerahmt im Treppenhaus, Kufsteiner Straße 69.

Herr Schmalfuß schickte ein Gedicht:
"Dein Lachen reißt die Nebel auf / die meine Straße schatten / doch weiß ich / Licht mit Dämmerung / kann nimmermehr sich gatten."
Das warf ein neues Licht auf einen Scherbenhaufen.

Zwei Jahre später – etwa – wird es einen Abend geben, an den ich nicht erinnert werden mag. Den ich vergessen möchte. Löschen möchte.
Man sieht in eine Wohnung. Souterrain. Ein Vorhang teilt den Raum. Links ist ein Tisch fürs *Abendmahl* gedeckt. Fürs *Nachtmahl*. Für *danach*. Rechts steht ein Bett. Mehr eine Pritsche. Mit einem weißen Tuch bezogen. Darauf ein nackter junger Mann. Ein Kind. Es kniet. Den Kopf gebeugt. Es ist *gesalbt* und wartet.
Links aus der Küche ist das Klappern von Besteck zu hören.
Rechts wird mit einem kleinen Blasebalg per Hand Parfüm zerstäubt.
Der linke Teil des Raumes ist nur schwach beleuchtet. Ein gelbes Licht fällt seitlich durch die offene Küchentür.
Rechts kommt ein blaues Licht von rückwärts aus dem Badezimmer.
Links wird von einer großen Frau mit roten Haaren eine Kerze angezündet.
Rechts wirft ein Satyr seinen Schatten auf die Wand. Ein stark behaarter Mann mit erigiertem Glied tritt an das Bettgestell und drängt sich lustvoll in den Leib des Knaben. Hinter dem Vorhang wendet sich die Frau der Küche zu. Bevor sie in das gelbe Rechteck tritt, wirft sie den Kopf zurück und ruft mit einfühlsamer Stimme.
"Den gönn' ich dir!"

*

Bald nach dem Ende der Blockade war ich Zeuge eines Wunders.
Ich sah, wie eine Straßenbahn der Linie 75 durch den Abendhimmel schwebte. Sie war mit spiegelblanken Scheiben rundherum verglast und voller Licht. In jeder Deckenlampe brannten alle Birnen, für die es eine Fassung gab. Sogar die kleinen Würfel mit den Milchglasscheiben auf dem Vordach leuchteten, so dass die 7 und die 5 darin schon weit voraus zu lesen waren. Das kleine Rad des Stromabnehmers nahm sich die Energie direkt vom Rand der Wolkenbänke, an denen sich das Licht der tiefen Sonne in leuchtend roten Bögen konzentrierte. Die Bahn flog schwerelos nach Westen und setzte in der Steigung vor dem Scholzplatz schlingernd zur Landung auf dem Gleisbett an.

… und wo war Bärbel … meine Schwester Bärbel?
Sie wohnte auch in der Westendallee. Saß mit am Küchentisch, und nahm sich ihre Zeit im Badezimmer. Sie ging in eine Mädchenschule. Ein Lyzeum. Sie hatte einen Turnzeugbeutel. Dazu gehörte eine glänzend schwarze Pluderhose mit einem Gummizug, der in die Oberschenkel schnitt.
Als nächstes sehe ich sie über den ovalen Tisch gebeugt. Bei dem Versuch, Schnittmuster zu kopieren.
"Wenn du schon da bist, leg doch deine Hand mal bitte auf die Kante unten. Das verrutscht mir sonst."
"Was wird'n das?"
"… 'ne Bluse", nuschelte sie widerwillig und steuerte das Rädchen mit den Stacheln durch ein Wirrwarr von Begrenzungslinien aus Punkten und Gedankenstrichen, kombiniert mit kleinen Kreuzen.
"Wir müssen jetzt das Ganze etwas drehen", sagte sie.
"Das Ganze?"
"Mit der Unterlage."
"Wie denn drehen?"
"Nee, komm lass los! Ich seh' schon … hau bloß ab. Ich steck's mir fest!"
"Was hast du denn?"
"Vollkommen sinnlos, dich um was zu bitten."
An einem freundlicheren Nachmittag ergriff sie mich im Flur und sagte: *"Brüderlein, komm, tanz mit mir. Ich habe niemanden zum Üben."*
Sie hatte einen Kurs belegt.
"Ich kann nicht tanzen!"
"Quatsch! Ich zeig' es dir."

Sie ging im Takt die Schritte vor und zählte mit.
"… hn … hn … drei und ran. Jetzt mit dem andern Fuß zuerst und eine kleine Drehung …"
"Halt, halt, halt."
Es waren meine ersten Schritte über einem Abgrund und auf wackeligen Steinen. Ich ging sie aber mutig wie *ein Pimpf*.
"Rückwärts dasselbe. Komm, ich führe dich."
Schon hatte ich die Beine über Kreuz.
"Weil du so steif bist wie ein Stock! – Nochmal!"
Die halbe Schwester zeigte ihre Überlegenheit zu deutlich, fand ich.
Und verließ das Tanzparkett.

Davor, dazwischen und danach sind wir uns gegenseitig schnurz gewesen. Wenn wir uns überhaupt begegneten. Denn ein geheimnisvoller Magnetismus hielt uns voneinander fern. Bärbel hing liebevoll an unsrer Mutter und stellte sich bei jedem Knatsch auf ihre Seite. Bärbel schritt zu und zeichnete und nähte und weinte in der Oper über Tristan und Isolde. Sie ließ die Schule mit der zehnten Klasse sein, blieb aber in dem Kreis der Schulfreundschaften aus der Zeit in Böhmen. Eine der Freundinnen war Christa Vahl.
Manchmal ging sie mit roten Lippen, um sich "einen Tommy" anzulachen. Ich hätte gern gewusst, wie sie das macht. Aber der großen Schwester hinterher zu schleichen, das kam nicht in Frage.
Es klappte ja auch nicht, soviel ich weiß.
Sie hatte großes Glück, als sie als Lehrling bei HEINZ OESTERGAARD beginnen konnte; in einem Modehaus, das nach dem Krieg als führend galt. Aber sie war nicht nur der *dumme Besen*, der die Bude auszufegen hatte, sondern sie war das "Schmürz" für eine Direktrice, die ihr Mütchen an ihr kühlte, bis sie ging.
Für junge Mädchen gab es eine Möglichkeit, sich unentgeltlich zu verdingen. Das unentgeltlich war in dem Begriff au pair versteckt. Was meine Schwester sich erhoffte, als sie ihren Antrag auf Vermittlung stellte, weiß ich nicht. Ein Wunsch war aber sicher der, die Mutter in den schweren Zeiten zu entlasten. Und ein Motiv: der Enge in dem halben Zimmer mit einem dummen grünen Bruder zu entfliehen, der in die Flegeljahre schlidderte.
Sie kam nach Schottland. In ein Altenheim für Frauen. Seltsamerweise glaubte sogar ich, sie würde es dort besser haben als im belagerten Berlin, das mit Beginn des *Kalten Krieges* wieder *Frontstadt* wurde.

Aus Perth kam in der Weihnachtszeit ein zitternder verzagter Brief, der dick mit Tapferkeit bestrichen war. Ein blaues Achtel-Blatt. Ganz eng und dicht in braver Mädchenschrift beschrieben. Mit einer Bleistiftzeichnung ihrer dunklen Kammer, die uns zeigen sollte, dass auf ihrem Tisch ein Bäumchen stand und dass auf einem Zweig auch eine Kerze leuchtete. Das Licht verbot man ihr jedoch, kaum dass der Brief den Weg zur Post gefunden hatte. *Wegen Brandgefahr.*
Nach ihrer Rückkehr zeigte Bärbel mir ein Blatt aus ihrer Zeichenmappe. Darauf war ein Porträt. Der kleine Schädel einer alten Frau. Ein Puppenkopf – so, wie sie ihn, am Sterbebette sitzend, vor sich hatte. Ich fand die Skizze meisterlich, weil man darauf das Leben und den Tod in einem sah.
Nach Bärbels Tod fand ich im Nachlaß ihre Zeichenmappe wieder und betrachtete die alten Skizzenblätter. Ganz in Ruhe. Versuchte, mir die Einsamkeiten in dem Sterbezimmer vorzustellen:
Zwei Menschen. Frauen. Ein *gelebtes* Leben, und eines, das noch kaum begonnen hatte. Fremd, aber nah beisammen gegenüber.
Eine in der Erwartung, dass die andre *geht,* benetzt – vielleicht – mit einem nassen Leintuch deren spröde, fast erstarrte Lippen,
möchte fliehen – denke ich – kann aber diesen Menschen nicht verlassen, der eben diese Welt verlässt. Flieht in die Arbeit. Zeichnet –
lässt sich behutsam ein, auf das gezeichnete Gesicht, die Züge, die Konturen, Falten, Schatten. Begrenzt das Weiß auf ihrem Block mit zarten Strichen. Misst, verwirft, ergänzt – und setzt ein Abbild zwischen Tod und Leben. Verdoppelt die Belastung und gewinnt Distanz.
Bärbel muss damals siebzehn, achzehn Jahre alt gewesen sein.
Ich sehe sie den Zeichenblock beiseite legen, um der Erlösten eine weiße Binde um den Kopf zu wickeln und den entstellten Mund zu schließen. Der in der Starre vorwurfsvoll und fordernd auf mich wirkte.

Zum ersten Mal empfand ich die versäumte Nähe und kramte im Gedächtnis nach den Phasen von geschwisterlicher Harmonie, die es gegeben haben musste. Aber ich habe nichts gefunden. Später fiel mir ein Foto in die Hände, das Bärbel in der Schwesterntracht mit einem Kind auf ihren Schultern zeigte. "Oskar-Helene-Heim" – natürlich – ja, da fuhr sie jeden Morgen mit der U-Bahn hin. Sie wollte Heilgymnastin werden. Kinder um sich haben. Kindern helfen. Und wurde: Stewardeß bei "Pan American". Ein Traumberuf für junge Mädchen. Damals. Für West-Berlinerinnen. *Insulanerinnen.*

In ihrer blauen Kluft seh' ich sie über mir. Am Rande eines Kellerschachtes. Auf einem Grundstück nah am Bahnhof Zoo, das ich enttrümmern half. Als Arbeitslosengeldbezieher leistete ich "Notstands-Arbeit". Bei der "Hochtief AG". Ich schaufelte Schutt auf ein Förderband. Acht Stunden lang. Ich radelte am Morgen noch im Dunkeln los. Man traf sich 6 Uhr 45 vor der Baubaracke, um die Geräte in Empfang zu nehmen. Mit mir zusammen gruben sich zwei altgediente Hilfsarbeiter bis zur Kellersohle durch. Sie zeigten mir, wie man die Schaufel fasst, um sich *nicht tot zu machen.*
Der Fahrer, der den Schutt zum Trümmerberg am Teufelssee zu transportieren hatte, verdiente im Akkord mehr als die "faulen Säcke", die den "Dreck" auf seinen Lkw zu schippen hatten. Das führte wiederholt zu Missakkorden. Er griff dann selbst zur Schaufel, um zu zeigen, dass er im Stande sei, in einer halben Stunde *Berge zu versetzen*. Schmiss, wenn er müde wurde, seine Schaufel weg und schwang sich auf den Fahrersitz.
Zurückgekehrt, erschien er grinsend auf der Außenmauer, klatschte in die Hände und rief: "Ich sage nichts mehr, Männer! Nur: haut rein!"
Die Uhr im Turmstumpf der Gedächtniskirche war so geschaltet, dass die Stunden nach elf Uhr mittags ständig länger wurden. Der Glockenschlag zur vollen Stunde hatte am Nachmittag Verspätung bis zu einer halben Stunde. (Warum die Menschen – außer mir – das nicht bemerkten, blieb ein Rätsel.) Der Motor ratterte. Die Rollenlager quietschten. Die Augen klebten auf dem Schaufelblatt. Im Dreck.
Der Schutt war nass, schwer, bröckelig und schmierig. Dazwischen Brocken, die nicht klein zu kriegen waren. Beton mit Resten der Armierung. Eisengestänge, das mit Spinnenbeinen aus dem Klumpen ragte. Es wurde manchmal auf dem Förderband lebendig. Einmal erhob sich so ein Klumpen im Bereich der Umkehr-Rolle – schon im Kippen – und stakste schwankend rückwärts, fiel zur Seite und landete auf meinem Kopf.
Albrecht-Achilles-Straße. Notaufnahme: Bauarbeiter. Platzwunde. Klammern oder Nähen. Die Personalien und dann warten. Rasieren. Jod. Wundränder schneiden. Warten.
"So. Jetzt zu Ihnen. Wundränder säubern hatte ich gesagt!"
"Hab' ich gemacht …"
"Nein, hier das alles weg. Nochmal. Ich komme dann."
Den Schneiderlehrling sah ich nicht. Das Blut lief im Genick zusammen.
"Warum nicht gleich so. – Nähen!"

Der Lehrling suchte eine Nadel. Die war falsch. Er brach sie ab und wurde zittrig.
"Geben Sie her! So – das genügt. Jetzt trinken Sie 'n Schnaps! und morgen sind Sie wieder auf'm Bau. – Gut, dass Sie eine Mütze hatten. Wiedersehen!"
Das Ganze ist rein medizinisch und als Verwundung nicht erwähnenswert. Es illustrierte mir jedoch die Sicht auf einen Bauarbeiter.
Für ein paar Tage war ich "Budenfax". Mädchen für alles: Limonaden, Brotzeit-Wünsche und zerbroch'ne Schippen-Stiele. Man sollte einmal Budenfax gewesen sein im Leben, um diesen Posten würdigen zu können. Ich war nicht unzufrieden, als ich wieder bei den faulen Säcken war.
An einem regenreichen Tag sprach mich der Vorarbeiter an:
"Jacobi", sagte er "wir haben Sie beobachtet. Die Firma stellt Sie ein. Sie können jederzeit bei uns beginnen."
Als Hilfsarbeiter. Mit der Schaufel. Das verstand sich.
Da hatte endlich jemand mein "Talent" entdeckt. Den Platz, auf den ich eigentlich gehörte.
Es war ein Schock. Ich blieb noch bis zum nächsten Zahltag. Dann quittierte ich die letzte "Tüte". Das war 1955.

Bärbel stand also in der Uniform der Stewardessen von "Pan American" auf jenem Grund im S-Bahn-Bogen, den die "Hochtief AG" enttrümmerte. Im lichten Blaugrau. Vor bedecktem Himmel. Unter der Jacke des Kostüms der offne Kragen einer weißen Bluse. Ein PanAm-Käppi mit dem Firmen-Globus auf dem blonden Haar. Hoch über ihrem kleinen Bruder. In einem Anstell-Winkel, den sich *Himmelsboten* für ihr Erscheinen auszuwählen pflegen.
"Wer ist das?" fragte einer von den faulen Säcken.
"Meine Schwester."
"Das glaubst du doch wohl selber nich'."
Der Engel hatte kleine irdische Geschenke von seiner Reise durch die Lüfte mitgebracht. Die reichte er mir in das Kellerloch hinunter: Milchpulver, Schokolade, Zucker, Kekse vielleicht, ich weiß es im Detail nicht mehr.
Ich fragte nicht: Wie hast du mich gefunden. Ich konnte auch nicht sagen: "... dass du mich gefunden hast ..." und wortlos mit dem Kopfe wackeln, wie man das in Verlegenheit so macht.
"Und sonst?" das hätte Bärbel sagen können,
"Wie geht's dir sonst?"

Ich hätte darauf sagen können: "... gut – ganz gut ..."
und Bärbel dann, in Pausen eingebettet: "Schön. – Ja – jetzt muss ich wieder."
Obwohl die Engel ihr Entschwinden nicht begründen müssen.

Die USA errichteten auf diesem Grundstück eine erste Bücherei.

*

Nach der Versetzung in die neunte Klasse fehlte mein Freund Volker Gerster. Die Schule hatte ihren Handballtorwart *sitzen* lassen. Im Gegenzug ließ der die Schule sitzen.
Wir beide waren einen Sommer lang barfuß zum Unterricht erschienen und übersetzten "Cäsars bellum gallicum" mit nackten *Käse-Quanten*. Ohne Schuh' und Strümpfe. Welch ein Armutszeugnis, wenn man die Fehler, die wir bei der Übersetzung machten, einbezieht. Dergleichen schweißt zusammen – wie der Volksmund sagt – und diese Schweißnaht überstand tatsächlich wechselvolle Jahre.

Frau Gerster lebte mit den beiden Kindern, Volker und Dietlinde, in einem anspruchslosen Vorstadthaus. In Eichkamp. Ohne Mann. Von dem ich annahm, er sei umgekommen. Vermisst. Gefallen. Oder unbekannt verzogen.
Viel später sah ich ihn einmal. Nur halb von hinten. Als er sich entfernte. Ich konnte meinen Vater gut auf seine Silhouette projizieren.
Volker erzählte nichts.
Frau Gerster ging in Unterrock und offner Kleiderschürze durch das Haus. Ein wenig blind. Ein wenig taub. Und manchmal so, als ob sie sich durch die vertraute Stube tasten müsse. Nur selten merkte ich, dass sie getrunken hatte. Der Alkohol umgab sie wie ein schwereloser Stoff. Ein Überwurf aus Voile. Dass man hindurch sah, war ihr wurscht.
Manchmal entstand ein Streit. Frau Gerster wehrte sich. Gab Widerworte. Schrie. Ich schaute durch die offne Tür, und sah, dass sie allein im Hause war. Es ging um Hitler, seine Autobahnen und die sechs Millionen Juden. In diesem Drei-Eck sprangen die Gedanken vieler Menschen *im Karree*, wie der Berliner sagt. Man wollte sich die Schuld an den Ermordeten nicht in die Schuhe schieben lassen. Nicht an so vielen. Nicht an sechs Millionen. Die Zahl war unerträglich. Sie war "falsch". Das wussten alle, die ansonsten überhaupt nichts wussten.

Eichkamp wird südlich von der Autobahn begrenzt. Der alten "Avus". Rennstrecke für die "Silberpfeile". Für die Triumphe von Bernd Rosemeier. Hitler verspricht ein Auto, das sich jeder leisten kann. Den Wagen für das Volk. Neunhundert Reichsmark soll er kosten. Ungefähr.
Über das bittersüße Lied: "Wenn ich ein Vöglein wär' … flög' ich zu dir …" schob sich der Traum vom luftgekühlten Viertakt-Motor des VW. Sehr viele zahlten an. Auch wir. Auch meine Mutter wünschte sich den "Käfer".
Vom Haus der Beckers waren es nur Schritte bis zur Unterführung unter der "Avus" und der S-Bahn durch zum Güterbahnhof Grunewald. Dort gibt es einen breiten Kopfsteinpflasterstreifen, auf dem sich Juden für den Abtransport versammeln mussten.

Schuld ist juristisch definiert. Mittäterschaft muss nachgewiesen werden. Zustimmungstäterschaft wird nicht verfolgt. Ob sie nun schweigend oder jubelnd Ausdruck findet.
Der Mensch besitzt die wunderbare Gabe, vorbeugend wegzusehen. Er hört und sieht mit feinen Fühlern das voraus, was er nicht hören und nicht sehen wird – von dem er sagen kann, er habe nichts bemerkt. Den Satz: Das geht dich gar nichts an, kann man sowohl zu andern sagen als auch zu sich selbst.

Frau Gerster machte es sich damit schwer. Das machte sie für mich sympathisch. Wenn sie mich sah, rief sie: "Der Poppenspeeler!"
Das hieß: Willkommen auf dem untergehenden Vergnügungsdampfer. Ich hatte bei ihr einen Stein im Brett, weil ich mit ihrem Sohn, gleich zu Beginn des *Wirtschaftswunders,* die gute Stube frisch "gewickelt" hatte. Wir hatten die Tapeten abgerissen, die Zeitungen darunter abgeweicht, die Mauerrisse zugegipst, die Wände weiß gestrichen – und *gewickelt:*
Man sucht sich einen alten Lappen, tränkt ihn mit Farbe, drückt ihn aus, und rollt das Knäuel an der Wand hinauf. Wenn man den Lappen fest im Griff behält, so wiederholen sich die Muster, die der Stoff mit seinen Falten oder Rillen hinterlässt. Der Lappen sollte dabei stets die gleiche Sättigung mit Farbe haben. Und behalten. Das glaubten wir nach ein paar Übungen zu schaffen.
Als endlich alles *abgewickelt* war, und wir die Wand im Ganzen und mit Abstand sahen, zeigte sie schiefe Bahnen aufgereihter Kleckse. Saftige, vollgesoff'ne dicke, die in der Folge über fünf Stationen etwa, magerer und blasser wurden. Bis zum nächsten Flatsch. *Sauhaufen!* hätte das bei der HJ geheißen.

Die Fläche wirkte arg verschandelt, weil man zugleich das angestrebte Muster sah und unser Unvermögen, es al fresco auf den Putz zu drucken. Wir hätten wagen sollen, rote Tupfer auf der Fläche zu verteilen – wie wilder Mohn in Wiesen blüht. Das kam uns aber gar nicht in den Sinn. Vielleicht weil wir in Reih' und Glied marschieren lernten.

Frau Gerster nahm die Wand mit Nachsicht ab. Huldvoll. Mit einem amüsierten Lächeln auf den Lippen. Vermutlich hatte sie den Pegel der Erträglichkeit erreicht, auf dem die Welt an ihr vorüber schwamm, und rote Kleckse, durch den Schleier, leicht zu Flamingo-Federn werden konnten.

Ich denke, dass Frau Gerster wahrnahm, wie ihr Haus verfiel, ihr Sohn verwilderte, der Garten im Gestrüpp verkam. Wie ihr der Haushalt in die Anarchie entglitt und wir das auszunutzen wussten. Ich meine, dass der Alkohol den Vorgang sanft verschleierte, ihn aber nicht verursacht hatte.

Ich spürte eine leise dunkle Lust am Untergang, die uns verband. Als habe der Befehl des Führers an die Truppe, nichts als *verbrannte Erde* hinter sich zu lassen, eine geheime Sucht erzeugt. Die Sehnsucht nach Vergeltung, nach der Wunderwaffe, hatte sich bald aus dem Kausalzusammenhang gelöst. In einen Teufelskreis hinein gesteigert. Maßlos. Wie im Fieberwahn: Vergeltung als Vergeltung für Vergeltung.

Die Sehnsucht nach Vergeltung wirkte fort wie eine Blutvergiftung. Die Lust am Untergang verband sich mit der Lust, noch etwas mitzunehmen. Mitzureißen. In die Tiefe. Als Opfergabe an die Rache-Göttin. Vor allem Liebgewordenes. *Ans-Herz-Gewachsenes. Rache ist süß.* Der Redensart war ich schon früh begegnet. Ich hatte mitgefiebert. Nach Vergeltung. Als kleiner Furz. Als Pimpf. Der mitgesungen hatte, Führer befiehl, wir folgen Dir. Der in der Uniform den Dünkel teilte, *Kreuzritter einer neuen Zeit* zu sein. Ein Auserwählter. Aus dem Volk der Herrenrasse. Von diesem *Hohen Roß* war ich herunter. In den Dreck gestürzt. Ich fühlte mich verraten. Fühlte mich getäuscht. Stand als der Dumme da. Der Reingelegte. Ich war auf einmal eine Schande. War etwas, das es besser nie gegeben hätte. War blöd, weil ich mein Leben lassen wollte. Für Führer, Volk und Vaterland –

Das reichte, um Frau Gerster nah zu sein. Näher als denen, die von Anfang an und immer wussten, *wie der Hase läuft.* Vielleicht war sogar EROS mit im Boot, auf dem wir beide führerlos durch Nebelbänke trieben. Ich meine, dass wir uns verstanden hätten – wenn wir geredet hätten – wenn wir hätten reden können.

Die Schule klammerte das Leben aus. Die Zeit, die uns geprägt, verführt und fallen lassen hatte, wurde totgeschwiegen. Geschichte hörte mit dem Ersten Weltkrieg auf. Wenn wir im Unterricht die Jahreszahlen großer Schlachten paukten, wehte die weiße Fahne mit den Shinto-Affen auf dem Wellblechdach der Querbaracke.

In einem Fachbereich half mir die Schule aber durch den Schüler Bommert weiter. Er war ein langer, schwerer Kerl. Zu groß für unsre Klassenpulte. Er saß ganz hinten, in der letzten Reihe. Wenn man ihn ansprach, stand er auf. Das heißt, er zwängte sich durch eine Lücke zwischen Tisch und Lehne, stemmte sich hoch, indem er sich zunächst nach hinten lehnte, und mit der Trägheit einer Anakonda ein Stück rückwärts in die Höhe glitt, sich dann vornüber beugte, um den Rest des Körpers nachzuziehen, vor allem aber um den Hintern aus der Klemme zu befreien, und sich endlich aufzurichten.

Er führte vor, dass er die Übung bis zum freien Stand beherrschte, und sie auch wiederholen würde, falls das nötig sei. Er gab nie Auskunft, ob er sonst noch etwas könne oder wisse, schaute die Lehrer selbstzufrieden an, und glitt nach einer kleinen Anstandspause auf gleichem Wege in die Bank zurück. Der Schüler Bommert handelte mit Radioteilen. Mit Röhren, Spulen, Widerständen. Und hatte in der Büchertasche alles, was der Fachmann braucht. Zum Reparieren, Prüfen, und sogar zum Löten. In unserm Volksempfänger war die Röhre VCL 11 kaputt. Das könne er mir zuverlässig sagen. Die sei zur Zeit jedoch nicht aufzutreiben, weshalb er mir zu einer Zwischenlösung riete. Er habe einen günstigen Detektor anzubieten, Kopfhörer inklusive, Kristall und Nadel einwandfrei. Den kaufte ich. Und hörte – wie die andern – AFN! *Frolic at five,* und: "listen – there is music in the air". Hank Williams.

Wenn ich mit einer meiner üblichen Erkältungen im Bett geblieben war, und mein Detektor mir nichts besseres zu bieten hatte, hörte ich den Suchdienst. Eine Stunde lang. Unendlich viele Namen. "Zuletzt gesehen in … das Kind trug eine schwarze Baskenmütze … wer kann Auskunft geben …"

Als wir in der Physik an Hertz und Ohm vorüberkamen, war "unser" Bommert längst nicht mehr dabei.

Die Vier-Sektoren-Stadt zerfiel und trat sich in zwei Hälften gegenüber. Russisch verschwand vom Stundenplan. Lautlos und unbegründet. закрывайте книги [sakriwaitje knigi], hieß es, do swidanja – macht eure Bücher zu – auf Wiedersehen.

Dass wir Kyrillisch lesen lernten, erwies sich eines Tages als Gewinn. Ich jedenfalls empfand es so, als ich mit Gorki's SOMMERGÄSTEN zu einem Staats-Gastspiel des Wiener Burgtheaters in die Sowjetunion nach Moskau reiste und wenigstens die Namen der Stationen in der U-Bahn lesen konnte. Und "bitte" sagen. "Guten Tag". Und "danke". Anstatt: "Hände hoch!"

Deutschstunde. Eine Bildbeschreibung kommt mir in den Sinn. "Der Tod als Freund". Holzschnitt von Alfred Rethel.
Geschichte: Daten, Orte, Schlachten. Vom Feldherrnhügel aus.
Erdkunde-Unterricht. Der Satz: "Die Hefte raus – wir schreiben ein paar Zahlen auf", war zum Alarmsignal geworden.
Es war vielleicht um 1949, als wir die Wirtschaftskraft der SBZ, der "sogenannten DDR", der "Zone", wie sie die Berliner nannten, mit der von Westdeutschland vergleichen sollten. Per Statistik. Tonnagen undsoweiter. Import/Export. Kohle/Stahl. Auf 1939 umgerechnet. Ich schmiss den Federhalter hin und sagte laut: "Den Blödsinn mache ich nicht mit!"
Es war das erste Mal, dass ich mir in der Schule einen Widerspruch erlaubte, weil diese Zahlenspiele eine unerklärte Absicht hatten. Schiefe Vergleiche als "Beweise" wollte ich nicht mehr.
Ich wollte nicht noch einmal sagen müssen: *ich hab' mir nichts dabei gedacht.* Nichts schlucken, was als Impfung vor den eigenen Gedanken schützt. Vor dem Erkennen eigener Interessen. Davor, dass man die herrschenden als die der Herrschenden erkennt. Und sie nicht mit den eigenen verwechselt.
In einem Peloton, das einen Fahnenflüchtigen erschießen soll, weil ein Marinerichter, beispielsweise, ein Todesurteil unterzeichnet hat, ist es zu spät, um 'nein' zu sagen. Um das 'nein' zu üben. "Befreiung aus der selbstverschuldeten Unmündigkeit" ist kein beherzter Sprung. Nicht mal ein Schritt. Ihm muss ein tausendfach geübtes *Nein* vorangegangen sein. Die mündige Entscheidung – quasi alles Denken – beginnt mit einem kreativen *Nein.*
Ich habe mich gelegentlich gefragt, ob sich die Toten wünschen würden, *Nein* gesagt zu haben – anstatt darauf zu hoffen, dass der Gehorsam sie am Leben hält – man kann es nur vermuten, das ist wahr, aber vermuten kann man es.

*

Mein Fahrrad war ein altes Roß. Es hatte seine guten Tage lange hinter sich. Der Lenker hielt die Spur nicht mehr. Freihändig fahrend hatte ich mit meinem

Körper einen Rechts-Drall auszugleichen. Die Kugellager der Pedale knirschten. Die Schrauben, die den Sattel halten sollten, lösten sich, und wenn ich Tempo machte, sprang die Kette ab. Wodurch die Rücktrittbremse fehlte, wenn sie besonders nötig war. Einmal fuhr ich auf einen Polizeifunkwagen auf.
Ich dachte, für den *Dummen August* sei es an der Zeit, ein bisschen mehr als Quatsch und Faxen anzubieten. Ein Clown ist immer auch Artist. Ich glaubte, dass ein kleiner Trick mir Anerkennung bringen könnte. Ein Staunen wenigstens, fürs erste. Ich wollte irgendetwas auf dem Fahrrad machen. Eine *Zirkusnummer.*
Vor dem Olympiastadion war die große Auffahrt ungenutzt und menschenleer. Dort übte ich, verkehrtrumsitzend Rad zu fahren. Den Griff der Hände auf dem Lenker rechts und links vertauscht, und auch die Füße, rückwärts tretend, auf der falschen Seite. Das war an sich nur eine Frage der Gewöhnung. Von ein paar Schrammen abgesehen, klappte das.
Dann wollte ich den Richtungswechsel "fliegend" schaffen. Hände und Füße wechseln, ohne anzuhalten. Der erste Teil der Übung sah so aus, als stiege ich vom Rad. Das rechte Bein im Schwung nach hinten führend, über das Hinterrad zur linken Seite, und dort baumeln lassen. Fuß bei Fuß. Dann kam die Drehung. Auf dem linken Standbein. Aus der Hüfte. Außen rum. Der linke Fuß dreht sich dabei auf dem Pedal, die rechte Hand muss sich zugleich vom Lenker lösen, das Fahrrad kippt zur Seite – Sturz. – Tagtäglich. Viele Male. Blut. Blaue Flecken. Prellungen. Es geht nicht.
Geht nich, gibt es nich.
Ich hätte einen Hinweis brauchen können. Das Auge eines Außenstehenden, der sah, warum es nicht gelingen wollte, wo der Fehler war. Ich wollte es jedoch partout alleine schaffen. Ich wollte die Physik an einer schwachen Stelle heimlich überlisten. Wo zwei Gesetze sich die Waage halten. Durch Geschicklichkeit. Es reizte mich. Es trieb mich um. Es zwang mich.
Ich wollte im Zurückschaun vorwärts kommen, *den Blick nach vorn* im Hinterkopf. Ich wollte diesen Richtungswechsel schaffen.
Nachdem es ein Mal funktionierte, blieb ich dran ...

Ich habe in zwei ersten Filmen mitgewirkt, die beide keine Spuren hinterlassen haben. Soweit es mich betrifft. Der eine erste hieß: DER SUPPENKASPER. Ein Werbefilm für Maggi-Suppen. Den hätt' ich gern nochmal geseh'n, er ist jedoch verschollen. Niemand weiß von ihm. Und in dem andern ersten

spielte auch Horst Buchholz mit. SÜNDIGE GRENZE hieß der Thriller. Beide gehörten wir zu einer Bande, die aus den Niederlanden – oder Belgien – Kaffee nach Deutschland schmuggelte. In putzig kleinen Säcken, in denen selbstverständlich keine Bohne war. Wir lagen tagelang auf freiem Feld. In einem überwucherten, zerbombten Industriegelände. Unweit der CCC-Film, die den Streifen produzierte. Ganz in der Nähe jener Brücke, die '45 von der Hitlerjugend "heldenhaft" gehalten wurde. Und hinter der mein Vater in die russische Gefangenschaft geriet.
Es könnte wieder Mai gewesen sein. Es war nur über Mittag warm, sodass wir uns in einer Mauernische einen Unterstand errichteten. In unsrer Mitte saß ein Mädchen aus dem Osten. Was sie erzählte, klang, als käme sie aus einer andern Stadt, und wir belagerten sie dumpf wie kleine Frösche.
Wir huschten einmal tief gebückt durch eine Doppelreihe nachgemachter Panzersperren und sprangen einmal auf den Wagen eines Zuges, der sich gerade in Bewegung setzte. Vermutlich rannten wir "zur Sicherheit" am Rande mit. Weit außerhalb des Bildes, das die Kamera erfasste.
Am letzten Abend fragte ich: "Fahr'n wir zusammen, Horst?"
"Nein heute nicht – ich bleibe noch."
"Wozu?"
"Ich hab' noch ein paar Groß-Aufnahmen" –
"Wie hast'n das gemacht?"
"Die hab' ich im Vertrag"
Ich staunte.

DER SUPPENKASPER lief in einem *Freilichtkino*. Ku-Damm, Ecke Bleibtreustraße. Als Hauptfilm. Nach der Dia-Werbung. Das Eckhaus war zerstört, die Trümmer abgeräumt. Das Grundstück oberhalb der Kellerstümpfe grob planiert. Ein aufgebockter Wohnanhänger stand darauf. Daneben eine Imbißbude. Ich bin ein paarmal hingefahren. Mit dem Rad. Es war ein regnerischer Herbst. Die ersten Leuchtreklamen färbten den Asphalt. Über dem Trümmerfeld, im Dunst, ein Firmenname. Weiß. Oder rot. In plakativen Großbuchstaben. Von Halensee hinunter sirrte der Dynamo. Das Licht der Fahrradlampe reichte aus, um Löcher in der Straßendecke zu erkennen. Ich flitzte durch die Nacht, als hätte ich den Teufel im Genick. Dann stand ich unter ein paar fröstelnden Passanten, die an ihrer Fischbratwurst entlang ins Leere stierten. Keiner sah zu dem weiß gekalkten Rechteck auf der Mauer gegenüber, das als Leinwand

diente. Die Dias schienen festzuklemmen. Es dauerte und dauerte, bis eins das andere zur Seite schob, und bis der dünne Lichtstrahl aus dem Campingwagen sich veränderte, weil endlich der Projektor angelaufen war. So einer, mit den großen Schmalfilmspulen oben drauf, durch den "Die Ringelnatter" surrte, in der Aula, zu der Herr Priegnitz uns in Reih und Glied geleitet hatte. Damals. Jetzt sah man auf der Brandschutzmauer wiederum sehr ordentlich gekämmte Schüler in einem Klassenraum (in Wirklichkeit die Altberliner Wohnung von Herrn Thurnau, dem die Thurnau-Film gehörte) und dazwischen: mich. Mit meinen roten Zotteln. Das Gesicht voll Sommersprossen. In einem Schottenmuster-Hemd. Blau-schwarz kariert. Vom Inhalt hab' ich nichts behalten.
Keinem der Kunden vor der Imbißbude war klar, dass er dort an der Wiege eines Künstlerlebens stand. Man weiß es einfach nie. Ich ahnte es am wenigsten. Ich wusste nicht, was aus mir werden würde. Schauspieler? Kaum. Ich hätte nicht einmal erklären können, was das ist.
Natürlich hatte mich die Eitelkeit getrieben. Ich hätte gern ein bisschen angegeben. Aber nicht einer sagte:
"Mensch – bis' *du* det nich? Da oben?"
Was hätte ich da sagen sollen, außer: "Ja!"
Und er vielleicht: "Na, so wat."
Und wär' dann mit dem Rest der Fischbratwurst den Ku-Damm runter.

*

Die Bombe von Hiroshima fiel '45. Im August. Die Russen waren schon in Kaltennordheim, als die Nachricht kam. Verspätet. Ohne Bild zunächst. Als es dann eintraf, war es voller Mängel. Übermittlungsfehler: Man sah nicht, dass die Sphärenschalen des Aristoteles durchschlagen waren. Und dass der Feuerball durch alle Himmel aufgestiegen war ... bis weit hinauf ins Reich der Engel. Man sah die Welle nicht, den Druck, der alles von der Erde fegte, was etwa dort verwurzelt war. Man sah den Blitz nicht, der die Silhouette eines Unbekannten festgehalten hatte. Auf einer lichtgeschwärzten Mauer stand der helle Umriß eines Menschen, der in dem Blitz zu Asche wurde. In seinem Umkehr-Schatten ausgelöscht. Mit Lichtgeschwindigkeit.
Man roch nicht die verschmorten Lappen abgelöster Menschenhaut, die an den Leibern lebender Verrückter hingen.
Ich sah apathisch auf das Mentekel ...und ich erkannte anfangs nicht einmal die *Wunderwaffe* wieder, an der sich meine Hoffnung auf den Endsieg festge-

klammert hatte. Nun hatte sie dem Feind zum Sieg verholfen. Er hatte es geschafft. Er hatte sie gebaut und sie aus großer Höhe über einer Stadt gezündet, nachdem ein "Wetterflieger" grünes Licht gegeben hatte.
Es war ein lichter, blauer Tag.
So ähnlich hätten *wir* es auch gemacht – *wir wollten den Totalen Krieg!* – Nicht nur die linientreuen Zuverlässigen. Im Sportpalast.

Los Alamos, Alamogordo, Elugelap und Eniwetok, die Orte der Atomversuche lernte ich erst nach der Schule kennen – und auch die Namen: Oppenheimer, Fermi, Teller, Bethe begegneten mir erst in Heinar Kipphardts Bühnenstück, als ich den Julius Robert Oppenheimer spielte. Rund dreißig Jahre nach dem Abitur. Im Renaissance-Theater, Ecke Knesebeck…

Hiroshima und Nagasaki, das etwa war der Rahmen für den Unterricht bei Dr. Oppermann in der Chemiebaracke. Er ließ uns vor der grünen Tafel dies und das zusammenschütten und in den Bunsenbrenner halten, um diese oder jene Reaktion hervorzurufen. Basis für unsere Versuche war das Periodische System der Elemente. Niels Bohr und sein Atom-Modell.
Vom Wasserstoff bis zu den Trans-Uranen – an beiden Enden gab es einen Einstieg ins Labor des "Teufels", zur Wasserstoff- und zur Neutronenbombe.
Es gab im Unterricht bei Dr. Oppermann ein kleines Ritual. Wenn einer vorne vor der Klasse stand, mit einem Reagenzglas in der einen und einer Flasche in der andern Hand, und zögerte, weil ihm die eine oder andre Flüssigkeit nicht ganz geheuer war, und fragte:
"Wieviel soll ich denn davon nehmen?",
bekam er stets die Antwort: "Bis jenuch is."
Man war darauf gefasst und hoffte doch auf einen kleinen Tipp, den Dr. Oppermann jedoch verweigerte. Er wusste wohl, dass nichts passieren konnte, und provozierte diese kleinen Pausen, um eigenen Gedanken nachzuhängen.
Ich sehe ihn auf halber Höhe, vor der Fensterfront, an eine Zwischenwand gelehnt, mit grauem Schnauzbart und dezenter Fliege, in einer Art von Selbstgespräch: Der Mensch ist ein gewagtes Unternehmen der Natur … der homo sapiens sapiens … Gottes Ebenbild … ist ein riskanter Wackelkandidat der Schöpfung … nicht deren Krone, sondern ein Versuch mit ungewissem Ausgang, ein offenes Experiment. – Es war ein eingestreuter Zweifel, ein Nebensatz, ein kurzer Monolog, der eine neue Klassenfreundschaft stiftete.

Zwei Plätze links von mir saß unser Primus, Karl, der alles wusste, alles konnte, und zuverlässig "Einsen" schrieb. Er hatte immer alle Schulaufgaben ordentlich gemacht, er übersetzte alles fehlerfrei und war den Lehrern sichtbar eine Freude. Bei mir war er erheblich unbeliebter, weil er mich nie in seine Hefte schauen ließ, und meine intensiven Hilferufe immer überhörte.
Wenn ich bei einer Mathe-Arbeit, beispielsweise, rüber zischelte: "Hast du die dritte Gleichung schon?" sagte Karl unbarmherzig: "Ja". Und weiter nichts.
Herrn Dr. Oppermann's Betrachtungen der menschlichen Natur lösten bei uns ein starkes Echo aus. Bei Karl und mir.
Zentrifugale Kräfte wurden frei, die wohl nur angestoßen werden wollten. Es war, als hätte Dr. Oppermann nur eine Sperre lösen müssen.
Karl schmiss hin! Er löste sich spiralenförmig aus der Klassenmitte, aus seiner komfortablen Spitzenposition, und driftete zum Rand, an dem die potentiellen Sitzenbleiber klebten. Also ich.
Karl machte seine Schularbeiten nicht und blieb nach Schulschluss bei den Ping-pong-Spielern hängen. Wir überprüften alles, was uns unverständlich war, aus dieser neuen Perspektive Dr. Oppermanns: die Mädchen und den Satz *wer immer strebend sich bemüht, den* ... was? *Was* wird mit dem? Was meinte Goethe? Wir gingen weite Strecken schweigend, als müssten wir die Umwelt neu vermessen. Der Zweifel brauchte Zeit, um Fuß zu fassen.
Es war beinah ein Rollentausch. Karl wollte sein wie ich. So unabhängig von dem Anspruch, den die Schule an uns stellte.
Aber befreiend war die *Häutung* nicht. Die Schatten wurden dunkler – ohne dass es heller wurde.
Karl blieb auch weiterhin der Musterknabe. Für die Lehrer. Reichte sein Fundus einmal nicht, und er stand auf und sagte einfach:
"Weiß ich nicht", so sprangen sie ihm liebevoll zur Seite und trösteten ihn mit den Worten:
"Aber natürlich wissen Sie das, Karl, Sie kommen im Moment nicht drauf. Das macht doch nichts."
Bei mir verschärften sich im Lehrerzimmer die Bedenken, mich überhaupt zur Reifeprüfung zuzulassen. Aus schweren Sorgen wurden schwerste Sorgen.
Noch Jahre später träumte ich davon, das Abiturium geschafft zu haben und wachte schamvoll auf, weil ich auf einen Traum hereingefallen war ...
Schon in der Unterprima legte man uns Fragebögen vor, auf denen, unter anderem, nach dem Beruf gefragt war, den man auszuüben wünsche. Ich ließ die

Zeile erst mal aus, und schaute, was die anderen so werden wollten. Als dann die Bögen wieder eingesammelt wurden, schrieb ich "Gärtner" hin.
"Was du *studieren* willst, ist da gemeint."
"Ach so, dann warte mal ... dann schreib' ich: *Gartenbau.*"
Ich hatte nicht den Schimmer einer Ahnung, in welchem Zustand die paar West-Berliner Gärtnereien waren. Nach '45 und nach der Blockade. Kein Glas und keine Kohle, um ein Treibhaus in Betrieb zu nehmen. Ein Lehrling war das letzte, was die suchten. Man brauchte aber eine abgeschloss'ne Gärtnerlehre für das Studium. Ich dachte an den Bombentrichter und meine jämmerlichen Beete hinterm Haus, ich fragte mich, was Olga dazu sagen würde – aber die hatte sich schon aufgehängt.

Noch immer war es Frühling. Vor der Schule. Nach der Schule. Ein Frühling, der sich durch die Jahreszeiten schleppte. Drei Winter hatten nicht gereicht, um seine Knospen-Schalen aufzusprengen. Ich fühlte ständig einen nassen Film von Schuldgefühlen auf der Haut. Oft ein mimosenartiges Zusammenzucken bei dem Verdacht, ich hätte eine Blöße sehen lassen. Im Denken. In der Sprache. Im Geheimen. Ich begann zu stottern.
Herr Kinsey hatte den "Report" noch nicht geschrieben. Noch hatte er die Menschen nicht befragt. Zu ihren Neigungen. Zu ihren wirklichen realen und intimen Wünschen. Noch saß die *Norm* breitbeinig auf dem hohen Ross. Ein Popanz, der den Druck, mit dem er Lust und Liebe unterdrücken sollte, in Heimarbeit, von den Betroffenen selbst erzeugen ließ. Ein wirkungsvoller Trick der Auftraggeber.
So standen *Schuld* und *Unschuld* in der Kinderseele gegenüber. Siamesisch. Die eine Hälfte jeweils auf dem Kopf. Ich hatte Glück.

"Was willst du denn!?"
Der Junge hatte seine Sprache wieder. Es drängte ihn, sich einzumischen.
"Nur etwas sagen ... zu vorhin. Von wegen – nach der Schule, Alter. Du bist mit einer aus der Klasse, nach der Schule, zu einer Kiefern-Schonung."
"Ja ... und weiter?"
"Da habt ihr euch geküsst – und du hast ihr die Bluse ausgezogen – das hast du *nicht* erzählt."

"Das stimmt. Ich hab' das Mädchen nicht erwähnen wollen. Was du da so zum Besten gibst, ist außerdem noch falsch. Ich hab' es anders in Erinnerung. Was ich von diesen Sommertagen vor den letzten Ferien noch weiß, ist wie aus einem Märchenbuch.
Ich müsste Worte suchen ... Worte wählen, die heute nicht mehr selbstverständlich sind. Wie *trunken sein* ... *beseelt* vielleicht ... ich müsste auch an Engel denken dürfen, an etwas, das sich ohne unser Zutun fügt.
Ich floh vor ihr in das, worin ich Übung hatte: ins Derbe. Grobe. Tölpelhafte. Ich war ein rüpelhafter roter Teufel. Ich habe ihr das Fahrrad hinten hoch gehoben, wenn sie bereits im Sattel saß und fahren wollte. Dann hat das Hinterrad sich in der Luft gedreht und sie kam nicht vom Fleck. Das machte *Lunte*. Ich habe ihr die Büchertasche weggenommen, ich fuhr mit meinem Vorderrad auf ihren Hinterreifen auf. Ich hielt sie fest und schob sie an, versuchte, sie mal links mal rechts von ihrem Wege abzudrängen und blieb an ihrer Seite kleben, auch als sie ihre Route änderte und einen Umweg nahm. Wohl in der Sorge, dass ich sie bis vor ihr Elternhaus begleiten könnte.
Sie wusste, dass ich wusste, wo sie wohnte.
So begann es" –
Danach seh' ich sie beide nur noch radeln. Schon in der Ferne. Wie ein Paar. Querab vom Trümmerberg am Teufelssee. Ich sah noch, wie sie von den Rädern stiegen und verschwanden.
Nach einer Pause fragt der Alte leise:
"Was ist denn unterwegs mit euch passiert? Das war ja wie ein Wunder."
"Ja."
"Was ... ja?"
"So war's – ich war benommen. Irgendwie. Mehr kann ich leider auch nicht sagen."
"Was habt ihr denn gesprochen?"
"Nichts."
"Es muss ein Zauberwort gegeben haben."
"Nee – warum."
"Das ist in Märchen so – ein kleines unscheinbares Wort, das seine Zauberkraft im Alltag mühelos verbirgt ... das plötzlich fremd wird und Magie gewinnt. Ein simples Wort. Vielleicht nur eine Silbe. So wie ... *du* –

"Manchmal", sagt Alexander März, "ist *ich* sehr schwer".

Der Junge schwieg. Vielleicht hat er genickt.
"... und mit der Bluse, das war so: Du hast dich neben sie gelegt und bist dann nach und nach ein bisschen näher an sie dran und auch ein bisschen auf sie drauf gerutscht, weil sich das so ergeben hat, beim Küssen. Am Ende lagst du mit dem Hemd auf ihrer Bluse. Ihr wart ein bisschen unter Dampf, nicht wahr, und plötzlich fuhr sie hoch, und rief mit schuldbewußter Stimme: *meine Bluse!* – So war es doch?"
"Bis dahin ... ja."
"Du hast dich aufgestützt und hast sie angestarrt, als wäre das die Prüfung, die in Märchen immer zu bestehen ist ... bevor die Königs-Kinder zueinander kommen ..."
"Als Königskind hab' ich mich nie gefühlt."
"Ein Märchen über *Hordenführer* gibt es leider nicht."
"Was du nicht sagst."
"Schon garnicht über *unbestätigte* ..."
"Ja – eene meene ming mang ping pang use duse packe dich eia weia weg!"
"Sie hat ein bisschen nachgeholfen ... weißt du noch? Sie sagte: *Meine Mutter ist ja auch nicht blöd'* – *die Bluse hab' ich heute Morgen frisch gebügelt angezogen.*"
"Wir haben überhaupt kein Wort gesprochen."
"Ach. Wie unterschiedlich sich derselbe Mensch erinnern kann. Ich sehe sie, den ersten Knopf durchs Knopfloch drücken ... und wie sie zitternd ihre Hand darüber legte, aus Angst, es könnte mißverstanden werden. Wie du dann langsam Knopf nach Knopf gelöst hast. Stets in der Angst, zu weit zu gehn. Und an der Stelle, wo ihr Rock die Bluse hielt, auf Hilfe wartetest. Wie ihr die Bluse dann gemeinsam aufgeschlagen habt, und glatt gestrichen, wie die Seiten eines Buches. – Hast du gewusst, dass sie ein Hemd darunter hatte? Ein undurchsichtiges, geripptes?"

Am nächsten Tag verreiste sie.
Kurz vor dem neuen Schuljahr kam noch eine Karte. In die Westendallee 109.
Von *ihr*.

Es gäbe einen Wald an ihrem Urlaubsort – schrieb sie – mit weichem Moos in dicken Polstern ...
Da hatte ich das Buch schon zugeschlagen.

*

Die Ansicht, dass nach Auschwitz kein Gedicht mehr möglich sei, hab' ich für lange Zeit geteilt.
Ob Goethes FAUST, wie oft behauptet wurde, im Sturmgepäck der Landser mit nach Stalingrad marschierte, weiß ich nicht. Als *unsre Gefangenen* nach Hause kamen, war Goethe nicht mehr im Gepäck.
Der DICHTERFÜRST und Schiller standen, Göttern gleich, in Bronzeguss vor dem Theater. Auf dem Markt. Gleich unterhalb von Buchenwald. In Weimar.
Im Jahre 1943 kam Jorge Semprun in das Lager. Er ließ den *theuren Goethe* mit dem *getreuen Eckermann* dort auf dem Ettersberg um das KZ spazieren gehen. In seinem Buch QUEL BEAU DIMANCHE (Was für ein schöner Sonntag).
Das war die Klammer, die ich suchte, die ich vom Unterricht in Deutsch erhoffte. Aber auch *Oskar Matzerath* – in dem Roman von Günter Grass –, der einen Marsch mit seinen Trommelstöcken so zerwirbelte, dass sich *Gauleiter Forster* auf dem Weg zum Mikrophon verstolperte und der Dreivierteltakt des Donauwalzers ihm in die braunen Stiefel fuhr, erschien erst lange nach der Zeit, in der ich Hilfe brauchte.
Ich habe diese beiden höchst befreienden Erfindungen jedoch auch mit Verspätung noch bewundert, und sie haben mich begleitet.
Die Bestie Mensch war von DEN DICHTERN nicht gebändigt worden. Sie hatten sie nur übertüncht. In Träumereien eingewickelt. So empfand ich es. Es war nicht nur das Menschenbild veredelt worden, man hatte auch die Dichter selber retouchiert. Dass Schiller ohne Unterlass von der Zensur behelligt wurde und man ihn zwang, Passagen seiner Stücke umzuschreiben, davon erzählten uns die Lehrer nichts.
Als wir DIE RÄUBER lasen, wurde die Zensur gerade abgeschafft. Kam der Artikel 5 jungfräulich in das Grundgesetz. Nachdem ihn die Soldatenräte schon 1918 eingefordert hatten: Abschaffung der Zensur. Ausdrücklich auch für das Theater.

"Erzähl von *deinen Räubern!*" rief der Junge.

Ich hätte lieber Anna Seghers' DIE TOTEN BLEIBEN JUNG gelesen. Von Lion Feuchtwanger ERFOLG. Ödön von Horváth. Bertolt Brecht ..., aber die waren nicht zu haben.

"Erzähl was *du* erlebt hast mit den Räubern."
"Das war viel später. – '68. Das passt nicht her."
"Und wie das passt."
"Wen interessiert denn dieser alter Käse."
"*Schkandale* liest der Mensch am liebsten." Der Junge grinste frech, das sah ich.
"Und jetzt mal ehrlich, unter uns, was du da aufschreibst ist doch alles alter Käse."
"Weiß ich."
"Und noch was sag' ich dir –"
"Verbrenn dir aber *deinen* Mund, nicht meinen."
"Du wirst nie fertig mit dem Käse."
"Du meinst, ich soll das Ganze lassen."
"Ach Quatsch. Mich interessiert doch, was aus mir geworden ist."

Ich hatte für zwei Jahre unterschrieben. Bis dahin nur Verträge für ein Stück, und jeweils nur für eine Rolle. Ich wollte unter Egon Monk Theater spielen. *Der Franz* war mein Debüt am "Deutschen Schauspielhaus" in Hamburg.
Ich kannte Egon Monk als Fernseh-Regisseur. Er leitete die Hauptabteilung Fernsehspiel beim NDR. Ich liebte seine Umgangsformen. Ich liebte seine kenntnisreiche Sicht auf die Verhältnisse, aus denen das Verhalten der Akteure sich erklärte. Ich liebte die Genauigkeit, mit der er die Figuren zu umreißen wusste, und seine Fähigkeit, die ganz konkreten eigenen Erfahrungen zu nutzen, um sie auszufüllen. Quasi mit einem Einkaufszettel in der Tasche und einem Portemonnaie mit abgezähltem Geld, um zu bezahlen, was es *kosten* würde. Alltag, bis auf den Grund durchleuchtet und auf das Wesentliche reduziert; denn es war Mode, das Verhalten aus den "Fächern" zu erklären, auf die man in der Schauspielschule vorbereitet wurde: *Sentimentale – Jugendlicher Held – Komische Alte* und so weiter, als ließen sich DIE RÄUBER, beispielsweise, aus dem Charakter der Gebrüder Moor erklären.

Wir schauten lieber auf das Erbrecht jener Zeit. Es ließ dem Zweitgeborenen die Wahl, dem Klerus oder der Armee zu dienen. Schiller war Regimentsarzt, wie man weiß.

Ich spielte meine Monologe nicht hinter einer *vierten Wand* als Selbstgespräche eines Vatermörders, sondern dicht an der Rampe, vom Proszenium aus als Angebot zum Dialog mit einem aufgeklärten Publikum.

In diesem Sinne konsequent, erzählte ich dem Pastor Moser Franzens Traum, in welchem er sich vor dem Weltenrichter sah, mit einem amüsierten Staunen und lachte über die verrückten Kapriolen eines Nachtgesichtes.

Wir hatten bei den Proben den begründeten Verdacht, dass Schiller die berühmte Traumerzählung, auf einen *guten Rat* hin, später eingeschoben hatte. Als Demutsgeste. Zur Besänftigung der Kirche. Ich plante meinen Suizid mit ruhiger Entschlossenheit. Nicht mit dem Schwung, mit dem sich ein Verzweifelter "ins Pendel haut" (wie es im Wienerischen heißt) vor rotem Samt mit einer Vorhang-Kordel. Und nicht mit wild gesträubten roten Haaren. Im Widerschein des Fegefeuers.

Wir hatten uns in einer andern Hölle umgesehen und erfahren, dass Menschen es mit bloßen Händen schafften, sich den Kehlkopf einzudrücken. Im KZ.

Ich hatte – in der Bühnenmitte – die Schnur von meinem Dreispitz abgerissen (so schlägt es Schiller vor) und überlegte, mit den Enden in den Händen, wie ich den Knoten einzufädeln hätte, damit er sich nicht wieder lösen könne. Als ich den Dreh herausgefunden hatte, legte ich mir die Hutschnur um den Hals und zog sie zu. Noch vier Sekunden etwa stand ich reglos aufrecht. So lange, bis man denken konnte: *siehste – so einfach ist die Sache eben nicht.* – Dann kippte Bruder Franz und löste ein Inferno aus. Wie auf ein Zeichen brach die aufgestaute Wut sich Bahn: "Im Stil von Menschenfressern", wie zu lesen war. Hass. Niedertracht. Dazwischen Hohngelächter. Pfiffe. Trampeln. Toben. Johlen: *buuh ... nieder ... pfuiii ... weg ... raus.*

Ich stand in einem brüllenden Orkan. In einem Wolkenbruch. Es schüttete aus Eimern.

Sinnlos, nach einem Unterschlupf zu suchen. Ich stand nur da und dachte: *Menschenskind, Jacobi ... jetzt erlebst du was.*

Das brachte mich zum Lächeln und die Meute nun erst recht in Rage.

Der CDU-Vorsitzende der Hansestadt kam auf mich zu, legte mir tätschelnd seine Rechte auf die Schulter und sprach mir glühend seine Anerkennung aus.

"Ganz toll ..., wie Sie *das* durchgestanden haben."

Es hatte etwas Biblisches.

"Da musst du ja entsetzlich schlecht gewesen sein."
"Ja – so sieht es aus."
"Als einziger?"
"Ja ... stell dir vor ... nur ich. Und Egon Monk."

Monk schrieb darüber:
"Bei den Rezensenten war die Aufführung ein eindeutiger Misserfolg. Die Zuschauer urteilten differenzierter. Viele schlossen sich der Zeitungsmeinung an und erklärten, um ihren Klassiker betrogen worden zu sein. Aber viele meinten auch (in Briefen und Gesprächen), sie hätten zum ersten Mal verstanden, worum es dem jungen Schiller gegangen sei. Jacobis durchdachte und Denken zeigende Darstellung des Franz hat damals stark beunruhigt. In seiner Darstellung wurden Sinn, Richtung und Ziel der Inszenierung am klarsten sichtbar. Er stieß darum auch auf den stärksten Widerstand. Die Tendenz der Inszenierung ist jedenfalls erkannt worden, sonst hätte das Premierenpublikum nicht so heftig reagiert."
Schlechtes Theater bringt die Menschen selten so in Rage. Es musste mehr dahinter stecken.
Monk hatte der Theaterarbeit, die er plante, einen Prolog vorangestellt und mit der Szenenfolge "Über den Gehorsam" seine Visitenkarte abgegeben. So hatte es die Presse wohl verstehen wollen. Mein FRANZ bekam auch dafür eine Watschen, denn der Gehorsam war das Fundament der Macht. Daran zu rühren, war ein Sakrileg. Er war durch einen Fahneneid geheiligt. Gehorsam deckte die Verbrechen der Verbrecher. Gehorsam war ihr Alibi.
Vielleicht war damit schon das Ende der Theaterarbeit unter Egon Monk besiegelt. Er blieb nur sechzig Tage Intendant.
Ich meine das, weil ich erfahren habe, was Gehorsam ist. Im Pfarrhaus und in der HJ: Gehorsam reißt der Phantasie die Flügel aus. Löst alle Bindungen an alles, das man lieb gewonnen hat. Er löscht die Fähigkeit, sich etwas nur für sich zu wünschen ...
Gehorsam steht in Treue fest, mit beiden Beinen auf dem *Ich* und hält es nieder. Gehorsam frißt das Selbstvertrauen. Frißt die Würde. Frißt den Verstand. Er frißt den aufgeklärten Menschen. Seine Mündigkeit.
Gehorsam hat mein Leben auf den Satz des Führers reduziert:

"DU BIST NICHTS – DEIN VOLK IST ALLES."
Gehorsam wirkt wie eine Sucht. Er tötet das Bedürfnis ab, die Welt mit eignen Augen wahrzunehmen. Auf eignen Füßen zu betreten. Mit eignen Händen zu gestalten. Mit eignen Sinnen zu erfassen. Und setzt an dessen Stelle das Bedürfnis, kommandiert zu werden.
Das Ziel war, uniform zu sein. Bis in den Tod.
Im *Ich* steckt die Befehlsverweigerung. Im *Ich* steckt der Verrat …

Es gibt ein Foto: ich, mit neun, vor einer Wolkenwand. In einem Foto-Atelier in Thorn. Weihnachten 1942 steht hinten drauf. Es war vielleicht vor dem Besuch im Lazarett. An jenem Tag, als Roland starb.
Ich stehe hinter meinen über kreuz verschränkten Armen. Zu einem Drittel im Versteck. Aus Scham. Weil ich die braunen Baumwollstrümpfe tragen musste. Und den Bleyle-Anzug. Den verfluchten kratzigen. Der überhaupt nicht zu der Panzer-Mütze passte. Schon gar nicht zu dem Totenkopf. Geschweige denn zu dem verhassten *Leibchen* mit den Gummi-Strapsen, von denen man zum Glück nichts sah. Einzig die Füße, in der Standbein-Spielbein-Stellung verrieten etwas von der Souveränität und der Gelassenheit des *Panzerkommandanten*, der dieses Foto von sich machen ließ.

> "Ich weiß, dass du bereit warst, über Stock und Stein zu rasseln. Durch Wald und Flur. Quer durch die Felder. Über Haus und Garten. Mensch und Tier."
> "Was redest du denn da!?"
> "Du wirst doch nicht bis Stalingrad den Sommer-Weg genommen haben … oder wie?"

Wir hatten keine Antwort auf die Frage, was aus uns geworden wäre, wenn wir den Krieg gewonnen hätten.
Man sagte uns in Nebensätzen, dass wir uns nicht den Kopf zerbrechen sollten.

"Seid froh, dass euch die Uniform erspart geblieben ist."
Der Junge dachte: Was für eine Uniform? Wir hatten ja schon eine an.
"Euch kann man – Gott sei Dank – nichts in die Schuhe schieben. Ihr seid noch minderjährig. Kinder. Ohne Schuld."

*

Nach Lankwitz, zum Synchron, hab ich zumeist das Rad genommen. Und auch nach Tempelhof, zur UFA, zu den Tonfilmhallen, schräg vis-à-vis vom überdachten Teil des Tempelhofer Feldes, wo die Verkehrsmaschinen sich bei jedem Wetter unterstellen konnten. Dort hatte '39 auch die JU gewartet, mit der wir in den Sommerurlaub flogen, Bärbel und ich und meine Mutter.
Anfangs bin ich im Zick-Zack durch Berlin gepeest, um einmal "Extrablatt" zu rufen. Ich sprach die Zeitungsjungen und die Liftboys mit dem Käsedeckel auf dem Kopf.
Mein erster Satz hieß: Su caballo necesita agua? Spanisch mit mexikanischem Akzent. Im Dunkeln sagte eine Frau zu mir: "Der kleine Mexikaner – das ist deiner". Mehr Unterweisung gab es nicht. Das andere ergab sich aus dem Dialog des Regisseurs mit seiner Cutterin.
Er fragte: "Erika?" – "Ja ... kann ich ziehen", sagte sie.
Dann hörte man das Überspielen, also meinen Satz nochmal. Rund zwei Oktaven höher. Und verzerrt. Als hätte eine Micky-Maus mich parodiert. Ich sah mit heißem Kopf zur Tonkabine. Hinter der Scheibe beugte sich der Regisseur ins Buch. Das schwache Licht von einer Leselampe streifte sein Profil. Er drückte auf den Knopf des Mikrophons und brummte etwas, das wie "weiter" klang. Manchmal war auch ein knappes "Schön" zu hören.
Danach ging ich zur Kasse und bekam ein Taschengeld. Bar auf die Hand. Mit einem Gagenschein. Reichsmark zunächst. Die alte Währung aus dem Krieg. Mit Hakenkreuzen auf den grauen Eisenmünzen. Engländer und Amerikaner führten später eine neue Währung ein. Ich habe – nur sehr vage – Scheine in Erinnerung mit bunten Punkten. Wie bespritzt.
Dagegen protestierte die sowjetische Besatzungsmacht und führte eine Ost-Mark ein. Darauf beschloß der Alliierte Oberste Kontrollrat, dass Ost-Berliner Firmen künftig zwei Drittel Ost- und ein Drittel West zu zahlen hätten, und West-Berliner Arbeitgeber – also auch der RIAS – zwei Drittel West, ein Drittel Ost. Und so geschah's.

Der Kompromiß war nicht von Dauer. Die Spaltung längst beschlossne Sache. Am Ende war entscheidend, wo man wohnte. Wo man gemeldet war. Die drüben durften in der Folge acht Mark Ost für eine Westmark tauschen. Das ging allmählich runter bis auf 1:4.
Horst Buchholz kam und fragte mich: "Kann ich bei euch gemeldet sein? Als Untermieter? Nur pro forma?" Wir sagten ja, und damit war er West-Berliner. In der Westendallee gewesen ist er nie.
Wir trafen uns jetzt häufiger. Beim Probesprechen für die kleineren, manchmal auch für die großen Rollen. Oft blieben wir als letzte in der Konkurrenz; mussten am nächsten Tage wiederkommen und sprachen einzeln, nacheinander die *takes*, in denen es mehr um den Ausdruck ging als um die Ähnlichkeit der Stimme mit dem Original: um Szenen unter Tränen oder giggelnd vor Vergnügen. Ob wir es schaffen würden, eine Liebes-Szene nachzuspielen mit belegter Stimme oder die letzten Worte eines Sterbenden mit letzter Kraft – in jedem Fall war Horst der Sieger. Immer. Beinah' immer.
Seltsamerweise sehe ich die Ateliers in Lankwitz, in der Mühlenstraße, nur unter wolkenlosem Himmel. Auch in den Vorraum, den man ebenerdig vom Parkplatz aus betrat, scheint durch die offne Tür – in der Erinnerung – die Sonne. Atelier II muss es gewesen sein, in dem die weißgerahmten Hochglanzfotos hingen. Von Jane Russel, Tyron Power und Jean Turney mit einem tiefen Blick auf mich. Direkt aus Hollywood.

Wenn meine Pausen es erlaubten, besuchte ich den Filmvorführer, einen Stock höher, in seinem engen, heißen Loch, wo der Projektor stand. Von außen nur ein schwarzer Ofen. Ein Veteran der Feinmechanik, der das Licht erzeugte und die bewegten Bilder projizierte. Die *takes*. Durch eine Luke, durch ein kleines Doppelfenster in der Wand zum Atelier. Ich schaute, während der Projektor surrte, durch die geschwärzte Scheibe in die Kammer, in der ein greller Bogen weißen Lichts die Lücke zwischen fingerdicken Kohlestäben übersprang und sah die schwarzen Stifte an den Enden schmelzen. Der starke Strom verbrannte sie in einem Licht, das an den Sonnenuntergang erinnerte. An die orange-rote Glut des Feuerballs vor dem Versinken – ein häßlich schnarrendes Signal riss mich aus meiner physikalischen Erkundung. Der Ton bedeutete, der *take* kann raus … den nächsten bitte.
Dann sah ich, wie "mein Freund" das Schiebefenster schloss, den Motor stoppte und die Endlosschleife aus dem Räderwerk befreite. Mit virtuoser Fingerfer-

tigkeit und doch behutsam, weil die Klebestellen vor und nach dem Startband nicht verläßlich hielten und sich hin und wieder lösten.

Ich sehe mich – mit Horst – im kleinen Innenhof auf einem Bretterstapel sitzen und überlegen, ob wir uns ein Mittagessen leisten könnten. Wir hatten beide schon gehört, wie jemand rief: "Das geht auf Rechnung von Herrn soundso." Als wir in der Kantine saßen, wurde ein Herr Flamme ausgerufen; und als der Kellner kam, um zu kassieren, sagte Horst: "Das geht auf Rechnung von Herrn Flamme." Wir fanden das zum Kringeln komisch. Aber Herr Flamme nahm es krumm. Wir kannten ihn vom Sehen, wussten aber seinen Namen nicht. Er war vom Ton und saß in einem kleinen Nebenraum des Ateliers, aus dem man mehrfach seine Stimme hörte: "Bandwechsel – Ton legt um!" Dann hieß es: "Pause! Türen auf! Lasst frische Luft herein!" Man ging nach draußen, um das Pegeln nicht zu hören. Frequenzen, die wie Nadeln in die Ohren stachen. Hertz-Töne von Herrn Flamme sozusagen. Er selber war ein stiller, sehr gepflegter Mann mit dunklen Antilopenaugen.

Ich habe ihn erst Jahre später angesprochen und um Verzeihung für den üblen Scherz gebeten. Er nickte nur und sagte: "Komisch war das nicht."

Zu Pfingsten '51 stand Hans Müller vor der Tür in der Westendallee. Im *Blauen Hemd* der FDJ. Und zwinkerte. Wie früher. Er war zum Internationalen Jugendtreffen nach Berlin gekommen. Nach Ost-Berlin. Und hatte sich den Weg nach Neu-Westend gesucht.

Im Rückblick mogelt sich in dieses unverhoffte Treffen eine geballte Ladung Kalter Krieg. Aber wir standen uns durchaus nicht wie zwei *Klassenfeinde* gegenüber. Wir kannten uns als Hitlerjungen. Aus dem selben Dorf. Inzwischen hatte Hans das Hemd gewechselt, ich hatte einen Haus-Ausweis vom RIAS in der Hosentasche.

Wir suchten gegenseitig die Gesichter jener aufgeregten Buben, die einen Zusatztank als Paddelboot vom Stapel laufen lassen wollten. Solange – glaub' ich – haben wir den Atem angehalten, um dann im Strom der aufgestauten Luft
"Mensch ... Hans ..."
"Mensch ... Ernst ..."
hervor zu pusten.
In meinen Blick zur Wohnung sagte Hans:
"Ich kann nicht bleiben ... ich muss gleich zurück!"
"Ich bring' dich."

"Is' das gut?"
"Was soll denn sein ... ich zieh' dein Blauhemd an."
"Neee ..."
"Doch gib her."
Wir tauschten noch im Treppenhaus die Hemden. Das FDJ-Hemd war mir etwas groß – sonst hab' ich keinerlei Erinnerungen mehr an diesen Tag. Nur an die Tücher mit Picasso's Friedenstaube ... und ... nein ... mehr eben nicht.

Endlich fand meine Mutter wieder Arbeit. Eine Aushilfsstelle beim Senat. In einem der verstreuten Ämter. Sie fand sich schwer in diesen neuen Rahmen ein. Auch als man sie als Angestellte übernahm, entspannte ihr Verhältnis zu den Mitarbeitern sich nur wenig. Sie hatte offensichtlich keine Freude an der Schreibarbeit, und fand auch keinen Menschen dort, mit dem sie *warm zu werden* wünschte.
Sie fuhr am Morgen wieder mit der U-Bahn ins Büro und ging am Abend wieder mit dem Einkaufsnetz den alten Weg zurück. Wie vor dem Krieg.
Die Kirschen in der Marathonallee trugen jedoch nicht mehr die dichten Rüschchen-Ärmel, rund um jeden Zweig. Man ging im Mai nicht mehr durch einen Festsaal unter duftigen Girlanden aus gefülltem Weiß. Es gab vielleicht noch vier der alten Tempelbäume. Kriegsversehrte mit verharzten Stümpfen – *Amputierte Bräute*.
Es gab noch nicht den Wunsch, sie zu ersetzen. Nachzupflanzen.
Ich dachte an das Lied vom "Fahrenden Gesell", an den Refrain, den mir mein Vater vorgepfiffen hatte: *futsch ist futsch ... und hin ist hin ...*

Am Anfang war es nur gelegentlich die Milch. Mal im Kaffee, mal in der Haferflocken-Suppe. Sauer gewordene, verdorb'ne Milch.
"Entschuldigt, Kinder", sagte meine Mutter, "ich schmeck' es einfach nicht".
Trotzdem versprach sie Besserung. Gelegentlich ließ sie mich von der Milch, die sie zum Kochen nehmen wollte, kosten. Es änderte sich aber nichts.
Einmal lief ich mit vorgehaltener Hand zum Ausguss in der Küche. Um zu spucken. Tatsächlich habe ich Verdorbenes nicht schlucken können, aber ich demonstrierte meinen Ekel schonungslos:
"Das stinkt ja regelrecht! So etwas riecht man doch!"
"Ich nicht."
"Dann geh zum Arzt, verdammt nochmal!"

Sie ging zu einer Ärztin, die zwei Häuserblöcke weiter praktizierte. Eine verschleppte Grippe war die Diagnose. Aber es war Krebs. Ein Siebbein-Karzinom, das in der Nasenwurzel wucherte. Es wurde erst vier Jahre später festgestellt, als die Geschwulst schon in den linken Augenwinkel drückte.
Was ich aus diesen Jahren zu erzählen habe, steht also unter einem dunklen Stern der Ahnungslosigkeit.

FLOSS DER MEDUSA, 1948, Hebbel-Theater, Inszenierung: Reva Holsey, Hauptrollen: Sigrid Hackenberg, Horst Buchholz.
Ein Stück mit vielen Kindern – dachte ich. Alles, was irgendwie in Frage kommen konnte, war für ein Probesprechen aufgeboten. Treppauf, treppab durch alle Flure tobte kreischend eine Heerschar blondgelockter Engel, gejagt von einer Meute kleiner Rüpel. Ich dachte mir, hier bist du wieder einmal falsch; setzte mich aber doch im Hof auf eine Mauerkante und sah von dort aus Horst und Reva Holsey aus einem offenen Auto steigen. Ich kannte Reva Holsey nicht; aber der Name passte zu der Frau am Steuer, mit verwehten roten Haaren, die obendrein im Gegenlicht zu brennen schienen.
Sie zog sich ihren Hauptdarsteller an die Seite und beide eilten schwungvoll auf den Bühneneingang zu.
Im Nachseh'n dachte ich, wo mögen die jetzt hergekommen sein – wahrscheinlich war er zugestiegen, als sie ihn aus der U-Bahn kommen sah ... Hallesches Ufer oder Möckernbrücke ... Horst hatte manchmal so ein Glück –
Aus einer unsichtbaren Fensterluke – irgendwo im Dach – war ein Choral zu hören. Engelstimmen. Sie schwebten über mir, und füllten die *kristall'nen Schalen des Aristoteles* mit ihrer Frage:
"Wer führt die Sonn' aus ihrem Zelt ..."
Dann hielten sie den Atem an und lauschten. Die Antwort kam von weit. Noch aus der Nacht. Mit einem basso ostinato. Wie von einem Herold:
"Sie kommt und leuchtet ..."
Die Engel stimmten ein und übernahmen seine Botschaft in den Lobgesang
"Sie kommt und leuchtet!"
Es knackste. Irgendwer hatte eine Nadel aus der Rille einer Schellackplatte abgehoben, und sie dann wieder außen auf den Rand gesetzt. Da erst bemerkte ich, dass die Musik vom Bühnenhaus zu mir herüberwehte. Aus dem Bühnenhimmel.

Man hatte mich doch noch hereingewinkt. Das Wartezimmer war inzwischen leer. Ich konnte über einen Wandlautsprecher mitverfolgen, was auf der Bühne vor sich ging, und hörte eine Mädchenstimme fragen:
"Sind deine Hände heil geblieben?"
Und immer wieder einen Jungen, der zur Antwort gab:
"Ich hab' in meinem Leben viel gerudert – bei meinem Onkel – in Australien – dort gab es einen Teich – mit Schwänen – schwarzen Schwänen."
Das Mädchen, das die Fragen stellte, war Sigrid Hackenberg. Horst habe ich nicht mehr geseh'n.
Ich wurde nicht genommen.
Ich musste daraufhin ein Stück die Stresemann hinunter laufen. Atem holen. Ich wollte Abstand. Keine Menschen um mich haben. Die Straße endete bei ein paar alten Buden. Im Niemandsland. Potsdamer Platz.
Über der Trümmerwüste spannte sich ein Backsteinbogen. Reste der großen Eingangshalle Anhalter Bahnhof. Endstation. Sektorengrenze. Abendrot. –
Wer trägt der Himmel unzählbare Sterne – wer führt die Sonn aus ihrem Zelt.
Bis in die Nacht blieb der Choral mir in den Ohren.

Der kleine Dialog ist unerlöst geblieben. Unerschlossen. Möglich, dass er mir deshalb im Gedächtnis haften blieb.
Als ich die Worte auf der leeren Bühne sprach, in einem Flecken fahlen Lichtes, das kaum die dunkle Täfelung des Auditoriums erahnen ließ, dachte ich weder an den Mond noch an die Nacht auf hoher See. Ich war nicht fähig zu erkennen, dass diese Worte – wie das Rettungsfloß, auf dem sie ausgesprochen wurden – nur eine Barke für die erste Liebe waren. Für eine leise Komik und für Poesie.
Es war ein Sieg der Phantasie über die Angst vorm Untergang.
Obwohl das meiste dunkel blieb, steht mir das graue Haus am Rande der geteilten Stadt für alle Zeit Modell für *das Theater*.

Menschen, mit denen man Gespräche hat, und den Gedankenaustausch pflegen möchte, sind in der Umgangssprache unsre *Freunde*. Meist sind sie ungefähr gleich alt. Da machen vier, fünf Jahre wenig Unterschied. So nahm ich an. Wenn aber bei den Freunden dieser Zeit Flak-Helfer waren oder junge Männer, die noch als Jugendliche eingezogen worden waren und an der Front gestanden hatten, so ging durch die Gespräche stets ein kaum bemerkter Riss.

Es wurden vielfach ganze Klassen eingezogen, die weiter Unterricht erhielten. Lehrer und Instrukteure hatten. Am Tage gingen sie zur Schule, und saßen nachts als Kanoniere an der Flak. Wenn sie Verluste hatten, waren das die Kameraden aus der Klasse, mit denen sie *fürs Leben lernen* sollten. Sie hatten einen sehr konkreten Einblick in den Wahn vom Sieg. Sie hofften auf ein schnelles Ende, wo ich mit Ungeduld den Anfang machen wollte.
Wir hatten nicht denselben Hintergrund. Die Bilder, die wir im Gedächtnis hatten, passten nicht zusammen. Wir hatten auf die Frage, was aus uns geworden wäre, wenn wir den Krieg gewonnen hätten, nicht die gleiche Antwort.
Der Sprung blieb anfangs unentdeckt. Er war mit einem Haar-Riß zu vergleichen, der einem Topf den Ton verdirbt. Ihm seine Fähigkeit entzieht, die Schwingungen zu transportieren. Einen Gleichklang zu erzeugen.
Ich konnte nicht *nach vorne seh'n*. Wie sie.
Ich glaubte, dass ich vor dem ersten Schritt die Frage klären muss, ob ich die Eignung für den Neubeginn nicht ein für alle Mal verloren hätte. –
Der Riss verschwand nicht mit der Zeit. Er wurde deutlicher. Mit jeder aufgedeckten Schandtat dehnte er sich aus. Wurde ein Spalt. Ein Graben. Eine Schlucht. Ein Abgrund.
Manchmal erschien es mir, als hätte ich den Anschluss an die Zeit verloren, und säße auf der Abbruchkante fest – wie ein Zurückgebliebener.

Ich hatte Glück!
Ich konnte sagen: alles falsch.
Ich konnte meine ungeliebte Kindheit auf den Kehrichthaufen werfen.
Ich brauchte keinen Fußballsieg, um *wieder wer zu sein*.
Ich konnte Fragen stellen – mich in Frage stellen.
Und lernte mit der Antwort, die ich fand,
allein zu bleiben.

Am Rande meines Lebensweges gab es Opfer. Kleine Leichen – wie die jungen Eulen, und Teile von mir selbst, die ich – im Tausch – geopfert hatte. Ich wollte unbedingt in die Schablone Hitlerjunge passen.
Hart, wie Kruppstahl sein und *schweigsam*. Unter anderem.
Mir war nicht klar, dass ich dafür bezahlte. Etwas aufgab. Um hinein zu wachsen in das Ehrenkleid des Führers. Um fit zu sein für die Verleihung einer "Nahkampf-Spange".

Der Dünkel, zur Elite zu gehören, legte nahe, die Opfer die man dafür brachte, zu verteidigen; die kleinen Morde in sich selbst für eine Pflicht zu halten.
Um mich herum kein Funken Einsicht in *Gewinne und Verluste*. An Leib und Seele. Bei sich selbst. Kein Trauern. Kaum Bedauern. Keine Reue. Damals begann das Unbehagen, das zu "achtundsechzig" führte.
Viele erzählten von den aufgehängten Deserteuren, die in den allerletzten Tagen noch als *feige* Fahnenflüchtige an den Laternen baumelten.
Wer hatte sie gehenkt
wer hatte sie verpfiffen
wer hatte sich das Recht auf diese Art von Strafe angemaßt
wer hatte so viel blinden Haß in sich versammelt
wer war in der Gefolgschaft Adolf Hitlers derart abgestumpft
so unbrauchbar für ein Zusammenleben in der Zukunft
wen hatte der Gehorsam so verstümmelt
wen hatte er so weit gebracht!

Ich habe niemandem erlaubt, zu sagen: *du nicht* – dich hätte niemand soweit bringen können. Man hatte mich mit Unschuld eingeseift. Aber nicht dick genug.
Ich sah DES TEUFELS GENERAL. Mit O.E. Hasse. Und Sebastian Fischer als der junge Leutnant Hartmann. Eine Barlog-Inszenierung. Schloßpark-Theater, Steglitz. Ehemals ein Kino.
Ich erkannte alles wieder. Es war ja gestern erst. Und ich erkannte nichts. Ich mochte es nicht glauben, was ich sah und hörte, aber alles *machte Sinn*. Die Menschen auf der Bühne gaben Antwort auf die ungestellten Fragen eines Hitlerjungen und stellten neue, die mich tief verstörten.
Da gab es Walter Bluhm, der einen Zwangsarbeiter in den Flugzeugwerken spielte und – vor die Wahl gestellt, ob er mit einer *ausgespuckten* oder der *verschluckten* Wahrheit sterben wolle – nach vorne fiel, als habe ihn die Kugel im Genick bereits getroffen. Dann aber in der Schwebe stehen blieb. Halb aufrecht. Halb verbeugt. Er war um einen halben Fuß weit vorgetreten. Der Überlebenswille hatte ihn geschubst. Ihn zum Verräter machen wollen. Und er hatte widerstanden.
Der Leiter einer Sabotage-Gruppe, die verhinderte, dass Sturzkampfbomber nach dem Bombenabwurf abgefangen werden konnten, hieß: Oderbruch. Zuckmayer nennt ihn Oderbruch. Es ist bezeichnend, dass ich nicht mehr weiß, wer

ihn gespielt hat. Ich weiß, dass die Kritik sich um das Thema Sabotage drückte und Oderbruch im Regen stehen ließ.
Ich selber konnte damals hinter dem Klischee "Verräter" auch keinen Menschen seh'n, für den ich Sympathie empfand. Noch nicht.

*

Männer der *Ersten Stunde* schrieben die Verfassung für ein *neues Deutschland*. Unter dem Vorbehalt der Alliierten entstand das Grundgesetz, auf das die Politik verpflichtet wurde. Die ehrenwerten Männer zogen Lehren aus den Fehlern, die sie sahen. Sie waren Schüler der Geschichte, die sie kannten. Sie boten den Regierenden ein Grundgesetz mit strengen Regeln. Zum Beispiel für den Schutz der Menschenwürde; und gegen die Versuchungen der Macht, Zensur zu üben … Abschaffung der Zensur war 1848 bereits ein von der Obrigkeit *gebrochenes* Versprechen.
Abschaffung der Zensur – ausdrücklich auch für das Theater – war 1918 wieder ein Ersuchen der Soldatenräte. Erst 1948 fand es den Weg in die Verfassung.

"Ich wurde für zwei Jahre etwa aussortiert …"
"Wie geht denn das … ich meine praktisch?"
"Reibungslos. Ich hatte keine Angebote mehr."
"Wie bist du da zurecht gekommen? Ohne Arbeit."
"Ich hatte ja die Überweisungen aus Moskau."
"Wie – aus Moskau?"
"Alle, die an der neuen *freiheitlichen Ordnung* etwas auszusetzen hatten, wurden von Moskau unterstützt."
"In D-Mark?"
"Ja. Ich hatte damals noch mein blaues Postsparbuch und darauf gingen die Beträge ein."
"Von Moskau auf dein Postsparbuch? Das find ich irre komisch."
Das Land erneuerte sich nicht. Es restaurierte sich. Die alten Wurzeln trieben wieder aus und zeigten die bekannten Blüten. Man wusste gar nicht mehr so richtig, was an dem Krieg *so richtig falsch* gewesen war. Außer der Sache mit den Juden –
"Oohhh … ich hatte eine jämmerliche Nacht. Voll banger Träume. Scheußlicher Gesichte – nein – das ist Shakespeare. Meine lächelten. Sie meinten es nur gut mit mir. Ich lag am Boden mit gebrochnem

Rücken, unfähig, meine tauben Glieder aufzuraffen. Meine *Gesichte* sahn auf mich herab. Der *Alte Moor*, mein Vater in den Räubern, war der einzige, der schrie. Seine sonore Stimme überschlug sich fast. Er war ein Riese. Ein Koloss. Im Traum. Die Tür, die er vor meiner Nase aufgerissen hatte, hing wie ein Schild an seinem Arm als hätte er sie in der Rage aus der Wand gerissen. 'Wieviele Unterschriften bringen Sie, Jacobi?!' brüllte er. Sechs? Oder acht! Es waren wohl tatsächlich sechs. Hinter ihm tagte der Kulturausschuß der Hansestadt – und die Besetzungsdame für das Hörspiel war ebenfalls bei diesen Traumgesichten ... vom Alkohol verzerrt und aufgedunsen. Sie meinte es *besonders gut mit mir*."
"Ja, was man so zusammenträumt für einen Mist."
"Du! – Pass mal auf! – Was ich dir hier erzähle, das sind keine Hirngespinste, lieber Freund!"
"Huch! Was ist denn in *dich* gefahren."
"Ich bitte mir Respekt aus!"
"Aber nich' von mir."
"Ja auch von dir! Von jedermann! – In der Geschichte ist das Maß an Niedertracht gerüttelt voll. – Ich dulde kein Gegrinse mehr. Punkt. Aus."
"Weißt du noch, wer wir sind? Wer *du* bist? Und wer ich bin?"
"Nein! Ich lasse mich nicht wieder in die Ecke – äh – in die Enge treiben. Basta!" Nach einer langen Pause sagte ich:
"Es tut mir leid. Du wolltest wissen, wie das mit den Räubern war. Man zeigte mir *die Instrumente* und ich zeige dir die Narben, die sie hinterlassen haben."

In Hamburg, wie in andern Städten auch, gab es Demonstrationen gegen die Gesetze, die für den sogenannten Notstand vorbereitet worden waren. Treffpunkt der Demonstranten war die Bürgerweide. Dort sah ich Egon Monk. Wir gingen auf der vorgeschrieb'nen Route in einer Fünfer-Reihe. Eingehakt. Weit vorne. Zwei *Chaoten*, die wissen wollten, was da vor sich ging.

Vier *Retter des Theaters* und seines guten Rufs, den Gustaf Gründgens hinterlassen hatte, erklärten, dass sie unter Egon Monk nicht im Ensemble bleiben wollten. Nur einer kannte seinen neuen Intendanten aus der Arbeit. Das war der *Alte Moor*. Monk drückte sein Bedauern aus und stellte ihnen frei, zu gehn. Die Stadt jedoch erklärte über ihre Senatorin, für sie sei ohne diese Vier gedeihliche

Theaterarbeit im Deutschen Schauspielhaus nicht länger möglich. Damit war Monk entmachtet. Ausgehebelt. Rausgeschmissen. Zunächst gab es Empörung im Ensemble; fast alle Mitarbeiter unterschrieben eine Petition für Monk. Ich bot mich an, sie dem Kulturausschuß am nächsten Tag zu überbringen. Am Morgen war der Stapel weg. Aus dem Versteck geholt. Gestohlen. Die Unterschrift zu wiederholen, weigerten sich alle – bis auf sechs. Man hatte das Ensemble telefonisch *umgestimmt*.
Mich hatte niemand angerufen.
Zwei Jahre später wurde ich zum ersten Male wieder eingeladen, an einem Hörspiel mitzuwirken. Es war nach Mitternacht. Ich wartete im Flur, auf einer Bank, als die Besetzungsdame kam, um mir – vertraulich – einen guten Rat zu geben. Sie hatte sich für das Gespräch in der Kantine vorbereitet – so vermute ich –, weil sie mir gleich die *Gretchenfrage* stellte: "Was demonstrieren Sie denn da für eine Freundschaft zu Egon Monk? – Sie haben ja bemerkt, wie sehr Sie sich beruflich damit schaden. Ich mein' es gut mit Ihnen, Lieber", sagte sie, mit einem Lächeln, bei dem sie mich scharf in den Blick zu nehmen suchte, was nicht so ganz gelang.
"Ich möchte Ihnen mal von einem Mann erzählen hier aus dem Haus, der glaubte auch – genau wie Sie – er könne …"
Irgendwas, ich hab' vergessen, was es war, ich konnte der Geschichte nicht mehr folgen. Ich musste, wie auf einer alten Platte, die Nadel noch einmal zurück auf ihre erste Frage setzen: *Was demonstrieren Sie denn da für eine Freundschaft?* und plötzlich wusste ich: Das ist der Engel, der die Botschaft bringt, auf die ich all die Zeit gewartet hatte. Die mich von dem Verdacht erlöste, krank zu sein, paranoid, ein Spinner mit Verfolgungswahn.
Es gab sie also wirklich, all die Menschen, die sich Sorgen machten, meinetwegen, die mich zurückgeleiten wollten auf den rechten Pfad.

> "Was wollte er denn von dir hören, dein Engel auf der Bank im Sender?
> – *Ich kenne diesen Menschen nicht?*"
> "Moment! Ich hörte seine Stimme wieder, als er sagte: 'der Mann sei taub gewesen für die guten Worte, er nahm die Warnungen nicht ernst – er war auf seinem Posten nicht zu halten, und man ließ ihn gehen. Er fuhr noch eine Zeit lang Taxi und dann hängte er sich auf! *Ich mein' es gut mit Ihnen, Lieber.*"

"Wie groß sind wir geworden ... eigentlich?"
"Eins sechsensiebzich."
"Doch noch ... immerhin –"

*

Schlagartig – mit der neuen Währung – kam eine Art "Schlaraffenland" nach West-Berlin. Die Fenster der Geschäfte waren noch vermauert, aber in den Regalen wurden *Träumereien* feilgeboten. Man fragte schüchtern, was denn so was kosten würde, und dann verschluckte man die Spucke, die im Mund bereits zusammenlief. Ich rannte kilometerweit, um 20 Pfennig für die Bahn zu sparen. Unsre Mutter liebte Datteln. Manchmal lag eine Rispe auf dem Tisch an ihrem Bett. Verpackt wie eine Perlenkette. Auf einem weichen Polster. Unter Cellophan. In einer wohlgeformten Spanholz-Schachtel.
Das Fressen war gekommen ... aber die Moral ließ warten. Sie lag in einem tiefen kollektiven Koma. Die Zeit, die mich und meine Eltern prägte, verdämmerte in einer rätselvollen Amnesie.

"Was hast'n später so gelesen?"
"BRIEFE AN EINEN JUNGEN DICHTER, Taschenbücher. ROWOHLTS DEUTSCHE ENZYKLOPÄDIE ..."
"Nee, sach ma' – überhaupt nichts mehr?"
"Ich hab nicht viel behalten. – Das erste Buch, in dem ich mich entdeckte, hieß: VERLUST DER MITTE. Von Hans Sedlmayer. Das hatte was mit mir zu tun, obwohl es sehr katholisch war. Es ging um die moderne Kunst. Ich hab' dem Autor einen Brief geschrieben."
"Donnerwetter!"
"Ja – und ich bekam auch eine Antwort auf den krakeligen Wisch."
"Und weiter?"
"Nichts."

Im Jahre 1951 eröffnete das Land Berlin eine Theaterschule. Leitung: Hilde Körber. Schuldgeld im Monat: 90 Mark.
Man schloss das Studium nach drei Jahren mit der *Bühnenreife* ab. Das Haus war eine Villa aus den Gründerjahren. Ein wenig protzig, trutzig, *butzig*. Mit einer Liegewiese zwischen alten Gärten unter Bäumen. Sigrid und Horst geleiteten mich bis zum herrschaftlichen Treppenaufgang.

Ich sprach den Schüler aus dem URFAUST vor, erbat mir einen Stuhl, und sagte: "Hier sitzt Faust."
"Mephisto", flüsterte mir eine Stimme aus dem Dunkeln zu, in dem ich schemenhaft die Prüfungskommission in einer langen Reihe sitzen sah.
"Das weiß der Schüler aber nicht." Man lachte. Das gab Mut.
Der Stuhl – das weiß ich noch – stand so, dass ich die Sätze halb nach hinten sprechen musste. Er sollte die Distanz betonen, in der ein Schüler dem gelehrten Meister gegenüber tritt. So ähnlich wie der kleine Pimpf dem Pfarrer Aßmann gegenüber stand. In Kaltennordheim und Großbösendorf. Der Neffe *August Piependeckel* seinem Onkel. Man sah mich mehr als Scherenschnitt. Von hinten. Krumm vor Ergebenheit.
Es reichte, um mich aufzunehmen.
Ich hätte das Talent, wie *der* und *der* zu werden, hieß es. Ein zweiter Friedrich Kayssler oder ein Hans Brausewetter – was mir nicht sonderlich erstrebenswert erschien. *Ich wäre lieber ich geworden.*
Eine der Lehrerinnen war Charlotte Stecher. Sie hatte eine angesehene private Schauspielschule, in die nur Hochbegabte aufgenommen wurden – wie mein Freund Horst Buchholz. Sie zeigte in der ersten Stunde gleich auf mich und sagte: "Du da mit den roten Haaren … du lernst mir den *Leon*!"
Sie nannte auch die Szene aus dem Stück WEH DEM DER LÜGT, und rief mich in der nächsten Stunde auf die Bühne. Ein kleines "Nudelbrett", kaum eine Treppenstufe hoch, in einem Erker, dessen Fenster abgedunkelt waren.
"Du kommst von links, trittst auf und fällst gleich rückwärts auf den Hintern!"
Das hätte ich natürlich mühelos gekonnt.
"Warum?"
"Ja … mach es mal!"
Die Klasse wieherte.
"Na, siehst du!"
Ich klopfte mir die kurze Hose ab und sagte schroff:
"So. Und nun mach' ich es nie wieder."

Es traf sich einfach schlecht.
Clown war ich, um die Liebe meiner Mutter zu gewinnen. Und als *ihr Clown* war ich gescheitert.

Es war verrückt. Ich hatte eben erst damit begonnen, mich von der Rolle frei zu machen und den *Poijatz* zu verbannen – schwupps, stand er wieder auf dem Nudelbrett und fiel mit seinen roten Haaren auf den Hintern.
Ich ließ mich in der Direktion von Frau Charlottes Unterricht befreien. Für zwei Semester ließ ich mir die Tricks entgehen, die ihre Schüler so erfolgreich machten. Sie gingen *wie die warmen Semmeln* weg. An ein Theater ihrer Wahl. Oder zum Film. Wie mein Freund Horst.

Auch diese Schule war wie die, aus der ich kam, vollkommen unpolitisch. Wie sie meinte. Das Dritte Reich und seine Folgen übersprang sie rückwärts und bedenkenlos in die Theater-Konvention der Vorkriegszeit.
Sie bildete für die Bedürfnisse der Stadt-Theater aus. Mit den drei Sparten: Oper, Operette, Sprechtheater. Man hatte, bei Bedarf, auch im Ballett herumzuhüpfen, so stand es im Normalvertrag, den man jedoch erst im Konfliktfall kennenlernte. Über das Kleingedruckte wurde nichts verraten. Darüber schwieg man auf der Schauspielschule. Wer zum Theater wollte, musste spielen wollen. *Spielen!* Und sonst nichts. Er musste sagen, dass er anders gar nicht leben könne, ohne im Rampenlicht zu stehen. Ohne Schminke. Ohne sich auszugeben, zu verlieren, aufzuopfern. Für die *Kunst*.
Ich konnte das nicht sagen, und das machte mich verdächtig. Ja, ich verdächtigte mich selbst, als Künstler eine *taube Nuss* zu sein. Ich dachte, beispielsweise, auch ans Geld. Weil ich die Schule zu bezahlen hatte.
Die Mädchen wurden Jugendliche Heldin, Sentimentale oder Muntere Naive. MINNA VON BARNHELMs Zofe wurde so gespielt. Als Kammerkätzchen. Quirlig, sehr kokett und schrecklich piepsig. Wir hatten so ein Plaudertäschchen auf der Schule. Ein aufgedrehtes, blondes, kleines Biest. Ihr Ehemann hat sie erschlagen, später.

>"Deswegen?"
>"Wie? ... achso. Nein, nein ... das weiß ich nicht."
>"Verstanden hättest du es aber?"
>"Ach – wer weiß, warum sie so geworden ist. Ich haßte diese *kacknaive* Fröhlichkeit, mit der man die *Franziska* spielte. Das war *Herzblättchens Zeitvertreib*. Der ganze Gartenlauben-Kitsch. Die falsche Kindlichkeit."
>"Verstehe"
>"Die Unterschlagung eines halben Menschen. Oder mehr."

Als ich am "Schauspiel Frankfurt" engagiert war, Anfang der Siebziger, rund zwanzig Jahre später also, hab' ich mich überreden lassen, Schauspielunterricht zu geben. Ich schlug zwei Schülerinnen jene Szene vor, in der *Minna von Barnhelm* und *Franziska* den Gassenlärm beklagen, der sie nicht hatte schlafen lassen, und bat sie, mir einmal zu zeigen, wie tief der Ärger sie verstimmt und wie der Schlafentzug sie mitgenommen haben könnte.

Ich glaube, ich erzählte ihnen auch, dass sich die sogenannten Tippelbrüder in einem Obdachlosenheim – wortwörtlich – in die Seile hängten, um zu schlafen. Das war billig. In einer langen Reihe baumelte man dort die Nacht durch mit den Armen über einem dicken Tau, das in der Früh nach einem Pfiff gelockert wurde und zu Boden fiel. Ich wünschte mir die beiden derart in den Seilen hängend und gerädert. Unfähig, in den Tag zu finden. In die Kleider. In die gewohnte Disziplin. *Franziska's* Satz: "Ich will von unsrer Schokolade machen lassen" sollte nur als Versuch erscheinen, irgendwie in Gang zu kommen.

Ich fand, die Müdigkeit, aus der die Frauen sich befreien mussten, tat der Szene gut. Die Mädchen hatten Lust, sich darauf einzulassen, und ich verlor das unterschwellige Gefühl versäumter Hilfeleistung. Als hätte ich an Lessing etwas wieder gut zu machen, etwas einzurenken, das ausgekugelt worden war.

Die "Fächer" passten noch so eben ins Geschäft der Landesbühnen jener Zeit, bei denen alle vierzehn Tage ein neues Stück Premiere hatte.

Ich kenne den Betrieb aus Schleswig. Dort spielte man sechs Mal am Lollfuß, sechs Mal im kleinen Stadt-Theater – mehr Abonnenten hatte die Gemeinde nicht – und fuhr ansonsten durch die Marschen. In einem buckeligen Wanderbühnenbus. Bei Wind und Wetter. Schnee und Packeis. Von Wyk auf Föhr bis Kappeln an der Schlei und Süderlügum ganz im Norden an der Landesgrenze. Brach mittags mit der Technik auf, die für ein wenig Licht und eine angedeutete Kulisse sorgen musste, und kam um Mitternacht gemeinsam wieder vor der Hinterbühne des Theaters an. Genoß noch ein, zwei Stunden Freizeit aus der Flasche; oder man taumelte mit leerem Magen in die kalte Bude, um unter einer trüben Funzel noch ein paar Seiten Text zu memorieren. Um wach zu bleiben, sollte man dazu die nackten Füße in eine Schüssel kalten Wassers stellen, aber so weit ging meine Liebe zum Theater nicht.

Thea, die als *Luise* in KABALE ... dort begonnen hatte, kam noch vor Ende ihrer zweiten Spielzeit mit einer schweren Tbc in eine Lungenheilanstalt in Gatow. Jenseits der Havel. Noch in West-Berlin.

Schauspielschule 1952. Zweiter von rechts: Ernst Jacobi

Thea war eine *unserer* Sentimentalen. Sie lebte auch in ärmlichen Verhältnissen. Der Vater hatte sich erschossen. '45. Die Mutter war im Schichtbetrieb bei einer Telefonvermittlung angestellt. Sie klammerte sich überängstlich an die Tochter, und wenn es nötig schien, erpreßte sie sich deren Nähe, indem sie zu erblinden drohte.

Es muss im Herbst gewesen sein, Oktober 1951, ich lag mit 38,9 im Bett und wünschte mir, sie möge mich vermissen, möge kommen und mich, in ihrem Rock aus schwarzem Fahnentuch, besuchen. Anlaß gegeben hatte ich ihr dazu nicht. So viel ich weiß. Aber vielleicht bemerkte sie vor mir, dass ich in ihrer Nähe stiller war. Befangener. Als sonst.

Ich hab' ihr gerne zugehört, wenn sie *Lebt wohl, ihr Berge – ihr geliebten Triften*, rief. Als Schillers *Jungfrau*. Oder auch, wenn sie um Gnade für den *Prinz von Homburg* flehte. Als *Natalie*. Stets aber mit dem Wunsch, sie möge sich nicht in die Soße tunken lassen, die auf der Schule als Begabung ausgegeben wurde.

"Was für 'ne Soße denn?"
"Ich nenn' sie: *Suse's eingedicktes Herzeleid*. Falsche Ergriffenheit ... so Mitleids-Talmi."
"Was ist Talmi?"
"Tinnef."
"Danke sehr."

"Wenn ihr genug geweint habt", sagte Julius Bab, in seiner "Rede an die Nachgeborenen" – "ihr werdet besser spielen."

Ich hörte, wie es klingelte und ihre Schritte auf dem Flur. Ich weiß nicht, wer sie reingelassen hatte, aber sie stand vor meinem Bett. Das weiß ich, weil sie sagte: "Ich muss gleich wieder gehen ..." – oder, um mich zu schonen, sagte sie es nicht. Natürlich konnte sie nicht bleiben. Mein "Morgen bin ich wieder da" hat sie wahrscheinlich gar nicht mehr gehört.
Wir lernten Italienisch bei Ruth Schneeweiß. Sie nannte mich *diavolo*. Ein zugespitzter Kosename, der sich zum Teil auf meine rege Mitarbeit bezog. Auf meinen Rückfall in Pennäler-Späße. Ruth Schneeweiß war sehr attraktiv. Einmal im Monat hörten wir Theaterwissenschaft. Bei einem angesehenen Professor von der Freien Universität. Er kam nach seiner Lesung dort, am Nachmittag, noch in die Schauspielschule. In würdevollem Schwarz und mit der Aura des erhabenen Gelehrten. Um seine hohe Stirn ein Kranz schlohweißer wirrer Haare. Als sei ein kreativer Sturm hinein gefahren. In Wahrheit war es seine tägliche Frisur. Sorgfältig auftoupiert, um alles Licht im Umkreis einzufangen. Er galt als eine Leuchte seines Faches.

"Was hat er euch denn beigebracht?"
"Dass die Berliner abends auf der Straße stehen blieben, verzückt auf ihre Armbanduhren sahen – so um Acht herum – und sagten: Jetzt dreht bei Reinhardt sich der *Wald*."
"Was? Wie? Wann? Wo?"

"SOMMERNACHTSTRAUM von Shakespeare. In Berlin. Regie: Max Reinhardt. Zwansjer Jahre. Drehbühne ... und darauf ein Wald, der sich zum Szenenwechsel drehte."
"Das kann ich ja nich' riechen!"
"Wir haben uns das auch zusammenreimen müssen."
"Ach – und weiter?"
"Nichts. – Nach Jahren traf ich einen Dramaturgen, dem drehte sich der Magen um, wenn er an diese Anekdote dachte. Er hatte sie bis zum Erbrechen an der Uni hören müssen. Sagte er."
"Wie hieß denn diese Leuchte der Theaterwissenschaft?"
"Wenn ich dir jetzt den Namen sage, was fängst du damit an?"
"Is' gut – erstick doch an dem blöden Namen!"

Max Reinhardt emigrierte 1933.

Man wurde erst mit 21 *majorenn*. Bis dahin blieb man minderjährig. Das *frühe Unglück* war die Sorge, nicht ein *frühes Glück*. Man sollte sich nicht kennen lernen. *Vor der Zeit*. Die Zweisamkeit fand keine Bleibe. Man drückte sich in Nischen rum. In Fluren. Zwischen Tür und Angel.
Die Angst verdarb die Zärtlichkeit. Man traute jenen dunklen Wellen nicht, die in der Dämmerung bis an die Ufer des Bewußtseins schwappten.
Ich glaubte nicht, dass sie mich tragen würden – und wohin – traute den blassen Zeichen nicht aus einem unbekannten Alphabet, die einmal *dies* und einmal *das* bedeuteten, oder sogar das Gegenteil von dem, was fast schon sicher schien. Und mit den Farben spielten wie die weit entfernten Sterne.

Das Rollen-Studium führte uns zusammen. Thea und mich. In einen Raum, in dem wir uns weit auseinandersetzten. Um zu verstecken, was noch halb im Traume lag.

"Habt ihr denn keine Liebesszenen spielen müssen – auf der Schule? Wie hast du die denn hinbekommen?"
"Mit Goethe's Worten. Mit gelerntem Text."
"Da ward ihr aber nicht viel weiter –"
"Als wer?"
"Na ja – als ich mit Inge auf der Flucht vor ihren Brüsten –"

Aus Johann Wolfgang Goethe, GÖTZ VON BERLICHINGEN:
Franz: *Bamberg ist nicht mehr Bamberg! Ein Engel in Weibsgestalt macht es zum Vorhofe des Himmels*
Weislingen: *Wer ist's denn?*
Franz: *Adelheid von Walldorf.*
Weislingen: *Die! Ich habe viel von ihrer Schönheit gehört.*
Franz: *Gehört? Das ist eben als wenn Ihr sagtet, ich habe die Musik gesehen …*

Endlich Sprache! Dramatisierte, komponierte und geformte Sprache. Bühnen-Sprache. Die Sprache großer Meister. Gedruckt, und in der Stille zwischen Bücherdeckeln aufbewahrt. Bis sie ein Auge wiederfindet und ihr ein Mensch die Stimme leiht. Den Herzschlag und die Phantasie.
Die Worte brauchen Wärme. Leidenschaft. Sie setzen einen Raum voraus. Ein Gegenüber. Einen Adressaten. Einen Beweggrund, eine Haltung und ein Ziel. Die Worte haben ein Woher und ein Wohin. Sie sind auf dem Theater stets die einzig möglichen. Weshalb man sie präzise lernen und studieren muss, um sie im rechten Augenblick zu finden. Sie sind vom Dichter vorgegeben, und sollen doch so fremd sein, wie ein erstes *du*, das man riskiert.
Wie macht man das? Wie lernt man das?
Man geht in eine Schauspielschule, und wenn man Glück hat, gibt es einen Lehrer dort, der helfen kann, die Sprache transparent zu machen. Ich hatte dieses Glück.
Ich hatte Günther Hadank. Er war nicht sehr beliebt, weil er die Moden nicht bediente. Rührseligkeit vertrug er schlecht, und Mätzchen haßte er geradezu. Die Bühne war ihm heilig. Es hieß, er sei ein Jesuit. Mir war er eher ein gestrenger Vater. Je schlichter, desto besser, klar und einfach liebte er die Sprache. Bamberg war nicht der Ort, an dem wir zueinander fanden. Weislingens Buben *Franz* und seine *Adelheid von Walldorf* verloren wir bald wieder aus den Augen. Vielleicht durchschaute er, dass ich an einen andern Engel dachte, und dieses Dreieck war ihm zu privat. Er lenkte meinen Wunsch nach Zweisamkeit auf eine Tänzerin aus Glas. Auf eine mundgeblasene Figur aus einem Märchen. Auf Hauptmanns Bühnenstück UND PIPPA TANZT.
Es gibt da einen Handwerksburschen, der Pippas Interesse weckt. Er nennt sich Michel. Michel Hellriegel. Und als ihn Pippa fragt, woher er komme, sagt er mit märchenhafter Sicherheit, er komme *aus dem großen Wurstkessel unseres Herrn.*

Dem Terminus "Ur-Suppe", den die Wissenschaftler an
den Anfang der Entwicklung allen Lebens setzen, stellt
Michel seine dampfende und duftende Metapher aus
dem Alltag gegenüber. Man spürt, wie ihm dabei der
Schalk im Nacken sitzt und weiß zugleich, er sagt, was
schlicht und einfach selbstverständlich ist für ihn.
Wenn ich es schaffte, diesen einen Satz einmal im Unterricht so selbstverständlich hinzusagen, so hervorzu-
bringen, dass Hadank nickt und ein gestrenges *schön*
verlauten lässt, dann glaubte ich ein Zipfelchen von dem
Beruf erwischt zu haben.

Wenn *er* das junge Mädchen sprach – in TOR UND TOD
von Hofmannsthal, fast heiter und mit klarer Stimme
Es war doch schön. Denkst du nie mehr daran?
Freilich … du hast mir weh getan … so weh
allein – was hört denn nicht in Schmerzen auf
ich hab' so wenig frohe Tag geseh'n –
und die – die waren schön
als wie ein Traum …
Wenn Günther Hadank diese Worte sprach, so war das schmerzlicher als jeglicher
Versuch, sich in das Unglück einzufühlen. Die Wirkung lag in der Distanz.

*

Die letzten Bahnen fuhren weit vor Mitternacht. Dann war es still am Mistelberg, wo Thea wohnte, dann konnten wir uns näher sein, auch wenn wir uns
nicht bei den Händen hielten, sich nicht einmal die Ärmel streiften. Die Mutter
wachte an der Gartenpforte. Sie wachte mit den Augen aller Nachbarn über
uns. Und mit den Fenstern aller Häuser im Karree. Auch wenn sie Nachtdienst
hatte. Oder grade dann.
"Ich bring dich noch ein Stück."
Wir gingen miteinander. Sie ging mit mir. Ich ging mit ihr. Mehr wünschten
wir uns nicht. Ich nicht.
Einmal, im ersten Morgengrauen, setzten wir uns nieder. Auf eine Bank am Fuß
des steilen Hügels, den eine Gruppe dunkler Fichten überragte. Ein dünner Ne-
belschleier weichte die Konturen auf und gab der Landschaft etwas traumhaft
Ungenaues. Ein roter Mond schwamm über einem Meer von grauen Dächern

– und ein Sprosser sang. Eine Nachtigallenart. In den botanischen Gehölzen. Nebenan. Im alten Teil des Gartens. Mit den Tropenhäusern. Das sogenannte Schlagen dieses kleinen grauen Vogels sprang wie ein Götterfunken in den frühen Morgen. Gefolgt von einem langgezognen Klagelaut, in den das Wissen um die Endlichkeit des Lebens und der Liebe eingeschmolzen war.
Die Abschiedsworte wiederholten sich.
"Schlaf schön."
"Du auch –"
"– und träum' was Schönes."
Die Strecke Steglitz-Neu-Westend, für die ich sonst zwei Stunden brauchte, durcheilte ich mit Siebenmeilenstiefeln. Mit einem Satz sprang ich vom Wilden Eber bis zum Roseneck ... die Siedlung Eichkamp und die alten Hockey-Plätze überflog ich und spürte meine Beine erst, als ich den Häuserblock in der Westendallee und Fräulein Müllers Wohnung vor mir hatte – den Rest, der noch an sie erinnerte.

Seltsamerweise war ich schließlich doch zwei Stunden unterwegs, vielleicht knapp zehn Minuten weniger als sonst – wo hatte ich die Zeit verloren? Ich hatte mich ein paarmal um mich selbst gedreht und mich von Zeit zu Zeit mit ausgestrecktem Arm von einem Baumstamm in die Runde tragen lassen – das hatte aber eher neuen Schwung gebracht – ach so – ich habe mich, als ich den Mistelberg im Rücken hatte, schon bald gefragt, ob es denn wirklich so gewesen ist, dass meine Hand zuletzt auf ihrem warmen Hemd lag, unter ihrer Bluse, über ihrer Brust – während die Nachtigall gesungen hatte. Ich hab' das immer wieder fragen müssen ... und innehalten müssen ... stehen bleiben müssen – ja – deshalb war es bereits Tag, als ich nach Hause kam.
Die Küchentür war offen – glaube ich – und auf dem Küchentisch stand ein Gedeck. Ein zugedeckter Teller. Und Besteck. Obwohl ich angekündigt hatte: Es wird spät; und auch darum gebeten hatte, mir nichts aufzuheben. Ich würde es am Morgen nicht mehr essen können ... nur noch schlafen wollen.

Es war ein Sonntag. Bärbel war gekommen. Ich wachte auf, von einem Streit.
"Du darfst ihm das nicht durchgehn lassen", hörte ich sie sagen, "ich seh' doch, wie es dich belastet."
Ich wollte mich ins Bad verziehen, aber die beiden Frauen stellten mich im Flur.

"Es ist nicht mehr mitanzusehen, Junge, wie du herunterkommst! Du schläfst zu wenig, und das Essen lässt du einfach stehen. Ich weiß, ich schmecke nicht mehr alles, aber was auf den Teller kommt, ist frisch. Es kann doch nicht so schwer sein, zu begreifen, dass ich mir große Sorgen um dich mache!"
"Das brauchst du nicht. Es geht mir gut."
"Dann schau dich mal im Spiegel an!"
Ich hatte nur den Satz im Kopf, *die Sorgen hättest du dir früher machen sollen* – und höchstwahrscheinlich habe ich ihn auch gesagt.
Der Satz, den meine Mutter daraufhin riskierte, war eigentlich ein ausgeliehener. Mehr ein Zitat. Beinahe ein Klischee. Man greift danach, wenn man sich hilflos fühlt. Das hab' ich damals nicht verstanden.
"Pack deine Sachen! und verschwinde ... Wenns dir hier nicht passt."
Ein Koffer lag gleich hinter mir auf einem Kleiderschrank. Den angelte ich mir, und packte meine *Sieben Sachen*. Ich hatte nicht viel mehr als Unterwäsche, Hemd und Hose und meine Lederweste mit den weißen Lettern "P" und "W", für *Prisoner of war*. Im Kinderzimmer warf sich meine Mutter auf ein Bett und flehte:
"Lieber Gott im Himmel! Nimm mich zu Dir", und Bärbel schrie:
"Da siehst du, was du angerichtet hast!"
Ich hörte – mit der Klinke in der Hand – noch, wie sie sich an meine Mutter wandte: "Er kommt zurück ... bestimmt ... alleine kommt er nicht zurecht."
Dann fiel die Wohnungstür ins Schloss.

Ich ging zunächst mal Richtung Bahnhof. Der Kreis von Freunden, die mir Unterschlupf gewähren würden, war nicht groß. Rein alphabetisch kamen da zunächst die Gersters in Betracht ... und dann ... genaugenommen ... niemand sonst. Und so marschierte ich *mit heiter frohem Sinn* nach Eichkamp. Volker war da und informierte seine Mutter durch die offne Tür:
"Dein Poppenspeeler schläft bei uns – du hast doch nichts dagegen!"
Frau Gerster schluckte deutlich ein paar Fragen runter.
"Bis er ein Zimmer hat."
"Und wo?"
"Na unterm Dach. Da steht doch noch das alte Bettgestell, ich zeig es ihm."
"Du kannst den Poppenspeeler nicht in diesem dreckigen Verschlag –"
"Da ist er ungestört! Das will er!"

Es war ein Lattenrost-Verschlag, wie man ihn auf den Speichern findet, um dort Gerümpel abzustellen. Ein Spinnwebnest. Mit einer blinden Fensterluke. Ich hatte meinen Schlafsack – nein, den hatte ich noch nicht –, die ersten Nächte blieb ich angezogen. Im Garten gab es eine Schwengelpumpe. Da wusch der Pimpf sich unerschrocken und mit freiem Oberkörper.
Ich bot Frau Gerster eine Monatsmiete an, zehn Mark. Sie wehrte sich. Ich musste ihr den Schein erst in der Faust zerdrücken. Danach rief ich im RIAS an, um der Besetzungs-Chefin meine neue Anschrift durchzugeben.

Frau Brockmann disponierte und besetzte und schickte auch die Boten mit den Manuskripten aus. Sie war stets *aus dem Ei gepellt*, meist trug sie eine leicht gestärkte weiße Bluse. Ich sehe sie mit einer eleganten Zigarettenspitze in der Hand, aus welcher sich der blaue Rauch geziemend kräuselte. Er stieg in einem schmalen Streifen senkrecht auf, begnügte sich mit zwei, drei Schlingen, die wie Knoten wirkten, und legte sich erst über ihrem Kopf in breiten Schleifen auf die Luft, um dort in Ruhe zu vergehen.
Sie saß sehr konzentriert an ihrem großen Tisch und sprach am Telefon in knappen Sätzen nur das Nötige. Aber wenn ich hereinkam, schob sie ihre Brille bis ins Haar zurück, über die weiße Strähne, die den strengen Schnitt in einer weichen Welle teilte. Sie nahm sich Zeit für ein paar Fragen und manchmal klang es so, als wüsste sie um meine Lage.

Die Ferien verbrachte ich zum großen Teil mit Volker Gerster. Er angelte im Hundekehlesee nach Plötzen. Ich saß daneben und genoß die Stille. Nur ab und zu schlug Volker eine Mücke tot, und sagte leise "Mistvieh", um die Fische nicht zu stören. Er weigerte sich stets, ein Hemd zu tragen.
Auf einer Radtour durch den Grunewald entdeckten wir den Pechsee. Tief in einer Eiszeitmulde. Ein unberührtes Kleinod. Mit Libellen, Fröschen, Wasserflöhen, Egeln, Gelbrandkäfern, Molchen … Seerosen – und am Ufer eine Stelle mit Sonnentau, den wir mit kleinen Fliegen fütterten. Im Wasser schwamm ein dicker, runder Baumstamm. Zwei, drei Meter lang. Der sich, kaum, dass wir ihn berührten, um seine Achse drehte und nur schwer zu stoppen war. Wir schätzten, dass es von den Enden her gelingen müsste, sich hinaufzuziehen, um darauf zu reiten. Nur für den Bruchteil eines Augenblicks. Er duldete uns aber nicht auf seinem Rücken. Wir glitschten immer wieder ab, und fast ertranken wir. Vor Lachen.

Nachts liefen wir zum Teufelssee hinunter, um dort nackt zu baden. Was in den Fünfzigern gerade Mode wurde. Wir trippelten mit leuchtend weißen Hintern und verschränkten Armen am Ufersaum entlang und starrten in das modrig schwarze Wasser mit seinem matschig weichen Untergrund. Wir wussten, dass wir es nach kurzem Prusten herrlich finden würden. Aber wir mussten uns erst mit den alten Kindersprüchen, *du traust dich nicht* und *du erst recht nicht* einen Schubs ins Heldenhafte geben. Einmal ging Volkers Schwester mit. Dietlinde. Das ließ die Dunkelheit, in die wir liefen, leise sprudeln. Als stiegen aus dem Boden blanke Brauseperlen auf. Aber sie schlüpfte etwas abseits aus den Kleidern und glitt so elfengleich ins Wasser, dass wir nur das Nachsehn hatten.
Am Tage sonnten sich auf einer kleinen Insel viele Menschen, die keine weißen Stellen auf dem Körper duldeten. Wir hatten uns dort gründlich umgesehn und sind ein paar Mal hin geschwommen. Wobei wir unsre nassen Badehosen tropfend in der Hand umklammerten. Natürlich sah man, dass uns um die Lenden noch etwas sommerliche Bräune fehlte.

Im Frühjahr '51 holte Noelte mich an das Theater, in dem ich Reva Holsey die Geschichte von den *Schwarzen Schwänen* vorgesprochen hatte. Es wird mir heute erst bewusst, dass ich mit Shakespeare angefangen habe, in seinen *Lustjen Weibern*.
Ich spielte *Robin*, Fallstaff's Pagen, und Elsa Wagner spielte die *Frau Hurtig*. Ostpreußisch. Singend. Unvergesslich.
Ich kannte Rudolf Noelte aus dem RIAS. Wenn er Regie bei einem Hörspiel führte, war man auf eine lange Nacht gefasst.
Bei ihm genügte meine Art, die Texte flott zu machen, nicht. Er hörte tiefer in die Sprache der Figuren. Er rang den glatten Flächen Widerstände ab. Versperrte das Geläufige. Fand Halt im Suchen, fand den klaren Blick beim Brillengläserputzen, fand Worte, wenn er sich an heißem Tee den Mund verbrannte, und fand den Ausbruch ins Spontane aus der Verweigerung des Dialogs und jeglicher Beflissenheit im Auskunft geben.
Er gab die Noten vor. Präzise, wie in einer Partitur. Das mochte ich.
Ich fürchtete und liebte ihn. Auf Jahre nannte ich ihn *meinen Meister*.
Dann wurde ich für ihn zum Feind ...

Ich hab' mir meine erste kritische Erwähnung in einer Zeitung aufgehoben. Ich hatte sie als Lob verstanden. Bis ein Kollege mir den Rat gab, sie als Angebot zu lesen, denn der besagte Kritiker sei schwul, wie jeder wisse.

"Aber den Satz hast du noch immer nicht herausgewürgt."
"Den Satz?"
"Ach tu nich' so. Den dir der parfümierte Mann mit auf den Weg gegeben hat als Danaer-Geschenk – wie hast du ihn verbucht, den Fluch, mit dem der schwarzbehaarte Satyr sich zu rächen suchte, als du dich ihm entzogen hattest. Spuck ihn aus:
Du ... wirst dir immer lächerlich vorkommen ..."
"Ja."
"Und! Weiter! *Wenn du auf einer Frau* ..."
"... herumturnst –"
"Richtig."
"Ein blöder Spruch – *herumturnst*."
"Aber giftig ... gallegiftig. Und er hat gesessen! Mein lieber Mann. Das nennt man eine Langzeit-Dosis."
"Du brauchst nicht noch drauf rumzureiten."

Die leere Bühne war das Eindrucksvollste am Theater. Wenn die Kulissen in den Magazinen standen. Die leere, stille, dunkle Bühne. Die große Ptolemäus-Scheibe. Die sich um eine Mittelachse drehen ließ. Von einem kolossalen Zahnradwerk in Rotation zu bringen war.
Ich ließ mich in der Mitte auf den Knien nieder, um die Bohlen zu betasten. *Die Bretter, die die Welt bedeuten.* Von Bühnenbohrern tausendfach zerlöchert und gespleißt, geflickt und wieder aufgerissen. Übersät mit Zeichen und Markierungen für den präzisen Standort der Kulissen. Winkel und Zahlen, die sich mit der Zeit ins Magische verloren. Ich schritt die ganze Bühnentiefe ab. Bis an den Horizont. Das ganze biblische Terrain der Genesis. Die Leere und die Finsternis, bevor das Licht den Raum *am Abend wieder neu erschaffen würde.*

"Entschuldje ma' ... das haste damals schon ... wie soll ich sagen ... so verstanden? – Alle Achtung!"

"Wahrscheinlich suchte ich nach dem Geheimnis ... nach dem *Bühnen-Zauber* – und entdeckte nichts. Das *Nichts* war die Entdeckung. Da war nichts. Wie vor dem ersten Schöpfungstag."
"Kommt jetzt der Onkel wieder?"
"Mensch, vergiss doch mal den Onkel! Und von mir aus auch den *Lieben Gott*. Theater machen Menschen. Kreative Menschen. Vom Dichter bis zum Vorhang-Zieher. Theater will die Welt nicht neu erschaffen ... insoweit war das Beispiel falsch, da hast du Recht."
"Was will denn das Theater ... eigentlich?"
"Ach Junge ... du stellst Fragen ..."
"Nee ... sag doch mal. Das *wahre gute Schöne* und *Erhebende* ... was soll's denn sein ...?"
"Dorst hat einmal gesagt ..."
"Wer?"
"Tankred Dorst. Ein Dichter. Für ihn sei das Theater: *Schmerz*. Es gäbe keine Antwort, und es stelle keine Fragen. Es sei Schmerz."
"Aha ... verstehe – und du kannst ihm folgen?"
"Ich könnte es nicht klarer sagen. Als Gott die Pflanzen und die Tiere angefertigt hatte, und auch der Mensch schon *zweigeschlechtlich* vor ihm auf dem Rasen lag – da schaute er sich noch 'mal um, so steht es in der Bibel, und er sah, dass alles wohlgeraten war. Der Mensch hingegen ... wenn er rückwärts schaut und sieht, was er auf Erden angerichtet hat, kann eigentlich nur Schmerz empfinden."
"Das sagst du!"
"Ja – das empfinde ich.
Der Mensch macht Geld ... und weiß nicht, was es kostet."

Horst Buchholz sah ich seltener. Einmal hielt neben mir ein weißer Vorkriegs-BMW. Zweisitzer. Sport-Coupé mit offenem Verdeck. Horst hatte mich auf meinem Rad erkannt. Er blieb am Steuer, ich stieg ab. Betastete die langgezogene Kühlerhaube mit den breiten Ledergurten.
"Wie biste denn an den gekommen?", wollt' ich fragen, sagte stattdessen aber: "Wieviel macht'n der?"
"So gute 160 schafft er noch", erklärte Horst. Das schien ihm zu genügen.
"Toll", sagte ich, und er
"Mach's gut."

Dann ließ er die Zylinder röhren und entschwand. Den Ku-Damm runter.
Wir machten dann noch einen Film zusammen, dem man viel Beachtung schenkte. Der Produzent war Wenzel Lüdecke. Die Hauptdarsteller waren Horst und Karin Baal.
Ein Kenner deutscher Nachkriegsfilmgeschichte stutzt, und fragt sich jetzt vielleicht: Was hat denn der Jacobi mit dem Film DIE HALBSTARKEN zu tun gehabt?
Ne Menge, kann ich ihm verraten. Eine ganze Menge.

Die Suche nach der richtigen Besetzung für die jugendliche Bande war in den Zeitungen groß aufgemacht. Hilfsassistenten trafen eine grobe Vorauswahl.
"Du! Du! Und du! Nein! Der dahinter!"
Das war ich. Ich hatte einen Parka. Darauf kam es an. Mit diesem ungepflegten Anorak kam ich nach Wochen in die engste Wahl, und schließlich war ich einer von der Bande. Fast zitternd unterschrieb ich den Vertrag. Als ich allein war, sprang ich in die Luft. Ich war *in einem Film!*
Die Dreharbeiten liefen, und ich wartete auf meinen Einsatz.
Stündlich. Täglich. Wöchentlich.
Kollegen beim Synchron, die bessere Kontakte hatten, fingen an, mich aufzuziehen.
"Na, hast du gestern Nacht gedreht?"
"Nee."
"Ach – die ganze Bande war dabei ... du nicht?"
"Nee, sag' ich doch."
"Warum nicht?"
"Weiß ich nicht"
Ich rief die Firma an.
"Wenn wir Sie brauchen, kriegen Sie Bescheid."
Die Frotzeleien wiederholten sich. Herr W. Punkt leitete die Produktion. Er sagte mir am Telefon, dass ich ins Stadtbad Wedding kommen solle, dann und dann.
"Zum Drehen?"
"Nein ... Probeaufnahme erstmal ... brauchen wir von Ihnen noch."
"Wozu?"
"Das sagt man Ihnen am Motiv"
Ich radelte zum Wedding. Alles zu. *Gesperrt.*

Kein Mensch zu seh'n. Als ich nach langem Suchen doch ein Schlupfloch fand, wurde ich angebrüllt und rausgeschmissen: "Lass dich hier nicht noch einmal sehn! Hier wird gedreht!"
Es regnete. Unschlüssig stellte ich mich unter.
Bei Drehschluss gingen ein paar Türen auf. Ich sah Horst in der Badehose aus dem Becken steigen. Winkte ihm. Er sah mich nicht.
Ein Techniker lieh mir ein halbes Ohr beim Steckerziehen. Er ging zur Kamera. Einer kam mit dem Drehplan für den Tag und wischte mehrfach mit dem Rücken seiner Hand quer über das Papier. Da fand sich offenbar kein Sterbenswörtchen über mich. Man tuschelte. Dann winkte einer mich herbei.
"Stell dich mal an die Wand dort – ja – o.k."

1954

Da is' kein Film drin, wagte ich zu denken.
"Das war's – Sie können gehn!"
Ich musste aber stehen bleiben. Weil meine Kompassnadel Ringelreihen tanzte.
Herr W. Punkt ließ mir übermitteln: Die Produktion hat sich für einen anderen entschieden. Sie bräuchten mich nicht mehr.

Ich hatte Muße, den Vertrag zu lesen. Da stand für den Beginn ein Datum, und für das Ende gab es einen vorgedruckten Satz, der hieß: ... und endet ... sobald die Mitarbeit – nach Ermessen der Produktion – nicht mehr erforderlich ist. Oder sei.
Der Sklavenhalter-Paragraph mit eingenähtem Endlosgummi war sicher sittenwidrig, aber branchenüblich – und – ich hatte unterschrieben, ohne ihn zuvor zu lesen. Ich Idiot! Aber, nur langsam dämmerte es mir, der schlaue Satz war dem Herrn W. Punkt rücklings auf den Kopf gefallen: Er hatte den Ermessens-Spielraum aufgegeben. Damit war der Vertrag von meiner Seite aus erfüllt. Die Firma "Interwest" war mir die Gage schuldig. Elfhundertfünfzig Mark. Pauschal. Für die verstrichnen Arbeitstage.
Herr W. Punkt wusste das inzwischen auch – so schien es mir – und war von Stund' an nicht mehr zu erreichen – nicht im Hause – unterwegs – in einer Sitzung – spricht – spricht immer noch – schon weg.

Ich setzte mich vor sein Büro und wartete.
"Was wollen Sie."
"'Abrechnen. Meine Gage."
"Wie?! Wohl verrückt geworden! – Sie ha'm ja nichts geleistet!"
"Ist das meine Schuld?"
"Kommt nicht in Frage! Unverschämtheit. Bitte!"
Er wies zur Tür.
"Ich habe keine Zeit für solchen Quatsch!"
So ähnlich. Oder so.

Ich wandte mich an die Genossenschaft der Deutschen Bühnenangehörigen, in der ich Mitglied war. Sie bot bei Streitigkeiten Rechtsschutz über den lokalen Anwalt. Der hörte sich die *causa* an und sagte:
"Ich versteh' Sie nicht."
Also nochmal von vorn. Und noch einmal, bis ich ihn bat, mir zu erklären, was er nicht verstünde.
Ich sei ein junger Mensch, der weiterkommen wolle, ich könnte doch nicht ernsthaft in Erwägung ziehen, eine Firma zu verklagen, meinen Arbeitgeber.
"Doch", sagte ich, "deswegen bin ich hier."
Er spielte äußerstes Befremden. Dann schob er *die Zentrale* vor. Er müsse sich zuvor in Hamburg vergewissern, ob die Genossenschaft Prozeß-Vollmacht erteilen würde. *Er* würde sich das drei Mal überlegen, weil man nie wissen könne und die Gegenseite und das Recht und die Gerichte und wer weiß, auf hoher See ...
Ich kürze ab.
Irgendwann meldete er sich überschwenglich:
"*Wir* haben es geschafft! Ich gratuliere. Bin sehr froh. Mehr war nicht zu erreichen ..."
"Als was?"
"Als ein Vergleich!"
"Aha."
"Ja . Ein Vergleich ist stets die beste Lösung ... Sei'n Sie froh!"
"Worin besteht denn der Vergleich?"
"In Ihrem Falle ist es wie ein Sieg! Sie kriegen Ihre Gage! Das gesamte Geld! Das war's doch, was sie wollten ... oder?!"
"Und?"

"Sie müssen diese Summe abarbeiten! Im Synchron. Ich hab' den Höchstsatz ausgehandelt. Sieben fünfzig für den take. Das hatten Sie ja vorher nicht, soviel ich weiß. – Nicht immer."
"Nein."
"Na seh'n Sie! Also nochmals. Gratuliere!"
Die BSG von Wenzel Lüdecke rief schon zwei Tage später an.
"Sie wissen ja von dem Vergleich, am nächsten Montag geht es los. Gleich morgens, 8 Uhr dreißig, Erster take. 'Die Halbstarken'."
Ich sagte nichts.
"Wir müssen eine Rolle nachsynchronisieren. Is' nich' viel. Text kommt."
Es war die Rolle, die ich spielen sollte.

Marcel Marceau kam nach Berlin. Als *bip*. Als fahrender Artist im Ringelhemd. Mit einer Margerite auf dem Hut. Auf einer arg verbeulten grauen Röhre von Zylinder.
Er zeigte, wie man auf der Stelle geht und Treppen steigt zu ebner Erde. Er zeigte, wie man zieht und schiebt. Als Pantomime. Ohne einen Gegenstand. Er zeigte, wie die Glieder ineinander greifen, als sähe man sie durch drei Schichten Transparentpapier, im Buch vom Körperbau des Menschen, mit seinen Muskeln, Sehnen und Gelenken – und deckungsgleich als eine Projektion der Poesie.
Man sah auf das Gewohnte, auf das tausend Mal Gesehene, man sah beinah' dasselbe – und man sah es völlig neu. Das war sein Können. Seine Kunst.
Die Menschen feierten Marcel Marceau. Er musste viele Male an der leicht gebauschten Stelle vor den Vorhang treten, und soll am Ende auch noch durch die Tür im *Eisernen* gekommen sein, da stand ich aber schon im Gang vor seiner Garderobe. Von seiner Meisterschaft unwiderstehlich angezogen. Als könne sich der kreative Funke, den Gott von seinem ausgestreckten Zeigefinger auf jenen Adams überspringen ließ – so wie es Michelangelo einst in den Himmel der Sixtinischen Kapelle malte –, als könne dieser kreative Funke sich auch im Kleinen übertragen lassen.
Der Bühnenpförtner ließ mich durch. Er kannte mich seit Noeltes Shakespeare-Inszenierung in demselben Haus. Marceau entdeckte mich, als sich die Tür auf einen Spalt geöffnet hatte und kam, noch weiß geschminkt, hinaus. Ich hätte es vielleicht gewagt, mit meinem stümperhaften Schul-Französisch zu erklären, dass ich jetzt wisse, was mir fehle, was mir die Schauspielschule nicht vermittelt

hatte: das kleine Einmaleins der Körpersprache – aber ich wusste es in diesem Augenblick noch nicht. Ich hatte einmal mehr nur einen blassen Schimmer. Ich hatte die Symptome eines Anflugs von Verzauberung. Mir war sehr heiß, ich dampfte und in meinem Kopf war alles durcheinander. Marceau verstand das und bedankte sich dafür, dass ich gekommen sei.
Ich hab' Marcel Marceau noch drei, vier Mal getroffen. Einmal saß er im Kino neben mir, am Steinplatz in Berlin. Wir tauschten ein paar Sätze aus. Er war beeindruckt von der Korruption der Presse, die der Film behandelte. Er konnte etwas Deutsch, ich mittlerweile etwas mehr Französisch. Es war ein Film mit Untertiteln aus Amerika.
Ein andermal war's im Théâtre Sarah Bernardt, als er dort auftrat, in Paris. Und wir ihn nach der Vorstellung besuchten, Thea und ich. Er konnte sich sofort an mich erinnern, sprach von Berlin und freute sich –
Marceau heißt mit Familiennamen Mangel; er hatte sich dem Abtransport nach Auschwitz irgendwie entzogen. Davon erfuhr ich erst nach mehr als fünfzig Jahren.

Ich war zu einem Mittagstisch in die Westendallee geladen. Das stand auf einem halben Blatt Papier, das meine Schwester Bärbel in der Schauspielschule abgegeben hatte: Nächsten Sonntag.
Mir ist, als sei ich grußlos durch den schmalen Flur gekommen und hätte mich zu zwei verhärmten Frauen an den Tisch gesetzt. Dort war ein Platz auf einem Sofa frei, in dem die Gurte ausgerissen waren, so dass man von den schwankenden Spiralen in die polsterlosen Senken glitt.
Ich starrte auf das Messerbänkchen neben meinem Teller. Zwei Kreuze hielten einen waagerechten Stab. Drei solcher *Oxer* standen im Parcours. Wie sie bei Reit-Turnieren übersprungen werden müssen – aber keine, der offensichtlich angestauten Emotionen wagte einen Sprung. Rund um den Tisch verweigerten die Worte jedes Hindernis. Möglich, dass ab und zu ein Suppenlöffel klapperte.
Ich fand die ersten Worte auf der Straße wieder. Als ich die Haustür schon im Rücken hatte: *Das hast du erstmal hinter dir.*

Ich brauchte endlich eine winterfeste Bleibe. Eine Studentenbude. Eine Kammer. Die fand ich bei Frau Kubalevski. Hinterm Roseneck. Kaum zehn Minuten von der Schauspielschule und weniger als eine Stunde weit vom Mistelberg entfernt. Die sogenannte Mädchenkammer war eigentlich ein Gang von einer

Bei Fernsehaufnahmen zu DIE GLÜCKLICHEN TAGE, 1954. Dritter von links: Ernst Jacobi

halben Tür zu einem halben Fenster. Ein Bett. Ein Stuhl. Kein Tisch. Mit Badbenutzung. In der Küche auch mal ein Kaffee. Damenbesuche ungern. Nicht nach zehn.
Wenn Thea auf dem Weg zu ihrer "blinden" Mutter für eine Stunde rauf gekommen war, dann schob Frau Kubalevski zwischen Küche, Bad und *guter Stube* Wache. Das unentwegte Knacksen auf der Diele war dabei leichter zu ertragen als die atemlose Stille, in der man unwillkürlich denken musste: Vor welcher Ritze steht sie jetzt und lauscht? Wir lagen derweil angezogen auf dem Bett und mühten uns, verräterische Falten in der Kleidung zu vermeiden. Man streifte allenfalls die Schuhe ab.
Falls sich die obligate Bügelfalte meiner ersten selbstgekauften Hosen platt gelegen hatte, kam sie des Nachts, ein wenig angefeuchtet, unters Laken, wo sie ein sechster Sinn im Schlaf vor dem Verrutschen sicherte. Sonst hatte man zwei Bügelfalten. In der Früh. Beziehungsweise eine, die sich teilte, und auf dem Oberschenkel mit der alten überschnitt.
Ich fand, dass Thea etwas anzuziehen brauchte und kaufte einen dunkelbraunen Tweed im KaDeWe.
"Pfeffer und Salz."
"Was soll denn daraus werden?"

"Ein Kostüm."
"Aha – und ist die Dame eher schlank?" Die schmunzelnde Verkäuferin bot einen Blick auf ihre Oberweite. "Oder ein bisschen mehr wie ich?"
Die Frage ignorierte ich und überlegte, ob ich ihr die Skizze zeigen solle, die ich in meiner Hosentasche hatte. Das tat ich aber nicht.
Dann sagte sie mir, wie der Ballen liege und fragte, wie sie messen dürfe.
"Ich komme noch mal wieder", sagte ich. Weil in der Stoffabteilung eine Affenhitze herrschte.
"Gern", sagte sie, "es war mir ein Vergnügen."
Die Jacke hatte einen Stehbundkragen, war verdeckt zu knöpfen, mit einem graden Abschluss überm Hüftansatz und sollte einen etwa streichholzschachtelgroßen Knopf im Bund bekommen. Quadratisch und mit Leder überzogen. Im selben Ton. Nur aufgesetzt. Als Schmuck. Zuletzt entsprach das fertige Kostüm in allem meinen Wünschen, und Thea trug es sichtlich gern. Es half uns, unsere Schwellenangst zu überwinden.
In Steglitz hatte ich auf meinem Radweg zum Synchron ein Restaurant entdeckt, das einen stillen Innenhof mit einer schattigen Terrasse hatte. Die Tische waren weiß gedeckt, mit weißen Stoffservietten und schwerem silbrigen Besteck. Dort wollte ich mit Thea einmal essen.
Die Speisekarte kam in einer Ledermappe und war wie eine Sammlung von Gedichten eingebunden. Ich kannte ein paar Namen, die bei den Gerichten standen. Meist beim Fleisch, gelegentlich bei Soßen, seltener bei den Kartoffeln: *Rossini* beispielsweise ... *Esterházy* oder *Béchamel*. Welche Finessen sich damit verbanden, hätte ich nicht sagen können. Ich kannte nur die Béchamel-Kartoffeln in der Kriegsversion. Das Wort alleine löste einen Brechreiz aus. Ich hätte nicht beschreiben können, was *blanchiert* und was *pochiert* bedeutet, wie man *Forellen blau* macht oder *Aale grün*, und nicht mal, was ein *Deutsches Beefsteak* ist.
Thea erschwerte mir die Wahl. Nach jedem Vorschlag kam von ihr – nach kurzem Zögern – nur ein unentschloss'nes "Hmm –".
Viel später erst fand ich heraus, dass ihre Mutter ihr nur Schweinskotelett gebraten hatte. Wenn es denn einmal Fleisch bei ihnen gab. Sie war mit Schweinskoteletts groß geworden und kannte überhaupt nichts anderes.
Was wir uns letztlich leisten konnten, waren die *Spaghetti mit Schinkenwürfeln überbacken*. Der Kellner wiederholte die Bestellung, schrieb sie auf, und frage dann: "Sonst nichts?"

Ich hätte laut und deutlich sagen mögen: "Danke nein! – sonst nichts!"
Statt dessen sagte ich, schon halb in seinen Rücken: "Doch – zwei Mal *Mockturtle-Suppe*, bitte."
Und fügte blöderweise noch ein "vorneweg" hinzu.

*

Paris war in den Fünfzigern ein riesiger Magnet für junge Menschen aus der ganzen Welt. Die Stadt des Existentialismus. Der Moderne. Des Films. Der KINDER DES OLYMP. Der Liebe. Der Chansons. Die Stadt des Sieges über den Faschismus, und auch die Stadt von Diên Biên Phu. Der Gauloise, der gallischen, sans filtre. Der Metro mit dem Jugendstilgeländer um die Zugangstreppen. Der alten Männer im Platanenschatten beim Spiel mit ihren Eisenkugeln. Der Seine und ihrer Unbekannten.
Als Deutscher brauchte man ein Visum. Wir brauchten also zwei. Ich hatte einen Freund. Französischer Besatzungsoffizier. Theater-Narr. Er hatte mich in einem Stück gesehen, in dem er selbst einmal *den Benjamin der Truppe* spielte, den *Arthur* in: ALTITUDE TROIS MILLE DEUX CENT. Er füllte uns den Antrag aus und reichte die Papiere für das Visum ein.
Wichtiger aber war er bei der Suche nach einem Jugendlager, einem Ferienprogramm für Mädchen, das Theas Mutter von der Angst befreien würde, ihre Tochter zu verlieren.
So etwas gab es aber nicht; wir mussten also ein's erfinden und nach ihren Wünschen über Kreuz zusammenbasteln. Konspirativer Treffpunkt war die Eingangshalle des Maison de France.
Thea bekam Gewissensbisse, denn die Intrige wuchs sich aus. Die Visa kamen. Alles schien zu klappen, dann aber scheiterte das Unternehmen doch noch. An der Reise. Es durfte keine Gruppenreise sein, nicht mit dem Bus, nicht mit dem Interzonenzug. Weil Frau van Trapp nicht davon abzubringen war, *das Kind* bis an den Sitzplatz zu begleiten. Das ging aus den Sondierungen hervor, die Thea ständig weiterführte.
Es war für mich nicht schwierig, einen Onkel zu erfinden – er musste aber auch der Onkel einer Schülerin aus Theas ehemaligem Lyzeum sein, er musste eine Firma haben und einen Kompagnon vor Ort, um glaubhaft zwischen Frankreich und Berlin zu pendeln, und schwer erreichbar sein, weil ständig unterwegs.
Ich ging zum "Autodienst-am-Roseneck" und fragte, ob ich einen Wagen mieten könne. Mit Chauffeur. Für eine Stunde oder einen halben Tag. Am besten

ein Mercedes. Möglichst schwarz. Den hatten sie. Ich konnte mir den Service leisten, und ich beglich die Rechnung auf der Stelle.

Am Tage X fuhr ich bis Steglitz mit und instruierte den Chauffeur. Er spielte für ein kleines Trinkgeld mit. Thea saß mit gepacktem Rucksack bei der weinenden Mama. Pünktlich hielt meine Limousine vor dem Haus. Der Fahrer trieb zur Eile an. Es sei doch ziemlich weit.

Zwei Ecken weiter stieg ich wieder zu.

"Sie wissen ja, S-Bahnhof Steglitz bis zur Unterführung."

Wir fuhren bis zum Bahnhof Wannsee und liefen an der Autobahn entlang zum Grenzkontrollpunkt nach Dreilinden.

Ein leerer Kühltransporter nahm uns mit bis Frankfurt. Thea war bei den Fahrern eingestiegen, ich saß im dunklen Laderaum, in dem die Fleischerhaken auf den Alustangen tanzten und bei jeder Bodenwelle klirrten. In Frankfurt lag ich taub und tot in einer Ecke.

Wir hatten für das ganze Unternehmen 150 Mark in bar und einen internationalen Jugendherbergs-Ausweis. Ich hatte eine Luftmatratze, einen gebrauchten Schlafsack aus US-Armee-Beständen sowie ein Kochgeschirr zum Erbswurst-Suppe kochen.

Wir trampten nach Paris.

Trampen ist Arbeit: Du musst *buhlen*. Um jeden, der an dir vorbeirauscht und dich dann doch stehen lässt, und du musst warten können. Lange, lange warten. Dann musst du Auskunft geben. Radebrechen: "woher, wohin, wieso, warum".

Musst Land und Leute loben, die du noch nicht kennst. Zustimmen, wenn es irgend möglich ist und über deinen eingeschlafnen Füßen und über dem verdammten Rucksack auf den Knien in den kleinen Spiegel lächeln, der nach hinten schaut.

"Vous êtes anglais?"

"Engländer? ... Nein."

"Was sind Sie?"

"Deutscher."

Volle Bremsung.

"Raus!"

Paris erreichten wir am vierten Tag vor Sonnenaufgang. Übermüdet und verschwitzt. Wir nahmen uns ein Zimmer, in der Gegend, in der wir aus dem

Nach Paris

Auto fielen. Unweit des Gare du Nord. An einem kleinen Platz, den ich wie die Kulisse eines Bühnenbildes vor mir sehe. Sehr bunt, vorwiegend dunkelrot. Ein Aquarell aus Ruß und Regenwasser über den Fassaden. Akkordeon-Musik. Ein Kinderkarrussel. An einer Seite des Quadrates ein Kanal. Gesäumt von Bäumen. Ein Männer-Pissoir mit Sichtschutz-Wänden und derbe Frauenstimmen aus den Fenstern. Thea begann zu weinen, klagte über Kopfweh, zitterte und sank untröstbar auf dem Doppelbett in sich zusammen. Ich wagte nicht, sie zu berühren.
"Pass auf, ich geh jetzt runter ... schau mich um, versuche was zum Frühstück zu besorgen. Du machst dich ganz in Ruhe frisch und legst dich hin. Ich schlafe sowieso am Boden. Auf der Luftmatratze. Ich schließe ab, und nehm' den Schlüssel mit. Sonst weck ich dich."
Ich glaubte, etwas Praktisches zu sagen, aber die Worte wirkten Wunder, kaum, dass sie ausgesprochen waren: kein Kopfweh, keine Tränen mehr, über den Dächern war die Sonne aufgegangen.
Zu Mittag gab es einen Wettersturz. Das Thermometer fiel auf 12 Grad Reaumur. Es regnete. Das Straßenbild entfärbte sich zu schmutzig-grauen Häuserschluchten. Warm war es nur noch in den U-Bahn-Schächten.

Um sich von Zeit zu Zeit in ein Café zu hocken und dünne Stellen in der Wolkendecke abzuwarten, war unsre Reisekasse zu beschränkt. Paris war teuer, fanden wir. Zu teuer dafür, dass es gar nicht da war. Paris war abgereist. War nur Fassade. War geschlossen. "Fermeture" stand oft mit Kreide an den Ladentüren, und "Annuelle". Wie jedes Jahr. Sogar an vielen sogenannten Sehenswürdigkeiten.
Nach einer Woche war der Wunsch nach Wärme übermächtig, und wir beschlossen, an die Côte d'Azur zu trampen.
Thea beschloss zuvor noch, eine Nacht *Pariser Leben* zu erkunden. Ich fragte schüchtern, ob wir uns das leisten könnten –, aber sie erklärte, dass man es erstmal wollen müsse ...
"Im Jugendherbergs-Leinenschlafsack werden wir es nicht erfahren!"
Ich sagte:
"Also gut. Wo is' es, das Pariser Leben, und wann fängt es an?"
Wir zogen auf getrennten Bürgersteigen los. Wer wem vorausging, war nicht auszumachen. Um elf befanden wir uns in der Nähe vom Étoile. Wir sahen auf den angestrahlten Bogen des Triumphes, just als die Lampen ausgeschaltet wurden und der Koloß sich in sein graues Nachthemd hüllte.
Wir fanden nicht einmal ein offenes Bistro, um uns ein wenig aufzuwärmen. In einem wurde ausgefegt, in einem andern abgerechnet.
Zwei Stunden später hatten wir die Suche nach dem *Pariser Leben* aufgegeben und saßen in den Sparren eines schiefen Turms aus Gartenstühlen. Unter einer Plane. Auf den Champs-Élysées, auf den Elysischen Gefilden und hatten, trotz des Regens, eine leise Ähnlichkeit mit den Pariser Hochzeitspaaren von Chagall.
Noch später hockten wir vorm Absperrgitter auf der Treppe zur Station George V, in einem lauen Mief und heulten gegenseitig in die Ärmel unsrer viel zu dünnen Jacken.
Die Metro fuhr ab fünf. Vielleicht schon früher. Wir hätten uns in einen warmen U-Bahnwagen setzen und spazieren fahren können, aber wir schämten uns wahrscheinlich unsrer roten Augen wegen.
Wir lebten von Baguette und Käse. Gelegentlich bestellten wir uns une tartine. Das Sandwich fand erst später in die Umgangssprache.
Die Zeit, bis uns die ersten Sonnenstrahlen wärmten und bis die ersten Bäckerläden öffneten, war länger als der lange Tag danach. Wir schafften es bis Montargis, wo wir an einem Flußlauf in den Schlafsack krochen.

Am Morgen waren wir von Mückenstichen übersät.
Die Kaltfront hatten wir zurückgelassen, und es wurde wärmer. Endlich wärmer. Bei St.-Etienne hielt ein Renault Dauphine auf unser Winken.
Es sah so aus, als würde uns ein unbewußtes Merkmal immer wieder mit diesem Autotyp und seinen Fahrern in Verbindung bringen. Die Männer waren jeweils mittelgroß, kaum vierzig, dunkelhaarig, sehr gepflegt und höflich, sprachen ein gut verständliches Französisch, sie waren still, in sich gekehrt und wirkten melancholisch. Vor allem jener letzte, der uns fragte:
"Wohin gehen Sie?"
Wir nannten immer nur die nächste Stadt; wir wollten nicht als unbescheiden gelten. Aber diesmal sagte Thea:
"An die Côte d'Azur."
"Da habt ihr Glück."
In vier, fünf Stunden, so verstand ich ihn, hätten wir einen ersten Blick aufs Meer hinaus. Es gab noch keine Autobahn im Rhône-Tal.
Wir durften das Gepäck im leeren Kofferraum verstauen.
Zum ersten Mal nahm ich entspannt die Landschaft wahr, das Licht, die sanft gewellten Rebenhügel, das Leben in den kleinen Städten, auf den Märkten, so viel man bei der Durchfahrt davon sah.
"Dort drüben, etwas höher, liegt ein Dorf –", er nannte uns den Namen, "das hat die SS total zerstört. Als Vergeltung. Die Männer haben sie erschossen, Frauen und Kinder haben sie verbrannt. In einer Kirche."
Wir hatten nie davon gehört.
"Es ist nicht weit, wir könnten einen Umweg nehmen."
Er wandte seinen Kopf zurück. Ich nickte, und wir bogen ab.
In den Ruinen standen Teile von Maschinen. Für die Feldarbeit. An einer Hauswand eine Bank. Ich glaubte, die verkohlten Balken hätten einen Rest von Glut bewahrt und sah die Kräusel eines dünnen Rauches.
Alles war eben erst geschehen. Ich wäre nicht erstaunt gewesen, wenn ein verstörtes Kind aus einem Kellerloch hervorgekrochen wäre.
Der Mann stand reglos in der Stille. Er kannte diesen Ort.
Als wir uns wieder bei ihm eingefunden hatten, sagte er:
"Oui – mais c'est fini la guerre – ich lade Sie zum Essen ein. Sie müssen Hunger haben."

Thea schrieb ihrer Mutter eine Ansichtskarte; die ging zur Polizei und löste eine Fahndung aus. Wir wurden aber nicht gefunden. Ich brachte ihre Tochter wohlbehalten nach Berlin zurück. Und auch noch einen Teil der Reisekasse.

*

Nach Bärbels Tod zog ich zurück in die Westendallee und räumte auf. Das große Zimmer sollte unverändert bleiben, so, wie es war, als unsre Mutter starb.
Sie lag auf ihrem Sofa, als der Krebs sie aus dem Diesseits riss und ihre Augen nicht mehr sehen konnten. Sie schrie nach Bärbel, obwohl die neben ihr an ihrer Seite saß und ihre Hand umklammert hielt.
Ich schmiss die Möbel raus, verschenkte die Vitrine, stellte das Fliederbild als Sperrmüll auf die Straße, legte "Die Unbekannte aus der Seine" dazu, ich ließ den Ohrensessel neu beziehen – mit einem grauen Mantelstoff – und schleppte Trümmerziegel in die Wohnung, um damit ein Regal zu bauen. Ich fuhr mit Manfred in ein Sägewerk und kaufte eine unbesäumte Nussbaumbohle für einen Couchtisch, wie er damals Mode wurde. Ich schuf mir ein Refugium und machte mir die Einsamkeit zum Freund.
Thea verlor ich an den Dramaturgen von der Landesbühne.
Wir hatten einen Stern als *Brückenpfeiler* ausgewählt, zu dem wir abends um dieselbe Uhrzeit schauen wollten – aber die Brücke stürzte ein. Wir hatten uns verloren.
Ich fand, dass die Klausur mir meine Sinne schärfte. Ich suchte die Erinnerungen an Großbösendorf zu wecken: das Kühehüten an der Weichsel. Las nach in Rilkes Briefen an den Jungen Dichter, dass es sich lohne, das Vertrauen zu gewinnen, von allem was uns *arm* und *klein* erscheint, und fühlte mich am besten aufgehoben in der Stille. Einmal saß ich am Rand der Pfaueninsel – lesend – als sich ein Vogel auf die Spitze meines Fußes setzte. Wie in dem alten Liebeslied. Ich sagte: Grüß' dich, Buchfink. Und als er weiterflog, sah ich ihm nach.

Noch vor der großen Auffahrt zum Olympiastadion, auf der ich mit dem Fahrrad meine Faxen übte, gab es im rechten Winkel einer Straßenkreuzung ein begrüntes Dreieck. Abgeschirmt durch ungepflegte Hecken. An Badetagen war es ein Reserve-Parkplatz. Sonst war dort nie ein Mensch. Das hatte ich erkundet …

Ich hatte damals einen DKW mit einem Zweitaktmotor. Den stellte ich dicht an der Hecke ab. Ich hatte alles vorbereitet, ausprobiert und mitgenommen: Staubsaugerschlauch, die blaue PAN-AM-Decke und ein weiches Kissen. Der Teil des Schlauches, der zum Auffangbeutel führte, ließ sich problemlos auf den Auspuff stülpen. Das andre Ende reichte bis zum Fenster auf der Fahrerseite. Decke und Kissen klemmte ich in einen Schlitz, zwei Finger breit vielleicht, und drückte mit der Fensterkurbel nach. Der dünne Anschluss für das Aluminiumrohr war luftdicht von der Wulst umschlossen. Das Standgas hatte ich so eingestellt, dass sich der Motor nicht verschlucken konnte. Die Rückenlehne kippte ich nach hinten, und wartete, bis Puls und Atem ruhig wurden. Alles war hundertmal durchdacht.

Trotzdem begann das Hirn, *die Mühle* wieder in Betrieb zu setzen.

Erst als ich sicher war, dass sich für mich nichts bessern könne und ich auf Erden restlos überflüssig sei, hab' ich die Zündung eingeschaltet. Der Motor nagelte verläßlich vor sich hin.

Da ich ja noch am Leben bin, genügt der lächerliche Satz: Ich hab' das Abgas nicht vertragen. Erst kratzte es, dann brannte es. Die Atemluft fuhr wie ein Blasebalg ins Feuer. Schneidbrenner fraßen sich durch Fleisch und Knorpel vom Kehlkopf abwärts in die Lunge. Ich tat das Falsche. Stieß die Türen auf und zog den Schlüssel ab. Ich kann nicht sagen: ich war wieder da, denn streng genommen war ich gar nicht weg.

Mein Rechenschaftsbericht heißt schlicht: "geboren dreiunddreißig". Ich habe, was mich quält und formte, bewusst auf diesen Jahrgang eingeschränkt. Im Kern, auf das, was '45 mir bedeutete; das Jahr, in dem das Ende meiner Kinderzeit mit dem Zusammenbruch des Dritten Reiches ineinanderfiel. Unter der Frage, was aus mir geworden wäre, entdeckte ich den Riss, in dem ich zur Besinnung kam. Dort hab' ich das erworben, was ich *Würde* nenne ... nämlich die Fähigkeit, Schuld zu begreifen. Schuld zu tragen. Aus der Schuld zu lernen – und vor allem: Schuld vorauszusehen.

Schuld macht nicht krumm. Wenn man aus ihr gelernt hat, kann man selbstbewusst und aufrecht gehen.

Was nachzutragen wäre

Hans Müller ist noch einmal aufgetaucht. Da waren wir schon über Vierzig. Er hatte mich in Südamerika in einem Film entdeckt. Das ZDF gab meine Anschrift an ihn weiter.
Er habe in New York, erzählte er mir zwinkernd, den Frisiersalon von seinem Meister auf dem Broadway übernommen und der gehe gut. Ich stellte ihn mir Haare schnippelnd vor, mit Kamm und Schere, wie den Gesellen mit den blauen Patten auf dem weißen Kittel beim Friseur in Kaltennordheim.
"Weißt du noch", fragte er, "was du zu mir gesagt hast …" und dann spielte er die Szene vor, wie er, am Boden kniend, um sein Leben flehte, und ich als göttergleicher Inka-Häuptling, mit ausgestrecktem Stecken-Schwert, sein Todesurteil deklamierte:
"Du musst sterben!"
"Warum?!"
"Weil du versagt hast!"
Ja – das könnte so gewesen sein. Nur von den Inkas und *Túpac Amáru* wussten wir noch nichts, da bin ich sicher.

Horst Buchholz traf ich '96 in Berlin. Wir wohnten in derselben Straße.
Ich im Hotel, er hatte eine Wohnung gegenüber.
Es schien ihm nicht sehr gut zu gehen. Er blickte auf die Armbanduhr.
"Einen Kaffee … das geht sich aus."
Dann saßen wir uns gegenüber.
"Nimmst du Zucker?"
Wir schickten – jeder – ein paar Sätze durch die Vorzensur im Kopf. Das war an unsern Augen abzulesen. Horst klapperte beim Lächeln leise mit den Zähnen.
Wie geht es dir? Was machst du?, mochten wir nicht fragen.
Dann sagte Horst:
"Die Rechnung, bitte" – und einen Satz, der mich verblüffte.
"Du bist ein guter Schauspieler geworden."
"Danke."
"Ich muss los."

*

Bärbel zitierte mich ins Krankenhaus Westend.
Man habe unsere Mutter gründlich untersucht, und festgestellt, dass sich der Krebs tief ins Gesicht gefressen habe. Die Ärzte hätten vorgeschlagen, ein Stück vom Jochbein zu entfernen und das linke Auge. Von Stirn und Nase nur das Nötigste.
Die Ränder werde man mit einem Draht versteifen, um zu verhindern, dass die linke Hälfte des Gesichtes ihren Halt verliert.
"Dazu hat Mutti *nein* gesagt. – Sie hat mir das Versprechen abgenommen, dir nichts davon zu sagen, nicht wie schlimm es wirklich ist, ich kann es aber nicht allein. Sie hat Bestrahlungen bekommen, die sie nicht verträgt, tu so, als ob du es nicht weißt, aber geh hin und sprich mit ihr, besuch sie und erschrick nicht – hilf mir, bitte!"
Das Krankenhaus Westend war – von den aufgemalten roten Kreuzen nur äußerst mangelhaft beschützt – im Kriege selber zum Patienten geworden. Ich habe weiße Schlachthofwände in Erinnerung, mit grob verputzten grauen Rissen. Gesplitterten und ausgebrochnen Fliesen. Düstere Wege zu den Mehrbettzimmern. Vorm Klopfen zögerte die Hand.
Sie lag im Gegenlicht. Beim Fenster.
Meine Mutter.
Sie lächelte. Von weit. Mir war als hörte ich ein schwaches : Ach.
"Leg deine Blumen irgendwo – ja, das ist gut, da seh ich sie – und nimm dir einen Stuhl."
Was sagen? Oder was statt dessen –
Ich schaffte nicht 'mal einen Händedruck.
Die Frau im Nachbarbett hob ihren Kopf –
"Das ist mein Sohn."

*

Es ging nicht gut – mit dem Beruf. Ich stempelte. Stand Schlange auf dem Arbeitsamt.
Nur einmal hatte meine Mutter sich *eine Arbeit* von mir angesehen. Ich spielte einen pubertären Muffel. Eine gute Rolle. Dem Publikum gefiel der ungekämmte Miesepeter. Es schmunzelte und lachte viel.
Zur Bühne ging man unter dem Theatersaal hindurch. Neben dem Haupteingang war seitlich eine Kellertreppe. Oben stand meine Mutter am Geländer.

Sie empfing mich mit den Worten:
"Mein Gott, Junge. – Wie hast du bloß wieder ausgesehen."

"Ich werde bald entlassen", sagte meine Mutter tapfer, "dann möchte ich noch einmal in die Berge – nach Bayern – oder Südtirol."
Noch ein Mal. Sollte ich das überhören? Wollte sie prüfen, was ich wusste, ob Bärbel Wort gehalten hatte? Oder war ihr der Tod so nah, sprach sie mit ihm?
Ich wiederholte:
"Südtirol – das ist Italien. Da spricht man italienisch."
"Bestimmt auch deutsch – es hat ja mal zu Österreich gehört."
Ich nickte nur und wiederholte stumm die letzten Silben, wie immer, wenn ich *in der Klemme* saß:
"Italien ... italienisch ... jenisch ... jenisch."
und endlich, plötzlich, folgerichtig, machte ich den Vorschlag:
"Wir könnten italienisch lernen – miteinander",
und meine Mutter stimmt zu.

Die Zeiten für die Krankenhausbesuche stimmte ich mit Bärbel ab.
An *meinen* Nachmittagen hockte ich bei meiner Mutter auf der Kante ihres Bettes und dozierte italienische Grammatik. Soweit Ruth Schneeweiß sie dem *aufgedrehten Teufel* auf der Schauspielschule beizubringen wusste. Erleichtert von der Möglichkeit, in einen Dialog zu finden und aus der Freude, nützlich sein zu können, verstieg ich mich in einen schonungslosen Eifer. In einen rücksichtslosen Optimismus, der meine Mutter vor das schmale Fenster drängte, durch welches sie in ihre schmale Zukunft sah. Sie sagte nur:
"Es wird zu viel für mich", und brach den Sprachkurs resignierend ab.
Er dauerte nur vierzehn Tage. Etwa.
Die Reise in die Berge schaffte sie. Allein.
Zu Hause wartete sie dann auf den vorhergesagten Durchbruch ins Gehirn. Wenn Bärbel in Berlin war, wartete sie mit. Und beide Frauen hofften dennoch auf ein Wunder.
Stelle ich mir vor.
Ich fuhr nach Schleswig an der Schlei. Zu Thea. Die an der Landesbühne dort für ihre ersten beiden Jahre abgeschlossen hatte. Ich durfte – aus Gefälligkeit – im Weihnachtsmärchen spielen.
"Robinson soll nicht sterben", hieß das Stück.

Noch bei den Proben kam das Telegramm:
"Unsere Mutter liegt im Sterben Stop."
Man gab mir frei.
Ich kam jedoch zu spät.

*

Knesebeckstraße – Bühneneingang Renaissance-Theater. Henrik Ibsen: NORA.
Wenn meine Sicht auf jene Jahre, schrieb ich, *mehr Grundierung hat, dann komme ich darauf zurück:*
Ich wollte den Artikel 5 im Grundgesetz beachtet wissen. Ich wollte dafür *grade stehn.* An meinem Arbeitsplatz. Ich wollte der Verletzung eines Grundrechts meinen Widerstand entgegensetzen. Mit dem Verzicht auf eine Arbeit und die Gage.
Natürlich wusste ich, dass mir das angekreidet werden würde.
Nicolaus Neumann, als Prozessbeobachter schrieb seinerzeit im "Stern":
"… der wahre Hintergrund der Klage" sei erkennbar der, mir "ein für alle Mal das Maul zu stopfen". So hätten meine Rechtsanwälte es dem Gericht auch vorgetragen; und sie zitierten die Begründung meiner Kündigung, in der es unter anderm hieß:
"In dem für mich ohnehin belastenden Klima der sogenannten Radikalen-Erlasse und Gesinnungsprüfung ist mir jeder Versuch – insbesondere im Theater –, weitere Einschränkungen grundrechtlich garantierter Freiheiten zu erwirken, unerträglich."
Der hochgeschätzte Herr Professor Raeck jedoch verfolgte seine Musterklage bis in die letzte Oberste Instanz.
Dort wurde ein Vergleich geschlossen, der Herrn Professor Raeck die Kosten auferlegte, sich aber mit dem Kern der Kündigung nicht auseinandersetzte. Der wurde mühevoll umgangen. Was der Professor, assistiert von Rudolf Noelte, eingeleitet hatte, war eher eine Überbrückung – ein Bypass um das Grundgesetz herum. Das *Herz* erkannte man schon gar nicht mehr. *Schrittmacher* saßen rundherum und hatten es in der Gewalt.
Am Ende geht es immer um die Kosten – wie am Anfang auch. Der Anlaß für die Bitte um Zensur war ja die Sorge um die Steuergelder. Den Mißbrauch, um genau zu sein.
Nun türmten sich Gerichts- und Anwaltskosten zwei Jahre lang auf meinem Dach. Das Schwert des Damokles hing nicht nur über mir. Zwei Menschen

standen vor dem potentiellen Aus. Ich fragte meine Partnerin um Rat. Sie sagte:
"Tu, was du für richtig hälst."
Ein Mensch erkannte die Belastung, eine Frau, mit der ich nicht im besten Einvernehmen war, als wir Theater miteinander spielten. Sie rief mich an, und sagte knapp:
"Ernst? – Hier ist Inge Meysel. Ich hab' von dem Prozeß gehört. So etwas kostet Geld. Ich wollte dir nur sagen, dass ich zur Verfügung stehe, wenn du Hilfe brauchst."

*

Mein erster Lehrer für den Alpensegelflug war ein erfahrener Pilot. Sein Name war Kurt Heinzel. Er landete im Krieg mit einem Lastensegler, nachts, in der Wüste von Nordafrika. Er flog die Messerschmitt Me 109 und auch den ersten Düsenjäger. Die Messerschmitt Zwohundertzwoundsechzig.
Wir übten das Verhalten bei Gefahr. Er saß im Doppelsitzer hinter mir. Stieg mächtig in das Seitenruder als wir in Turbulenzen kamen. Er wusste, wo sich Abwind-Wirbel bildeten. Er lehrte mich die Angst und schrie in das Geschüttel und das Pfeifkonzert des Windes, der sich an den Flächen schnitt:
"Wenn nichts mehr geht, die Hände weg vom Steuerknüppel und Füße runter vom Pedal! – Man kann sich, auch wenns ruppig wird, mal auf die Konstruktion verlassen. Das Flugzeug reagiert oft besser als ein panischer Pilot."
Ich habe im Gedächtnis einen warmen Tag im frühen Herbst. Ich durfte über Mittag durch die Gegend gondeln. In einem bayerisch-blauen Himmel schwamm eine weitverstreute Herde weißer Wolken-Schafe.
Ich nutzte eine schwache Thermik überm Geigelstein. Ließ die K8 in flachen Kreisen langsam steigen. Mit weniger als einem halben Meter pro Sekunde. In Richtung Kampenwand stand eine schattenlose Wolke aus drei Ballen Wasserdampf. Wobei der mittlere die beiden anderen zur Hälfte überstiegen hatte. Die Symmetrie vermittelte den Eindruck schwebender Geruhsamkeit …
Das Bild war trügerisch. Ich wusste das. Und kannte das Verbot, in solche Wolken einzufliegen. Ich hätte dafür die Lizenz zum Blindflug haben müssen. Traute mir aber zu – mit reichlich Fahrt – hindurchzustechen.
"Nach hundert Metern bist du wieder draußen", dachte ich.
Musste dann aber doch ein Zögern überwinden sowie den Anflug einer Gänsehaut, als ich den Steuerknüppel drückte.

Kaum von der Nebelwand verschluckt, verlor ich augenblicklich den Bezug zum Raum und zu den Achsen für die Steuerung. Es wurde dunkler. Dicke Suppe. Die Wolke spielte "Blinde Kuh" mit mir. Verteilte Schläge auf die Flächen. Die Maschine kippte.

Ich stemmte mich ins Seitenruder, trat wechselseitig die Pedale, aber das Flugzeug folgte nicht. Die schwarze Kugel der "Libelle" blieb in den Flügelenden hängen. Ich wurde in den Sitz gedrückt. Der Vogel schien Kobolz zu schießen. Ächzte. War nah an der Belastungsgrenze. Wurde ständig schneller. Den Knüppel hatte ich in der verkrampften Faust bis in den Bauch hinein gezogen. Erkannte nicht, dass die Maschine auf dem Rücken flog, und ich sie mit dem Höhenruder noch beschleunigte. Als nächstes würde die Verankerung der Holme brechen. Blitzartig war die Landschaft wieder da. Blendende Helligkeit – ich stürzte festgeschnallt in einer enger werdenden Spirale auf die Felsen zu. 200 Meter bis zum Aufprall – noch –

Scheiße ... das war's.

Nur dieser halbe platte Satz kam aus dem Bauch und blieb mir in der Kehle stecken. Dann fing das Flugzeug sich und schwebte ruhig über die Tiroler Ache.

Der Pilot gibt an, er habe – ohne nachzudenken – losgelassen.

Auf der Suche
Nachwort von Achim Benning

*"Der Mensch kennt nur sich selbst, insofern er die Welt kennt,
die er nur in sich und sich nur in ihr gewahr wird."*
BEDEUTENDE FÖRDERNIS DURCH EIN EINZIGES GEISTREICHES WORT
Johann Wolfgang von Goethe

1945, Ende April oder Anfang Mai, nachmittags, saß eine Gruppe von vier oder fünf oder sieben Jungen in Stendal in der Altmark vor dem Tangermünder Tor auf einer steinernen Balustrade über der Uchte, die unter der Straße, die in die Stadt führte, hindurch rinselte, und beobachtete den endlosen Zug Tausender deutscher Soldaten, der sich von Osten kommend durch die Stadt wälzte. Sie waren vor den Russen über die Elbe in die amerikanische Kriegsgefangenschaft geflohen.

In diesem Menschenstrom schwammen in unregelmäßigen Abständen Lastwagen wie alte Kähne vorbei. Manche hatten keine abdeckenden Planen, und so versuchten die Jungen auf der Balustrade, die Verwundeten zu zählen, die dicht bei dicht auf den Ladeflächen saßen oder lagen. Lässige GIs eskortierten in lockeren Abständen scheinbar gelangweilt diesen seltsam lautlosen Vorbeimarsch. – Allerdings konnte von einem Marsch nicht die Rede sein. Diese dahinkriechende Schlange verstörte die Jungen, denn sie hatten bisher auf den Straßen oder in den Wochenschauen nur deutsche Soldaten gesehen, die stramm marschierten oder draufgängerisch kämpften, und Verwundete, die adrett verbunden und freudig erregt in Wunschkonzerten saßen oder tief und männlich ergriffen bei Beethoven.

Nun aber latschten diese heruntergekommenen Jammergestalten ganz undeutsch dahin. – Waren die Helden alle gefallen und nur die da übrig geblieben? Nein, natürlich nicht, denn diese Soldaten, das wussten die Jungen auf der Balustrade, waren von ihrem Kampf gegen die Russen lediglich erschöpft und nun auf dem Wege zu Kasernen oder irgendwelchen Lagern, um sich zu erholen und wieder zu Kräften zu kommen und dann vereint mit den Amerikanern und Engländern die Bolschewisten aus Deutschland zu vertreiben. Seit die weißen Fahnen in Stendal gehißt worden waren, hatte sich in der Stadt der Glaube an

einen solchen Endsieg zweiter Klasse ausgebreitet und auch die Jungen auf der Balustrade erreicht und ihre kleinen Weltbilder wieder einigermaßen ins Lot gebracht, so dass sie mit gedämpften Erstaunen dies unwürdige Defilee auf der Tangermünder Straße beobachteten. Was sie da sahen, bestätigte ihre brisanten Informationen über eine solche glückliche Fortsetzung des Krieges bis zu einem für Deutschland doch noch siegreichen Ende: schließlich marschierten die ehemaligen Feinde, deren Brutalität und hemmungsloser Deutschenhaß ja jedem Kind eingebläut worden war, offenbar völlig verwandelt, geradezu kameradschaftlich neben den Erholungsbedürftigen her, bedrohten sie nicht, taten ihnen nichts, begleiteten sie, so schien es, eher zu ihrem Schutz in ihre Quartiere.
Die Jungen vor dem Tangermünder Tor malten sich in ihrer Phantasie diese unmittelbar bevorstehende Fortsetzung des Krieges in heldischen Farben aus, zumal der – Gott sei Dank! – nur jenseits der Elbe stattfinden würde. Sie waren im übrigen überzeugt, dass mittlerweile alle Menschen in Stendal diese unmittelbar bevorstehende Wendung der Geschichte erwarteten und darüber so dachten wie sie. Schließlich hatten diese neun- oder zehnjährigen Kinder ihre aufregenden Informationen von den Erwachsenen, von denen merkwürdigerweise nur sehr wenige an diesem späten Nachmittag auf der Tangermünder Straße zu sehen waren.
Einer von diesen Jungen auf der Balustrade war ich, geb. '35.
Geb. '33, das war 1945 eine andere Generation als wir, obwohl uns viele Lebenserfahrungen verbanden, nicht nur das qualvolle Jucken der dicken braunen Wollstrümpfe, aber zwei Jahre Pimpfen-Erfahrung, und die ohne die demütigenden Strumpfhalter, das war ein kaum aufholbarer Vorsprung. Eine Welt! Damals. Später sind geb. '33 und geb. '35 zu einer Generation verschmolzen, und heute sind aus diesen Kindern der Nazizeit alte Männer geworden, denen allmählich die Zukunft abhanden kommt. Vielleicht leben geb. '33 und geb. '35 sogar noch die zehn oder zwölf Jahre, die sie damals alt waren, als sie die geschundenen Soldaten beobachteten, damals auf den Straßen von Kaltennordheim oder hinter den Gardinen des Pfarrhauses – oder auf der Balustrade vor dem Tangermünder Tor in Stendal. Aber diese gleiche Zeitspanne als Lebensrest wird eher erbärmlich kurz und bedeutungslos sein, verglichen mit dem zeitreichen Lebensanfang, als die Jungen der Geschichte begegneten und an Wunderwaffen, Werwölfe und bekehrte Feinde glaubten, die eine Niederlage in einen Sieg zu verwandeln helfen – und *man sich nach den Toten, die sich entfernen, nicht umgesehen hat*, wie es in "geb. '33" heißt.

Später haben wir uns dann umgesehen und sind wie Orpheus ohne Eurydike in unsere jeweilige kleine Gegenwart zurückgekehrt und haben damit angefangen, uns zu erinnern, an das, was war. Dann auch an die Erinnerungen daran. Ernst Jacobi spricht von der *Quälerei mit dem Erinnern*. Aber er tut es, hat es auch aufgeschrieben, Gott sei Dank, und nennt das Ganze einen *Rechenschaftsbericht*. – Aber gegen welche Schuld schreibt er an? Wessen verdächtigt er sich? Hat er sich unter Anklage gestellt? – Ja. Er bezichtigt sich des Überlebens. Das Urteil: Schuldig. Die Strafe: Lebenslanges Erinnern. Der Rechenschaftsbericht ist die Urteilsbegründung. Der Angeklagte ist sein eigener Richter und gewährt keine Amnestie? – Amnestie heißt: Nicht-Erinnern.
Mnemosyne ist die Göttin der Erinnerung; sie ist die Mutter der Musen, also der Künste, auch der Kunst des Schauspielers, sofern die denn eine ist. Folgerichtig wäre dieser Erinnerungstext von Ernst Jacobi in seinem ethischen und künstlerischen Anspruch von seiner Theaterarbeit nicht zu trennen. Und so ist es auch. Beide stehen unter der Vormundschaft der Mnemosyne. Das Schreiben ist gewissermaßen die Fortsetzung der Schauspielerei mit anderen Mitteln. Die großen Gestalten der Theater- und Filmarbeit des Ernst Jacobi, die Emile Zola und Alexander März, die Shalimov und Ebenwald, Moebius und Thomas Stockmann und all die vielen anderen waren und sind mehr als die Geschöpfe seiner Phantasie, mehr als die Produkte seiner schauspielerischen Begabung; sie waren und sind seine Lebensgefährten und legen Zeugnis ab über den Außenseiter Ernst Jacobi, so wie dieser Erinnerungstext es tut. Sie halten ihm die Treue und sind in "geb. '33" gegenwärtig, auch wenn sie hier nicht leibhaftig auftreten und ihren besonderen biographischen Platz nicht beanspruchen.
In einer Zeit, in der fast täglich in irgendeiner Gerede-Sendung irgendwelche bekannte oder unbekannte Prominente, noch pubertierende oder schon vergreiste, ihre just erschienenen Memoiren in irgendeine Kamera halten, um mit Hilfe irgendwelcher Talkmaster ein bisschen Aufmerksamkeit für ihre literarischen Eintagsfliegen aufzutreiben, erhebt sich "geb. '33" hoch über diesen Riesenschwarm von Bagatellen in die Höhen eines poetischen Anspruchs, verzichtet auf die penible Darstellung der außerordentlichen Karriere vom RIAS – Knaben zu einem wesentlichen Schauspieler seiner Zeit und wagt ein großes Risiko, eines von der Art des Ernst Jacobi. Die Bequemlichkeit einer gefälligen Schauspieler-Autobiographie, und sei sie sogar selbst geschrieben, konnte die Sache des Abenteurers Ernst Jacobi nicht sein. Seine Eitelkeit ist von höherer Art. Er gehörte nie zu den *intellektuellen Beiseitestehern*, wie Nestroy die geistig

Genügsamen nannte; er hat sich niemals in seiner Karriere häuslich niedergelassen und hat sich bis heute auf seinen Erfolgen nicht zur Ruhe gesetzt. Er ist immer unterwegs gewesen, immer, ohne ein *Ideal vor dem Kopf* zu haben, auf der Suche nach Menschen, Menschenwürde, Gerechtigkeit, lebenswerten Zeiten, nach dem Unwiederholbaren und nach dem, was immer da sein sollte und einen im Innersten zusammenhält. – Eine solche zentrale Kraft, die alle seelischen und geistigen Energien bündelt, hat er sich, wie ich glaube, in der Sprache erschlossen, in seiner Sprache, die nur ihm gehört, unter deren Schutz er lebt. Auf dem Wege zu ihr ging Jacobi viele Jahre durch die geliehenen Sprachen des Schauspielers und spürte in ihnen seiner Sprache nach. Er genoß sozusagen vorübergehend die Gastfreundschaft der fremden Texte, lernte von seinen Gastgebern, erlag aber nicht den Verlockungen der angebotenen Sprachen, sondern setzte seine Suche fort und begann schließlich zu schreiben, Hörspiele zunächst und nun diesen Erinnerungs-Text, in einer gesprochenen rhythmischen Sprache, in einem Hörbuch der besonderen Art: der Lesende hört die Sprache des Autors.

So dokumentiert dieser so genannte Rechenschaftsbericht nicht nur eine allmählich versinkende Zeit, sondern eben auch die Sprache eines Außenseiters, der gegen Ende eines langen Weges innehält und sich erinnert, bevor es noch einmal weitergeht, um das letzte Ziel zu erreichen. Die unablässige Suche nach der eigenen Sprache, das so gar nicht anpasserische Verhalten Jacobis gegenüber den geliehenen Sprachen und andererseits seine Resistenz gegenüber den jeweiligen Mode-Terminologien bezeugen nicht weniger eindringlich als seine realen Lebenshaltungen, wie z.B. seine Treue zu Egon Monk, dass er hochgradig immun ist gegen den üblichen Opportunismus, diese Berufskrankheit der Schauspieler, die geradezu pandemisch unter ihnen wütet und der sie in erschreckendem Ausmaß zum Opfer fallen; sie finden dann ihre eigene Sprache nicht mehr, irren in den geliehenen Sprachen ihrer Figuren umher, strecken sich willig nach der Decke irgendwelcher Regieeinfälle, geben ihren Verstand am Regiepult ab und finden diesseits ihres Berufes zumeist mit einem austauschbaren Jargon das Auslangen. Sie legitimieren den Satz von Max Frisch, dass man die Schauspieler lieben müsse, weil man sie sonst nicht aushalte. – Ernst Jacobi war auf emotionale Zuwendungen dieser Art nicht angewiesen. Er stand nie vor der Wahl, seinen Beruf zu wechseln und den eines Lieblings zu ergreifen. Er hatte auch gar nicht das Zeug dazu. Es reichte ihm, ernst genommen zu werden. Das weiß ich.

Ich hatte als Direktor am Burgtheater und dann am Zürcher Schauspielhaus 15 Jahre lang, also viel länger, als wir 1945 alt waren, das Privileg genossen, Ernst Jacobi engagieren zu können. Als Regisseur erlebte ich in diesen Jahren eine tiefe Arbeitsfreundschaft mit dem 'schwierigen' Schauspieler, auch noch in der Zeit, als Ernst Jacobi sich anderenorts vom Theater, das ja schon unterwegs war zum großen Firlefanz, immer mehr zurückzog. Unsere glückhafte Zusammenarbeit legitimiert mich nun zu diesem Nachwort und führt mich gleichzeitig in Versuchung – der es an dieser Stelle zu widerstehen gilt – in nostalgische Erinnerungen an diese guten Jahre abzuirren, verführt auch von einem großen Staunen über die fremde Kindheit in einer mir vertrauten Zeit. Vor allem und im Besonderen aber beinahe irritiert von einem an Ungläubigkeit grenzenden Staunen darüber, dass der kleine Ernst aus den kleinen Orten mit den Dürrenmatt-Namen Großbösendorf und Kaltennordheim derselbe Mensch gewesen sein soll, der später als der Moralphysiker Möbius aus "Les Ceresiers" auftrat, der Ur-Wiener Professor Ebenwald gewissermaßen dieselbe DNA hat wie der einstige RIAS-Sängerknabe, der verstörte junge Mann, der mit seiner sterbenden Mutter Italienisch lernte, später als der überflüssige Lebejüngling, der vertrackt alberne Redillon in der Welt des ewigen Wahnsinns von Georges Feydeau auftaucht – etc. Einem solchen Staunen mag einige 'unprofessionelle' Naivität anhaften, aber naives Staunen ist eben auch eine Quelle der Theater-Phantasie. Ernst Jacobis Erinnerungstext zeigt es an und seine künstlerische Arbeit belegt es, dass er das nicht enden wollende Staunen aus seiner Kindheit in sein späteres Leben und seine Arbeit herübergerettet hat, das Staunen über die Welt, dass sie so ist, wie sie zu sein scheint, über die Menschen, dass sie nicht anders sind, als sie es sind, und darüber, dass irgendwer so etwas wie das Glück doch wider Erwarten zulässt und man in die Nähe davon kommen kann, wenn auch spät.

Ende der zwanziger Jahre, als das große Unglück schon heraufzog, hatte Max Reinhardt in einer berühmten Rede seinen *Glauben an die Unsterblichkeit* des Theaters bekundet, das der *seligste Schlupfwinkel* für diejenigen sei, "die ihre Kindheit heimlich in die Tasche gesteckt und sich damit auf und davon gemacht haben, um bis an ihr Lebensende weiterzuspielen." Diese Rede offeriert in ihrer grandiosen Wirklichkeitsverweigerung eine fatale Gelegenheit zu unangenehmen Missverständnissen, die in der Folge auch weidlich genutzt wurde. Die einen verwechseln ihre 'Kindheit' mit ihrer 'Pubertät' und stecken die in die Tasche und schleppen sie bis ins hohe Alter mit, und die anderen fühlen sich mit ihren tragbaren Elfenbeintürmchen in Schlupfwinkeln wohl und verwenden Reinhardts Text zur kitschigen Selbstbespiegelung des Schauspielerstandes. Folgt man den Gedanken Reinhardts aber in kritischem Abstand, dann tragen sie zu der Erkenntnis bei, dass die Kindheit in der Lebensarbeit eines Schauspielers in besonderer Weise gegenwärtig bleibt. – Und so ist "geb. '33" keine fragmentarisch verkürzte Darstellung eines schmalen Lebensabschnitts, gewissermaßen nach dem dramaturgischen Muster der *angeschnittenen Figur* von Max Frisch, von der Ernst Jacobi schreibt, sondern zeigt umfassend das ganze Leben eines Schauspielers. Der Autor behauptet zwar, er habe seinen Rechenschaftsbericht auf 1945 konzentriert, als mit dem Ende der Nazi-Zeit auch seine Kindheit endete, aber da kann man ihm widersprechen: Seine Kindheit wird erst enden, wenn einmal alles vorbei sein wird.

Wenn nun in meine Erinnerungen die Erinnerungen eines anderen alten Mannes einfließen, der in einigen langen kurzen Jahren gemeinsamer Arbeit ein vertrauter Weggefährte war, dann mündet am Ende das Staunen über die fremde Kindheit des *halbfremden* Ernst Jacobi und ihr vermeintliches Ende im Wiedererkennen des Vertrauten im Unbekannten und die Frage: "Wer ist Ernst Jacobi?" nähert sich einer vorläufigen Antwort.
Goethe setzt übrigens seine Gedanken über die Möglichkeiten der Selbsterkenntnis in dem eingangs zitierten Text BEDEUTENDE FÖRDERNIS DURCH EIN EINZIGES GEISTREICHES WORT folgendermaßen fort: "Am allerfördersamsten aber sind unsere Nebenmenschen, welche den Vorteil haben, uns mit der Welt aus ihrem Standpunkt zu vergleichen und daher nähere Kenntnis von uns zu erlangen, als wir selbst zu erlangen mögen." Für Goethe gewährt der Dialog die höchste Form der Erkenntnis, die man über sich und die Nebenmenschen erlangen kann. In keiner Beziehung zwischen denkwilligen Menschen kommt das sich gegenseitige Identifizieren je zu einem Ende. Auch der nachdenkliche Schauspieler versucht, seine Figuren und ihre Mit- und Gegenspieler, so lange er mit ihnen lebt, immer genauer zu identifizieren und seine intellektuelle und emotionale Kenntnis von ihnen immer weiter zu vervollkommnen. Der sich nicht begnügende, nicht resignierende Wille, den *Nebenmenschen* zu erkennen und sich in ihm, und wohl auch die *zwanghafte Lust*, dabei genau zu sein, sind die wesentlichen Elemente der Dialog-Begabung eines Schauspielers.

Ernst Jacobi ist ein dialogischer Schauspieler par excellence. Und so trat er auf meiner Erinnerungsbühne bisher fast immer in Begleitung von Norbert Kappen z.B., von Erika Pluhar, Martin Benrath, Maria Becker oder anderen Nebenmenschen auf.
In ganz anderem Zusammenhang ist in "geb. '33" von dieser *zwanghaften Lust, genau zu sein*, die Rede; dem entspricht an anderer Stelle der Hinweis auf den gleichermaßen nachdrücklichen Vorsatz, sich nicht noch einmal sagen zu müssen: "ich hab mir nichts dabei gedacht". Der Zwang, nicht vergessen zu dürfen und zu können, bestimmt die moralisch politische Lebensmöglichkeit des sich persönlich schuldig fühlenden Ernst Jacobi. "Die Grube", wie er schreibt, *habe sein Leben als Erwachsener geprägt; die Grube, in die Menschen liefen, wissend und sehend, dass sie dort erschossen werden würden.* Diese Mitteilung ist bei ihm alles andere als eine kostenlose moralische Attitüde; das Mit-Leiden lässt ihn tatsächlich nicht frei und bezeugt seine grundtiefe Ernsthaftigkeit nicht nur darin, den Nebenmenschen zu erkennen und sich in ihm, sondern eben auch seine Zeit, seine Welt und seine Geschichte, und auch das mit zwanghafter Genauigkeit, ziemlich unnachgiebig. Aber seine Rigorosität gegenüber den Nebenmenschen verbirgt sich im allgemeinen hinter freundlicher zäher Behutsamkeit. Er ist als Suchender wohl ein Fundamentalist, aber einer ohne Dogmen, der sich seinen Blick auf die Welt nicht von Wegweisern verstellen lässt. – Als Schauspieler hat er allerdings die besondere Gabe, Figuren zu vergegenwärtigen, die von ihren Prinzipien besonders arg bedrängt werden und sich angestrengt durch ihre fundamentalistischen Weltanschauungen hindurch ackern, aber schließlich doch in ihren starren Überzeugungen stecken bleiben, die als Narren an der Realität abprallen und dann in ausweglofer Absurdität ein oft sehr komisches Ende finden. Aufgrund seiner grundtiefen Ernsthaftigkeit verfügt Ernst Jacobi, gerade weil er so gar keine Neigung zum Faxentheater hat und schon als Student seinen *Leon* von Grillparzer partout nicht auf den Hintern fallend zum Bühnenleben erwecken wollte, über eine starke vis comica. Er war immer imstande, seine Fundamentalisten ins Gelächter zu führen, sie sogar dem Ausgelacht-Werden preiszugeben und ihnen doch am Ende nicht ihre Würde und ihre Rechte zu nehmen. Er desavouierte sie nicht, weil er ihre unauflösbare Widersprüchlichkeit respektierte und sie nicht in gut zitierbaren Definitionen auflöste.. Stellvertretend für diese Spezies sei hier der Thomas Stockmann von Ibsen genannt, der am Ende des Stückes EIN VOLKSFEIND sagt: "Die Sache ist die, der stärkste Mann der Welt ist der, der ganz allein

steht." Ernst Jacobi entließ mit diesem Schlusssatz die Zuschauer in die Frage, ob dieser norwegische Narr nicht womöglich doch ohne Einschränkung Recht habe und was für ein Mensch er denn nun tatsächlich sei, das heißt, der Zuschauer wird herausgefordert, seine Identifikationsarbeit fortzusetzen. Ein solches Theater gibt keine Antworten, sondern macht Fragen virulent und erlaubt nicht, in einem nebulösen *Sowohl-als-auch* unterzutauchen. Nur als Segelflieger ist Ernst Jacobi vorsätzlich in eine Nebelwand geflogen; trotz des glücklichen Ausgangs dieses Abenteuers meidet er seither Nebelwände jeglicher Art. Seine zwanghafte Lust, genau zu sein, bewahrt ihn vor dem Nebulösen nicht nur auf der Bühne, sondern auch vor jeglichem Theatergeschwätz, dem ausgeleierten deutschsprachigen Theaterjargon, mit seinen gängigen Kofferbegriffen, in die man alles, was nur hineingeht, hineinstopfen und in beliebiger Auswahl ganz nach Bedarf wieder auspacken kann. Die üblichen Verdunklungsbegriffe wie z.B. *Regietheater* oder *Werktreue*, wie *Innovation* oder *Zeitlosigkeit* als Wertmaß passieren ihm nicht. Sein Erinnerungstext ist im übrigen ein Plädoyer für die nicht abzulösende Zeitgebundenheit allen Geschehens und damit auch seiner glaubwürdigen theatralischen Interpretation, Vergegenwärtigung, Verwirklichung – oder wie immer man das nennen mag, was die Theatermenschen seit Jahrtausenden versuchen.

Die zwanghafte Lust, genau zu sein, macht das Erinnern wahrscheinlich wirklich zu einer *Quälerei*. Man ist den Launen des Gedächtnisses ausgesetzt, dass z.B. die Typenbezeichnung einer Volksempfängerröhre (VCL 11!) bereithält, aber keine Auskunft mehr gibt, ob man bei der Beerdigung des Vaters auf dem Waldfriedhof in Dahlem war oder nicht. Aber Ernst Jacobi hat sich seinem Urteil "lebenslanges Erinnern" unterworfen und mit gewohnter Disziplin die Quälerei auf sich genommen. Dass er das alles in diesem Text "geb. '33" festgehalten hat, das könnte am Schluß zu der Vermutung führen, er werde vielleicht sein lebenslanges Urteil aufheben und sich doch eine späte Altersamnestie gewähren. Aber das ist eher unwahrscheinlich, denn alte Leute bestehen auch jenseits einer Schuldfrage, wie Ernst Jacobi sie sich stellt, auf ihren Erinnerungen und halten sie fest, allein schon, um dem resignierenden "Nun-kommt-nichts-mehr" das hoffnungsvolle "Aber-da-war-was!" entgegenzusetzen und aus dem Labyrinth der Erinnerungen den Ausgang zu finden, der Trost und Ruhe verheißt und zu der willkommenen Erkenntnis führt, dass alles, was einmal da war, nicht verloren gehe. "Was war ist" – *das sei das Geheimnis menschlicher Existenz*, sagt Schnitzler, der den Wert der Gegenwart darin sah, dass sie im

nächsten Augenblick zur Erinnerung werde. So gelingt es den Alten vielleicht, sich des fortdauernden Lebens zu vergewissern, oder gläubig davon zu träumen und noch einmal das Glück des Angehört-Werdens zu genießen. Vielleicht begleitet den Schreibenden sogar die Hoffnung, sein erinnertes Leben könne ihn überleben, seine vorübergehende Unsterblichkeit ein wenig verlängern. Man schreibe doch immer *gegen* das *ausrinnende Stundenglas*.
Auch "geb. '33" ist ein Text gegen den Tod, und wenn er auch eine Rechtfertigung ist, dann ist er nach meinem Verständnis die Rechtfertigung eines bestandenen Lebens, die niemandem geschuldet ist, aber jeden etwas angeht, wann immer seine Zeitgenossenschaft beginnt, die Nachgeborenen, geb. '65 z.B. oder geb. '95 oder erst recht die Überlebenden aus der Mitte der Weißen Jahrgänge, geb. '35, denen die eigenen Erinnerungen *neustark vor die Augen treten* und die sich unversehens auf der Balustrade vor dem Tangermünder Tor in Stendal wiederfinden, als sie den geschundenen Soldaten des besiegten Naziheeres nachschauten, die seltsam lautlos, wie in einem Stummfilm, an ihnen vorüberzogen.

Wien, im Oktober 2007

Achim Benning, geboren 1935 in Magdeburg, Schauspieler
und Regisseur, war von 1976 bis 1986 Direktor des Burgtheaters Wien,
und von 1989 bis 1993 Direktor des Zürcher Schauspielhauses.

© 2008 by : TRANSIT Buchverlag
Gneisenaustraße 2 · 10961 Berlin
www.transit-verlag.de

Fotos: Archiv des Autors
Umschlaggestaltung und Layout:
Gudrun Fröba
Druck und Bindung:
Pustet, Regensburg
ISBN 978-3-83747-230-6

LESEN SIE WEITER

Herausgegeben von
Rainer Nitsche

240 Seiten
Fotos, Faksimiles
gebunden

»Ein spannendes Porträt des frühen Berliner Ensembles.«
Sebastian Kirsch, Theater der Zeit

»Eine Art Werkstattbericht – es ging Monk
um authentische Zeitgenossenschaft.«
Katrin Hillgruber, Bayerischer Rundfunk